谢士杰——著

读懂财务报表
看透企业经营

案例分析＋实务指引

（第2版）

人民邮电出版社
北京

图书在版编目（ＣＩＰ）数据

读懂财务报表看透企业经营 ： 案例分析+实务指引 /
谢士杰著. -- 2版. -- 北京 ： 人民邮电出版社，
2021.1
ISBN 978-7-115-54821-4

Ⅰ. ①读… Ⅱ. ①谢… Ⅲ. ①企业管理－会计报表－
会计分析 Ⅳ. ①F275.2

中国版本图书馆CIP数据核字(2020)第169960号

内 容 提 要

本书创造性地提出了财务报表分析的"方法论"和"辩证法"，指出财务分析既要从企业内部层层剖析、刨根问底，又要从外部行业环境、行业盈利模式等角度分析，并提出"显微镜分析法"和"望远镜分析法"，强调要坚持辩证性思维。

本书还重点论述了如何分析4张财务报表，如何辨识财务报表中的假象，如何调整、还原失真的财务数据，如何多角度诊断企业的财务状况，如何利用财务报表进行经营、管理、投资、融资决策。

本书语言通俗易懂、深入浅出，理论与实战紧密结合，财务知识融于案例与故事之中，可读性和实用性都很强。

本书适合于企事业单位的财务分析人员、财务管理人员，银行、证券等金融及相关行业的信贷人员、投资分析人员，以及从事经营管理的中高层管理人员阅读使用。

◆ 著　　　　　谢士杰
责任编辑　郭　媛
责任印制　周昇亮

◆ 人民邮电出版社出版发行　　北京市丰台区成寿寺路 11 号
邮编　100164　　电子邮件　315@ptpress.com.cn
网址　https://www.ptpress.com.cn
北京天宇星印刷厂印刷

◆ 开本：700×1000　1/16
印张：18.25　　　　　　　　2021 年 1 月第 2 版
字数：253 千字　　　　　　 2025 年 9 月北京第 20 次印刷

定价：59.80 元

读者服务热线：(010)81055296　印装质量热线：(010)81055316
反盗版热线：(010)81055315

财务报表中的"真实"与"谎言"

有这样一个故事。

有一位长者问一位年轻人："假如两个人从烟囱里掉下去，结果一个满身脏，一个很干净，他们谁会去洗澡？"

年轻人回答："当然是满身脏的人。"长者说："错！因为满身脏的人看到很干净的人，就以为自己也是干净的。而很干净的人看到满身脏的人，就以为自己一定是满身脏的。所以，很干净的人会去洗澡。"

长者又问："假如这两个人后来又掉进烟囱，谁会去洗澡？"

年轻人回答："应是那个干净的人。"长者说："你又错了。上次身上干净的人在洗澡时发现自己并不脏，而那个满身脏的人发现自己才脏，所以这次满身脏的人跑去洗澡了。"

长者再问："他们两个人第三次掉进烟囱，谁会去洗澡？"

年轻人说："这次应该是那个满身脏的人吧。"长者说："你又错了！你见过两个人掉进烟囱里，会发生一个人干净，一个人脏的事情吗？"

你看到的财务报表不一定是真的。在没搞懂报表真假的情况下就去做分析，就好比这个故事里讲的，两个人掉进烟囱里居然一个干净一个脏，这样离奇的事情根本就不存在，分析他们两个人哪个会去洗澡没有任何意义。

对于财务报表的分析和解读，我们得到的"这是什么"的经验太多了。无论是上学时期老师的授课，还是工作之后有经验的人的指点，或者我们从各种书刊中读到的财务报表分析的论述，太多人告诉我们什么是资产、负债、所有者权益，什么是收入、成本和利润，怎样分析盈利能力、偿债能力、营运能力、现金流等。只要是善于学习、追求上进的人，无论是财务人员还是非财务人员，经过一段时间的学习和积累，满脑子都会塞满"这是什么，那是什么"的财务分析的知识和方法。但是你有没有发现，真正在实际工作中，无论是做投资、做管理，还是做专业的财务分析，面对一张张的财务报表，我们仍然会充满困惑：这些数字是真实的吗？这些报表真有价值吗？这些数字能帮助我们做出决策吗？

是的，面对白纸黑字的财务报表，有所怀疑是对的，因为白纸黑字的东西未必就是真的。

光有困惑或者怀疑是不够的，我们必须有辨别真伪的能力，我们必须有方法和技巧辨识出数字里面不真实的信息。在这些不真实的信息里面，有的是企业故意造假，比如故意虚增利润或者隐匿收入，故意编造出虚假的报表从而达到不可告人的目的；然而，也有的并非企业故意造假，而是一些特殊原因导致一些财务数据并没有真实反映企业的经营状况。

当然，如何识别假账并非本书的重点内容，本书讲述的重点在于：当企业的财务会计人员严格按照《中华人民共和国会计法》《企业会计准则》做账，最终编制出来的报表却仍然不能反映真实的情况时，我们该怎么办？

我们应该清楚，报表中的资产可能不一定是真正的资产，负债未必就是真正的负债，所有者权益也可能不是真正的所有者权益。我们还应该明白，利润率高的企业盈利能力未必一定强，亏损的企业盈利能力未必一定弱；账面货币资金多的企业未必就有钱，账面货币资金少的企业未必就缺钱；等等。这些财务报表中出现的看似对立的、矛盾的、让人琢磨不透的问题，恰恰是值得我们深入研究的。

做财务报表分析，我们不但要了解财务报表数据中真实的一面，还需要了解财务报表数据不真实（未必是虚假）的另一面。

有人说，财务是真实的"谎言"，我很赞同。即使财务数据完全真实地记录企业的经营活动，它仍然会在很多地方以"谎言"的面目出现。而能否充分识别这些"谎言"，能否识别这些财务数据背后的假象，是能否做好财务分析的第一步！本书将用大量的篇幅介绍资产负债表、利润表、现金流量表中哪些科目或项目可能会以假象的形式出现，以及如何辩证地分析和判断这些假象背后的真实含义。

财务分析如果仅仅能够识别"谎言"、识别假象显然是不够的，怎样调整这些科目，怎样还原这些信息，怎样使它能够以真实的面貌呈现，怎样通过调整、还原真相之后为我们所用，这才是财务分析的最终目的。

财务分析是不是很难、很枯燥？

我的回答是：不！

我们在看很多财务分析、财务管理教科书时，很多时候第一页没看完就可能打盹了，因为那些千篇一律的论述、"面目可憎"的各种名词，瞅上两眼就会让人敬而远之。当然不能说这些教科书写得不好，更多的是因为它离我们太远。也许我们工作中仅仅需要掌握解读财务报表的技巧，仅仅需要在筹资的时候知道债务风险是不是高，仅仅需要学会判断当前的业务是不是盈利，仅仅需要学会分析现金流是不是正常，仅仅需要在投资时能看懂其他公司财务数字——我们需要的只是马上能够拿来用的、马上对我们的工作有帮助的东西！而我们看到的教科书中，告诉我们的深奥的内容太多了，而真正"接地气"的东西太少了。譬如，教科书告诉我们财务预测的一百种方法，融资决策的一千种策略，投资管理的一万种方案，什么是现金流量的贴现技术，什么是期权套期保值和评估，然后我们就睡着了……

因此在一些人眼里财务分析变得神秘、复杂、高不可攀。其实，财务分析是一个非常轻松、有趣的工作。财务分析当然也需要严谨，但财务分析也可以很简单，你只需要掌握"30%的财务会计知识+50%的方法和技巧+20%的小学数学知识"就够了！为什么很多专业财务人员并不懂得如何分析财务报表和财务数据呢？答案是虽然他们掌握了丰富的财务会计知识，懂得小学数学计算方法，但是他们缺少财务分析的思路、方法和技巧。对于非财务人员来说，根本不需要完全掌握这些科目是如何进行账务处理的，只需了解其基本的含义即可，当然还需要掌握一定的分析思路、技巧和方法，剩下的就是运用加减乘除运算法则计算各种指标数值了。经过一段时间的学习和训练，自然就会明白怎样分析财务报表了。

所以，本书既适合财务专业人士阅读，因为书中有很多浅显易懂、生动有趣的实战性财务分析思路、方法和技巧，同时包含大量有血有肉的案例剖析；也适合从事经营管理的非财务人员阅读，因为本书撇开了教科书式的刻板解释，对很多财务会计的科目、名词都有非常生动、直白的解读，即使是非财会专业的人士也能一看就懂，并能从财务报表分析中深刻领会企业经营管理的真谛！

阅读本书，你将感受到不一样的财务分析思路。本书不仅会告诉你财务报表"是什么"，还会告诉你财务报表"可能不是什么"；不仅告诉你如何解读财务数据的真实含义，还会告诉你财务数据中都有哪些假象；不仅告诉你如何识别这些假象，还会告诉你如何将这些假象信息经过调整加工还原为真相，从而为我们的管理决策服务。

前面的故事通过3个一问一答，就让我们明白这样一个道理：凡事不要轻易下结论，也不要盲信所谓的权威性解释，我们必须具备独立思考的能力。故事里讲的两个人掉进烟囱里出现一个脏、一个干净的事情也许根本就不存在，但是我们在现实工作中接触的财务报表却是真实存在的，只是这些报表的出现往往披着虚假的外衣，所以我们必须练就一双慧眼，既要看懂财务报表真实的一面，也要能够看穿其虚假的一面。

而本书，就将帮助你练就这样一双慧眼。

目　录

第 **1** 篇

大处着眼：读懂财务报表的"方法论"和"辩证法"

　　"方法论"是认识世界、改造世界的根本方法，它是一个哲学概念，这里借指财务报表分析方法。"辩证法"通常也作为一种哲学概念来理解，这里的"辩证法"特指看待问题、分析问题要坚持辩证的思维。

第 1 章

"方法论"：显微镜 +
望远镜

做好财务报表分析，你只需用好两大利器："显微镜"和"望远镜"。"显微镜"能让你见微知著，"望远镜"能帮你登高望远。

在"显微镜"下，我们可以从财务报表数据中发现企业存在风险和问题的蛛丝马迹，并通过层层剖析，最终找到解决问题的思路和办法。"望远镜"让我们不局限于本单位的内部微观状况，还能够看到行业、市场等外部宏观信息，从而为企业进行财务战略规划、财务预算、风险管理等提供更全面的决策支持。

第1节 "显微镜分析法"：财务分析要能够见微知著，刨根问底

在显微镜下，一只蚂蚁看起来都像是恐龙，其纤细的触角、长腿都清晰可辨。对于财务报表，如果想要了解得更深入、更详细、更透彻，我们就要把数据放到"显微镜"下仔细观察、深入挖掘、全面剖析，而这个"显微镜"，就是我们的头脑。

"显微镜分析法"的核心思路就是运用发散性思维和逻辑性思维，提出问题，层层深入，刨根问底，直到找到问题的答案。

一、善于提出问题：迅速识别企业经营异常征兆

拿到财务报表，首先要从头到尾浏览一遍，凭第一感觉迅速发现哪些数据存在异常。作为直接参与经营管理、财务管理的经理人，迅速找到报表中的问题应该不是什么难事。那么，我们能从财务报表中发现什么问题呢？

第一类问题应该凭第一感觉就能发现。比如从利润表上发现净利润为亏损、营业收入很少、投资收益很高或亏损很多、营业外支出金额很大等；资产负债表中应收账款、存货金额很大，应付账款、应付票据、短期借款等流动负债很多；现金流量表中净现金流量为负值、经营现金净流量为负值等。

第二类问题是需要计算才能发现的。计算的内容有两类，一是增减变动的计算，比如营业收入、营业成本、净利润与往年同期对比增减多少，增减的幅度有多大，这些计算不需要会计知识，只需用到加减乘除；二是比率计算，比如净资产收益率、销售净利率、资产负债率、流动比率、速动比率、应收账款周转率、存货周转率、现金收入比等，这些计算需要掌握一定的会计知识，需要准确掌握计算公式。

第一类问题比较容易理解，即使是非财务专业的人员，只要看到报表中的数字和自己感觉到的不一样，也能迅速发现问题。比如一家企业正常的月收入应该在 2 000 万元，结果利润表上只有 200 万元，那么作为经理人，看一眼都能感觉到不正常。但是对于第二类问题，尤其是财务比率的结果，很多人包括专业财务人士也常常不能及时发现问题。比如毛利率、净资产收益率、资产负债率、流动比率等，这些比率值是多少才是正常的？多少又是不正常的？如何才能培养对各种财务比率值的敏感性呢？我们认为可以从以下两个方面来培养。

首先，要详细了解自己企业以往年度的历史数值，可以参考最近 3~5 年的数值，不但要看数据，而且要结合企业最近几年的经营形势来思考。比如毛利率在最近 5 年都在 20%~30%，而今年的毛利率为 28%，再考虑到最近几年竞争的激烈程度，能够达到 28% 已经是非常不错了。假如仅为 10%，那就明显不正常了，可能就是个非常严重的问题了。

其次，要经常关注同类企业的财务数据，尤其是与本企业存在直接竞争关系的企业。比如康师傅方便面和统一方便面、可口可乐和百事可乐、华为手机和小米手机、格力和美的等，所从事的业务越相似，企业规模、企业性质越接近，其数据的可比性越高。随着国内上市公司的增多，从上市公司公开的财务报告中查找相关财务数据越来越容易。作为经理人，应该经常关注与本企业业务相似的一些上市公司的报表，以及相关的证券研究报告，看多了，分析多了，自然就会培养出对各种财务数值的敏锐感觉。

二、刨根问底，找到答案

财务报表中的问题，有些问题很容易就能找到答案，不需要做过多的深入分析，但是有些问题的答案并不是一下子就能找到的，需要进一步深究才能找到。关于这个分析方法，我们可以借鉴丰田汽车公司（以下简称"丰田汽车"）的做法。

第二次世界大战以后，丰田汽车陷入困境：汽车销量大幅下滑，资金短缺，工人罢工，生产效率远远落后于美国的汽车企业。为了改变这种局面，丰田汽车提出了"准时生产"体系，这就是影响了全世界的"丰田生产体系"（Toyota Production System，TPS），丰田生产体系的核心方式就是"必要的产品，只在必要的时间以最低的成本完成必要的数量"。为了达到这样的目标，就必须持续改善，而在改善的过程中，解决实际问题时经常会用到"5个为什么分析法"。

丰田汽车的"5个为什么分析法"如图1-1所示。

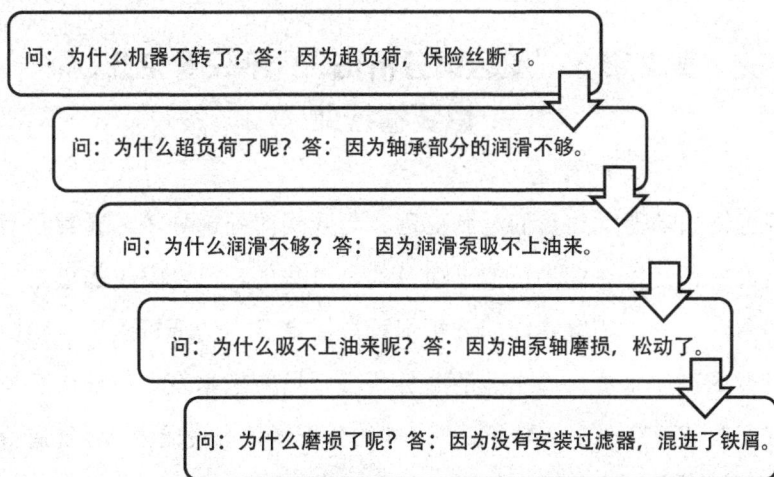

问：为什么机器不转了？答：因为超负荷，保险丝断了。

问：为什么超负荷了呢？答：因为轴承部分的润滑不够。

问：为什么润滑不够？答：因为润滑泵吸不上油来。

问：为什么吸不上油来呢？答：因为油泵轴磨损，松动了。

问：为什么磨损了呢？答：因为没有安装过滤器，混进了铁屑。

图1-1 丰田汽车的"5个为什么分析法"

通过反复追问上述5个"为什么"，最终找到机器不转的根本原因是没有安装过滤器，解决办法自然就有了，把过滤器装上就可以了。如果没有深入追问，很可能会换上保险丝或者换上油泵轴就完事，那么过一段时间还会发生同样的故障。

丰田汽车的"5个为什么分析法"与此处的"显微镜分析法"有相通之处。财务分析必须坚持刨根问底的方法，逐步找到问题的根本原因，从而找到相应的解决之道。

比如，当我们的销售净利率下降时，我们不能简单地以一句"市场竞争激烈，我们无可奈何"来解释，必须深入进去，研究销售净利率下降的原因。影响销售净利率波动的因素有很多，比如销售收入的下降、营业成本的上涨、管理费用的铺张浪费、财务费用的增加、投资损失的增加、营业外支出的增加等。假如是销售收入下降引起销售净利率下降，那就要研究是不是主要客户流失导致的。如果客户流失严重影响了销售收入，那么就要继续分析客户流失的原因是什么，是营销政策不当还是竞争对手推出了更有竞争力的产品。假如是营销政策不当，就需要重新检讨营销政策，改变市场策略，适应市场需求。

第2节 "望远镜分析法"：不只看企业，也要看行业

望远镜的功能是让我们看到更远、更开阔的外部环境。通常我们的财务分析看的都是本企业的情况，而且都是过去的、已经发生的事实，这明显有局限性。为了拓宽我们的分析视野，提高我们的分析水平，我们应该站在行业的高度来看待本企业的财务状况。只有把本企业内部情况与所处的外部行业环境结合在一起分析，这样的分析才更有说服力，才更有价值，也才能为做好企业的战略规划、财务预测提供更加科学、客观的依据。

每一个企业都是整个行业里面的一分子，行业与企业是"皮"和"毛"的关系。"皮之不存，毛将焉附"，如果整个行业都处于衰退期，属于夕阳产业，那么行业中的大多数企业的发展前景都难以令人乐观。所以，对企业财务报表中的很多数据，必须结合行业的发展情况来分析。

一、对比行业财务数值，找到自身差距

与行业的财务数值相比，才能更清楚地看清自身所处的地位，也能更准确地把握自身财务状况的真实水平，比如自身盈利能力的高低、债务风险的大小等究竟是好还是不好。有对比才有鉴别，行业数值就是对比的一个重要参照物。

那么，行业的数据指标从哪里来？我们可以从中华人民共和国国家统计局、中华人民共和国财政部、国务院国有资产监督管理委员会等有关部门发布的一些数据中查找。比如国务院国有资产监督管理委员会财务监督与考核评价局每年发布的《企业绩效评价标准值》就很有价值，里面有10个大类行业、48个中类行业和102个小类行业财务数值，我们可以从中找到本企业所属的行业类别，并找到行业的标准值。

当然，在利用行业数值进行对比分析时，必须考虑到数据的可比性问题。行业数值是很多企业的数据的汇总，与单个企业的财务状况有很大差别，因此不能仅凭与行业数据的对比就轻易下结论，还要综合考虑本企业的经营实际。

二、跳出财务看企业：看懂行业的盈利模式

如果看不懂盈利模式，不知道企业的收入从哪里来、企业靠什么赚钱，那这样的财务分析一定是盲人摸象，分析得再好也只是隔靴搔痒，不能抓住核心和重点，其分析价值也会大打折扣。

同一类行业一般具有相同或相似的盈利模式，比如通信企业通过收取话费和流量费来赚钱，超市通过平台和仓储赚钱，快递企业通过送快递赚钱，房地产开发企业通过建房卖房赚钱等。只要有赚钱的地方，就会有盈利模式的存在。有的盈利模式非常清晰，非常单一，比如饮料生产企业，就是生产出饮料卖给消费者，从中获得利润；但有的盈利模式就比较复杂，比如支付宝的盈利模式就比较复杂。支付宝作为一个移动支付的工具，其依托天猫、淘宝网庞大的交易量树立了移动支付领域的一个标杆，那么支付宝靠什么盈利呢？一是靠沉淀资金。电子商务交易中通过支付宝支付的资金一般有一个担保期，也就是客户购买了商家的货物之后，客户通过支付宝付款，这个资金并非马上到达商家的账户，而是由支付宝提供7～15天甚至更长的担保期，在这个担保期间产生的存款利息收入归支付宝所有，这是支付宝收入来源的主要方面。二是转账手续费收入。目前，通过支付宝转账要收取一定的转账费，这个转账服务费也是支付宝的一个收入来源。三是其他增值服务收入。比如推出余额宝理财，余额宝与基金公司合作，推广第三方理财，余额宝只收取很少比例的利息收入。由此可以看出，支付宝的盈利来源较多，盈利模式比较复杂。

有些盈利模式虽然在同一个行业中比较类似，但是针对某一个企业来说，其盈利模式仍然有其独特的地方。比如联想和戴尔，虽然二者同属于经营个人计算机的制造企业，但是其盈利模式有很大不同。联想的销售以渠道为主，通过发展经销商、代理商来实现销售。而戴尔是以直销为主，通过追求零库存，提高库存周转率，压缩代理商等中间环节，以更低的价格服务消费者，戴尔曾依靠这种独特的盈利模式，进入个人计算机的一线品牌行列。

我们在分析一家企业的盈利模式时，可以借鉴同类企业，但也要考虑自身的特殊性。只有真正了解企业的盈利模式，我们在分析财务报表时才能有的放矢、游刃有余，才能得出更有价值的分析结论。

三、借鉴五力分析模型，从行业的 5 个角度看企业

本企业财务数据的好坏与企业经营业务开展的情况密切相关，而企业的业务发展情况又与整个行业的发展大环境息息相关。在市场经济环境下，商业竞争越来越激烈，因此分析本企业面临的市场竞争格局，对于理解财务报表中业绩变动的影响因素非常有意义。企业财务报表分析只有结合整个行业的发展状况，才会更深刻、更客观、更有说服力。

那么，我们如何分析行业的市场环境、竞争格局呢？迈克尔·波特的五力分析模型值得我们借鉴。五力分析模型是从行业的 5 个方面来分析行业的竞争格局，这 5 个方面分别是供应商的议价能力、购买者的议价能力、新进入者的威胁、替代品的威胁、同业竞争者的竞争程度，如图 1-2 所示。

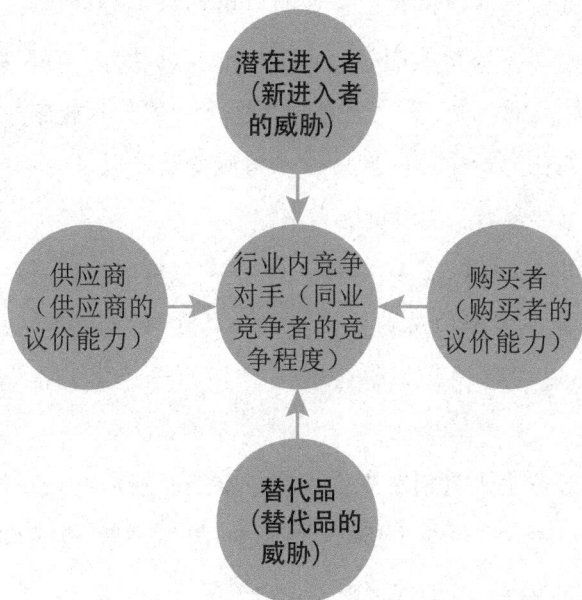

图 1-2　迈克尔·波特的五力分析模型

借鉴五力分析模型，我们可以从行业的 5 个方面来分析企业的经营状况。

❶ 供应商的议价能力

供应商居于企业产业链的上游，供应商议价能力的强弱对企业的成本、

利润都会产生重大影响。供应商的议价能力越强，企业在采购价格、供货量、交货速度、售后服务等方面讨价还价的空间就越小。

具体来讲，供应商的议价能力强主要表现在以下两个方面。

一是供应商假如是一些具有比较稳固市场地位的企业，或者说具有垄断的市场地位、并不受市场竞争困扰的企业，则其产品的买主很多，以致每一单个买主都不可能成为供方的重要客户。

二是供应商所提供的产品具有独特性或者说独创性，以致买主难以转换或转换成本太高，或者很难找到可与供应商产品相竞争的替代品。

具有以上两个特征的供应商，其议价能力较强。

❷ 购买者的议价能力

购买者指的就是客户，我们常说的以市场为中心就是以客户为中心，只有创造出满足客户需求的产品，企业才能发展壮大。客户可以通过压价或者要求提供较高的产品或服务质量来影响企业的收入和盈利能力。

因此，我们在分析企业的营业收入增减变动，以及盈利能力的强弱变化时，必要时可结合客户的议价能力来分析。

通常情况下，具备以下 4 个特征的客户其议价能力较强。

一是本行业中客户的总数比较少，而每个客户的购买量较大，占了卖方销售量的很大比例。如果企业丢掉任何一个客户，都会带来重大损失。

二是卖方行业由大量相对来说规模较小的企业所组成，换句话说，如果我们企业所在的行业中普遍都是小型企业，非常分散，卖方实力普遍较弱，这样的话买方（即客户）的议价能力自然就强。

三是客户所购买的基本上是一种标准化产品，同时向多个卖方购买产品完全可行。也就是说客户购买的产品同质化严重，并没有质量、性能特别突出的不可替代的产品，客户买谁的产品都一样，客户的选择面又很大，这样的话客户的议价能力也会比较强。

四是客户有能力实现后向一体化，而卖方不可能前向一体化。所谓后向一体化是指企业利用自己在产品上的优势，把原来属于外购的原材料或零件，改为自主生产的战略。所谓前向一体化就是企业通过收购或兼并若干商业企业，或者拥有和控制其分销系统，实行产销一体化。也就是说，客户可以实现产供销后向一体化，而卖方不能实现产销一体化，这样客户可以随时抛弃你，而你无法离开客户。

❸ 新进入者的威胁

假如企业的盈利能力降低了，市场份额变小了，很有可能的原因是竞争对手增多了，而竞争对手有可能是一些新进入者。新进入者带来先进的技术、雄厚的资金、新的生产能力，自然也希望在市场中赢得一席之地，这样竞争就加剧了。新进入者的增多最终导致行业中现有企业盈利水平的降低。

影响新进入者进入数量的因素主要在于进入障碍，或者叫进入壁垒，主要包括规模经济、产品差异、资本需要、转换成本、销售渠道开拓、政府行为与政策、不受规模支配的成本劣势、自然资源、地理环境等方面，这其中有些障碍是很难借助复制或仿造的方式来突破的。如果进入壁垒低，那么企业面临的生产环境就差，竞争就会激烈；如果进入壁垒高，那么来自新进入者的威胁相对就会小一些。

另外，退出壁垒也是影响新进入者的一个重要因素。如果由于该行业资本投入大，退出费用（如人员安置、库存物资的处理等）高，一旦投资失败，退出风险也大，也就是说退出壁垒高，这也会让新进入者在试图涉足这一领域时三思而后行。

总之，在分析企业所面临的行业竞争环境时，需要考虑新进入者的威胁。

❹ 替代品的威胁

替代品的威胁主要从以下3个方面来体现。

一是现有企业产品售价以及获利潜力的提高，将由于存在着能被客户方便接受的替代品而受到限制。换句话说，企业如果想提高售价，提高盈利能力，是需要看替代品的"眼色"的。比如果汁和可乐，如果果汁销售商想提价，必须考虑到可乐或者其他饮料的价格，如果提价过高，客户可能就会抛弃果汁改喝可乐或其他饮料了。

二是由于替代品生产者的侵入，使现有企业必须提高产品质量或者通过降低成本来降低售价或使其产品具有特色，否则其销量与利润增长的目标就有可能受挫。彩色电视机出现，黑白电视就逐渐退出历史舞台了；苹果等智能手机推出，诺基亚功能机就逐渐退出舞台了。这些新的替代品的出现是革命性的，足以导致一个行业的衰微。当然，也有些替代品是共存的，比如高铁与飞机、果汁与可乐，它们并非不相容，而是可以互相替换的。

三是源自替代品生产者的竞争强度，受产品客户转换成本高低的影响。客户若不想买你的产品了，转而买别的企业的产品，如果转换成本很高，他会三思而后行，如果转换成本很低，那么客户很容易就会"移情别恋"。

总之，替代品价格越低、质量越好、客户转换成本越低，其所能产生的竞争压力就越强。

❺ 同业竞争者的竞争程度

大部分行业中的企业，相互之间的利益都是紧密联系在一起的。每个企业的目标，都在于使自己的企业获得相对于竞争对手的优势。所以，在实施中就必然会产生冲突与对抗现象，这些冲突与对抗就构成了现有企业之间的竞争。现有企业之间的竞争常常表现在价格、广告、产品介绍、售后服务等方面。

迈克尔·波特的五力分析模型为我们分析企业的外部环境提供了一个非常好的思路。这5个方面的因素都会给企业的销售、盈利乃至生存发展带来重大影响，因此我们在分析财务报表时，要能够跳出本企业，站在行业的高度来分析。只有对整个行业有所了解，我们才能更深刻地理解本企业财务数据的含义，从而避免做财务分析时犯下"只见树木，不见森林"的错误。

四、透过现状看未来：战略前瞻性是财务分析必备思维

根据过去的财务状况，采用合乎逻辑的分析思路，对企业未来的发展趋势做出相对可靠的预测和展望，比单纯地分析过去更有价值。"望远镜分析法"就是要求我们不应把分析的全部精力和关注点都放在分析报表上面，而应在头脑中始终保持预见性的思维，考虑未来的工作如何改进。

战略前瞻性思维本质上是一种通过对现状的分析，洞察事物发展的规律，预测未来的能力。战略前瞻性思维对财务分析人员的要求就是：分析现状，预测未来；展望未来，未雨绸缪；总结过去的经验和教训，为未来的决策做好积累。

那么，在具体操作时，财务分析人员如何运用战略前瞻性思维呢？

❶ 精于分析过去的问题

对于内部财务分析来说，除了要按照常规分析方法，分析与评价企业的盈利能力、偿债能力、经营能力、发展能力等，更重要的着眼点是发现问题、揭示问题，也就是说，通过企业的财务数据、经营数据，找到企业财务、经营上有哪些问题与风险。企业的营业收入为什么大幅下降？盈利能力为什么降低？债务风险为什么升高？现金净流量为什么持续为负？是否存在资金短缺的风险？企业财务指标是否符合企业的战略目标？年度经营计划是否在财务数据上有所体现？

能够根据财务数据把企业的问题分析得很透彻，这是精通财务分析的第一步，也是重要的基本功。要特别提醒的是，分析数据的过程必须结合企业的经营业务，只有更多地了解企业的经营业务，从数据中发现的问题

才更真实、更立体、更让人信服。

❷ 善于预测未来的趋势

预测未来是一件不容易的事情，作为财务分析人员，我们无须具备判断未来会发生什么的本领，我们只需要对分析中发现的问题，将来会发展到何种程度做出判断即可。

比如，我们在分析企业的现金流量时发现，总的现金净流量为负值，那么这就表明企业的现金流存在缺口。假如企业的现金流缺口存在的主要原因是经营活动现金流量不足，那么我们就要思考：经营活动现金流量不足的原因是什么？是企业"销售商品、提供劳务收到的现金"不足造成的吗？如果是，那么是销售收入增长乏力还是应收账款回笼资金不及时导致的呢？假如是销售收入增长乏力，那么造成销售收入增长乏力的原因是什么呢？这种销售收入增长乏力是短期的因素还是长期的因素呢？明年是否能够改善呢？假如明年销售收入及回款的情况不能改善，那么企业的资金缺口是否会进一步扩大？扩大多少？资金缺口的扩大是否会给企业的正常经营带来更大的风险？

我们通过一个流程图来展示这种资金短缺预测的思路，如图 1-3 所示。

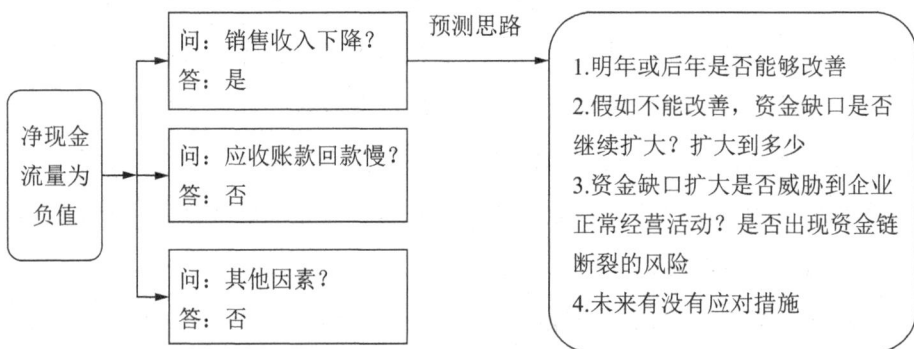

图 1-3　从现金流问题出发预测未来情况的思路

对未来的前瞻性分析与预测的财务分析，可以结合企业的发展战略、经营计划来进行。如果我们从财务数据中发现的问题属于企业经营计划的一部分，也就是属于合理的范畴之内，我们就无须过多解释；如果超出预期，超出正常允许的范围，那么就需要引起高度重视。

❸ 勇于提出解决问题的方案

财务分析的根本目的是解决问题，所以通过分析、预测与展望，最终要提出解决问题的方案。提出解决问题的方案需要具备丰富的经验，需要对企业的经营管理有深入的理解和了解，需要充分了解企业的战略目标和计划。简单地说，必须掌握充分的信息，否则提出的解决方案就是纸上谈兵、书生之见。

解决方案的提出，必须转换视角，对现状、问题进行多角度分析，多方位思考，从财务角度、经营管理者的角度、高层的角度进行分析，对多种可能性进行合理地发散性思考或逻辑性思考，使你的思路深入、具体、有见地，并且具有可操作性。

本节提出的财务分析中要坚持战略前瞻性思维，就是要提醒大家，财务分析并非只是埋头分析过去、评价现状，更重要的是要能够对未来的财务状况、经营状况的发展趋势，有预见性的分析，对未来发展可能遇到的问题和风险，能够做到有备无患，具备灵活应对的能力，提前规划，做好预案。

第 2 章

"辩证法"：辩证思维是财务分析的灵魂

唯物辩证法告诉我们，客观事物并非以一种形态存在，分析问题、看待问题也不能以一个角度进行。同样的道理，我们在分析企业财务状况时，也不能以一种非此即彼、非黑即白的思路对待。我们不能只看到财务数据的表面现象，也要看到企业经营的真实水平；不能只看到对立的一面，也要考虑到统一的一面；不能只看到质变的结果，也要考虑到量变的积累过程。辩证思维如图 2-1 所示。

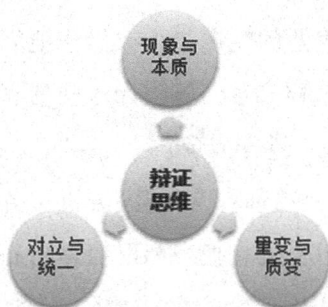

图 2-1 辩证思维

需要说明的是，本章内容套用了唯物辩证法的一些名词，但并不适合用哲学概念来解读。

第 1 节　现象与本质：透过财务数据的表象，看透企业经营的本质

财务报表只是企业经营活动的表象，这个表象有时候并不能准确地反映企业的经营本质，还需要我们拨开云雾、去伪存真，才能看到企业的真实情况。

如何透过现象看本质，我们可以从以下两个方面来理解。

一、货币计量的报表不能反映非财务信息

财务报表中的数据是通过货币计量得到的，提供的是定量性、货币性的信息，企业的很多非财务信息并不能在报表中体现，比如企业的商誉、技术优势、人力资源、企业文化等。

与经济资源不同，这些资源不能直截了当地转化为企业的财务资源，但对企业的生产、经营管理的作用和影响是巨大的、深远的。特别是在高科技领域与信息技术领域，这些无形资产对企业整体价值的贡献远比有形资产大。再如，准备很快出售的长期资产、未做记录的或有负债、为他人担保的项目等，对一个企业的变现能力或偿债能力都存在重大影响，都是观察和评价一个企业的重要信息，但因为这些信息无法用货币形式进行描述，所以无法在财务报表中进行列示。

因此，我们在做财务分析时，不能只分析财务报表中的数据，还一定要考虑到企业的表外信息。只有把表内财务信息和表外非财务信息结合起来综合考虑，我们才能做出一个相对可靠的分析结论。

一般情况下，财务报表附注中会提供一些重要的非财务信息，我们必须予以重视。

二、警惕财务指标表象背后的假象

我们撇开故意做假的问题，即使会计人员严格按照企业会计准则进行账务处理，仍然会有一些表面的假象迷惑我们。这时候就需要我们能够洞察这些数据的假象，看到企业真实的财务状况。

比如亏损的企业，其利润表中的净利润为负值，那么我们能就此断定其盈利能力差吗？答案是否定的。企业亏损的原因有很多，如果亏损不是

由主营业务导致的，而是由营业外支出或者投资损失过大导致的，那么这样的亏损其实问题不是很大。因为只要企业的主营业务的盈利能力仍然很强，企业的元气没有大伤，那么企业也不会因为一次偶然的损失而一直处于亏损状态，那就不能断定企业的盈利能力差。

当然，财务报表中还会有大量的假象信息，对此我们会在后面的章节中详细论述，在此就不再做过多举例。

总之，财务报表的表面现象与企业真实的财务状况之间是有距离的，作为专业的财务分析人员，不能盲目地相信账面的数据，不能轻易地下结论，必须具备透过现象看本质的能力。

第 2 节　对立与统一：几种财务指标互相矛盾的解释

我们在进行财务分析的时候，经常发现有些指标会"打架"。比如在盈利能力指标中，销售净利率很高但是净资产收益率却很低；应收账款周转率很高，但是现金流量表中的"销售商品、提供劳务收到的现金"却很少；存货周转率越来越高，但是盈利能力却越来越低；等等。这些指标似乎应该是统一的，但是计算结果却显示是对立的、矛盾的，那么我们该如何理解这些现象，又该如何对这样的财务状况做出客观、准确的评价呢？另外，在财务决策中，也会出现风险与收益的矛盾现象如何平衡的问题。

一、净资产收益率与销售净利率为何"打架"

净资产收益率和销售净利率这两个指标是有差别的。从计算公式上看，净资产收益率是净利润除以净资产，而销售净利率是净利润除以营业收入，二者分母不同，一个是净资产，另一个是营业收入。净资产和营业收入最大的不同在于一个是时点数，另一个是时期数，净资产是截至计算期期末的时点数，而营业收入是某一个期间的数（比如一个月、一个季度、一年）。由此可以看出，净资产收益率反映的是期末股东权益的获利能力，通俗地讲就是企业自有资本的获利能力，而销售净利率反映的是某一期间的经营业务的获利能力。

所以说，即使销售净利率高，净资产收益率也不一定高，因为如果股东投入的资本多，导致分母大，这样计算出来的净资产收益率数值就会小。

当然，反过来，即使销售净利率低，净资产收益率也不一定低，假如股东投入的资本很少，那么净资产收益率也可能会较高。

当然，净资产收益率和销售净利率也是有关系的。从杜邦分析法体系中可以得到：净资产收益率＝销售净利率 × 资产周转率 × 权益乘数。从这个公式中我们也可以看出，净资产收益率不仅受销售净利率影响，同时也受到资产周转率和资本结构的影响。

二、应收账款周转率为何与现金流量表中的数据不一致

企业的应收账款周转率很高，为什么现金流量表中"销售商品、提供劳务收到的现金"却很少？我们通常的理解是应收账款周转率越高，企业的回款就会越快，但是为什么"销售商品、提供劳务收到的现金"反而越来越少呢？原因可能有两点。

一是假如应收账款周转率提高，是营业收入和应收账款同时减少的结果，那么，营业收入一减少，销售回款的金额也会减少。比如有的企业为了控制赊销风险，大幅减少赊销比重，这样的话应收账款周转速度会加快，但营业收入势必会受到影响而下降，最终会出现销售回款同步减少的结果。

二是现金流量表中的"销售商品、提供劳务收到的现金"与应收账款所属销售期间不一致，也就是说销售商品收到的现金不一定是本期的，有可能是前几年的，也有可能是预收以后年度的，这样就会导致销售商品收

到的现金发生比较大的波动，可能有时就会出现应收账款周转率很高但销售回款却减少的矛盾现象，当然也可能会出现应收账款周转率很低但销售回款却很多的状况。

三、财务决策中的对立与统一问题

在财务决策中，经常会遇到一些对立与统一的矛盾问题，比如为了获得更多的杠杆收益，我们就大举借债，但大举借债的后果是增加企业的债务风险。再比如为了增加营业收入，我们放宽赊销政策，这样在营业收入增加的同时应收账款也会增加，如何收回这么多的应收账款又成了我们的难题。

经理人在涉及有关财务决策时，需要把握的一个重要的原则就是找到更好的平衡点，不能为了收益而忽视风险，也不能由于过于保守而错过发展机会。

第3节　量变与质变：从财务报表中察觉
企业由盛转衰的蛛丝马迹

"压垮骆驼的最后一根稻草"可以很形象地说明从量变到质变的道理。现实生活中，我们经常听到或看到这样一些事实，有些很知名的企业突然之间陷入困境，甚至破产倒闭，从当年胡志标的"爱多 VCD"，史玉柱的巨人集团，吴炳新的"三株口服液"，姬长孔的央视"标王"秦池酒，到近几年施正荣的无锡尚德公司，这些企业都曾风光无限，但后来都快速倒下，令人唏嘘不已。这些企业从辉煌到衰败，并非一朝一夕的事，企业由盛转衰都有一个过程，而这个转变的过程都会在企业的财务报表中有所体现。所以，经理人应该对本企业的财务数据的变动明察秋毫，应能敏锐地察觉出企业经营出现的异常信号。

一、企业由盛转衰的 5 个信号

企业破产倒闭的原因有很多，美国著名管理专家吉姆·柯林斯在他的畅销书《再造卓越》中总结出企业走向衰落的 5 个信号。

一是领导层狂妄自大，认为企业成功是理所当然的事情，因此在做战略决策时常常犯下错误；二是盲目扩张，盲目扩张导致企业的管理、人力资源都难以适应，快速扩张的背后是资金投入的大幅增加，最终给企业发展埋下巨大的风险；三是漠视潜在危机，对企业悄然发生的经营危机、财务危机不够重视，或者是根本未能发现相关风险；四是危机公关失败，企业出现危机被曝光，其危机在公众视野中被快速传播和扩大，导致经营瞬间陷入困境；五是不适应市场变化，最终被淘汰或破产。这 5 个信号如图 2-2 所示。

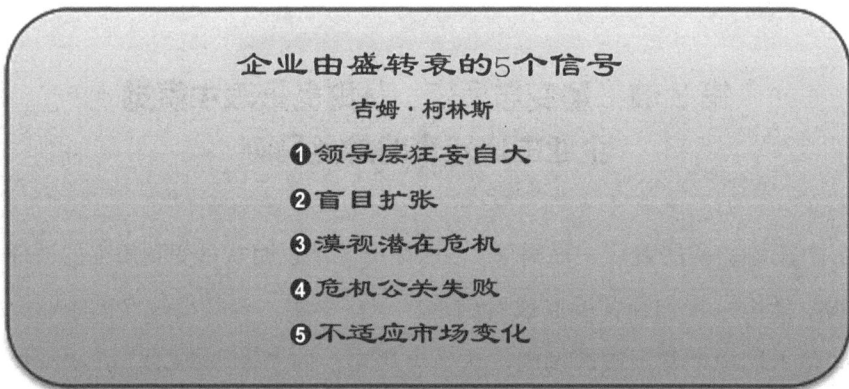

图 2-2　企业由盛转衰的 5 个信号

如果财务报表是经营管理的结果，财务分析就是从这些结果中寻找指标变化的原因，但是只能够从"结果"分析"原因"是不够的，财务分析还需要从"原因"来推导、预测未来可能产生的"结果"，这样的财务分析价值才更大。

吉姆·柯林斯提出的企业由盛转衰的 5 个信号，并非从财务角度来讲的，但是这些信号为我们从企业财务数据变动的"结果"寻找企业衰落的"原因"提供了思路。

二、量变、质变道理对财务分析的 4 种启示

企业陷入泥沼或者破产倒闭的原因很多，但最终一定都能够在财务报表上表现出来：收入或利润下滑、成本过高、负债增加、资不抵债、资金链断裂等。我们需要清楚的是，这些财务指标的恶化，并不是突然发生的，都是由轻到重、由浅入深、由量变到质变，最终演变成一发不可收拾的局面的。量变、质变的道理为我们进行财务分析带来如下启示。企业经营从量变到质变的分析思路如图 2-3 所示。

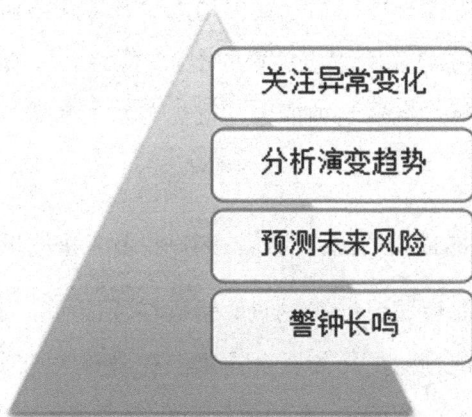

图 2-3 企业经营从量变到质变的分析思路

❶ 财务分析要始终关注存在异常迹象的指标变化

某个月，企业的营业收入大幅下降或者企业利润由盈转亏，或者企业的负债大增，负债率提高，日常费用支出突然增加了很多，等等，这都是企业存在异常迹象的财务表现，需要及时发现，引起警惕，并做出相应的分析和判断，找出引起这些异常波动的主要因素，看是否属于正常的变动

范围。

为了能够及时发现企业经营的异常征兆，每月、每季度、每年都要做财务分析，只有通过连续不间断地、动态地跟踪财务状况，才能及早发现、解决企业经营的潜在风险和问题。

❷ 通过分析历史数据，找出企业财务状况的演变趋势

企业异常迹象的出现，如果是偶尔一次发生，问题可能还不是很严重。如果在分析历史数据时，发现这些财务数据多次出现不正常的变化，那么就需要做出一个趋势性的分析和判断了，一般需要考虑最近几个月或几年的数据。

在很多时候，通过对历史数据进行分析，往往能够发现企业存在的很多问题。比如企业的应收账款周转率不断降低，如果这一指标在数月之内都处于下降趋势，则很有可能是企业营销人员在赊销过程中人为地放宽了赊销政策。赊销政策的放宽会促进销售的增长，但会导致销售资金回笼变慢，进而影响资金的周转。出现这种情况，就需要我们从销售部、信用风险部寻找答案了。

❸ 要根据掌握的最新情况，估计、测算企业未来的风险

做财务分析时要能够根据掌握的最新资料或信息，对企业未来可能发生的风险做出评估或预测。比如资金需求，在进行大的项目投资之前，或者企业资金收支不抵的情况下，都要进行资金需求预算。在未来一个期间，企业正常情况下能够获得的资金有多少，企业必须支付的资金需要多少，二者缺口有多大，这些信息必须经常评估，要时刻关注资金缺口的大小，避免出现资金链断裂的危险局面。

❹ 财务分析要做到警钟长鸣

财务分析要避免"一团和气"不提示问题，不警示风险，只对财务数据进行简单的计算、罗列，用千篇一律的语言进行叙述。如果财务分析的

评论变得模板化、格式化，没有任何有见地的观点和结论，这样的分析是没有任何价值的。财务分析必须保持警惕、谨慎的态度，要密切关注企业财务数据中的异常征兆，时时关注风险、分析风险，做到警钟长鸣。

第 4 节　主要矛盾与次要矛盾：从财务报表看企业经营的主次问题

唯物辩证法认为，矛盾反映了事物之间相互作用、相互影响的一种特殊的状态。矛盾是有主次之分的：主要矛盾在事物发展过程中处于支配地位，对事物的发展起决定作用，规定或影响其他矛盾的存在和发展；次要矛盾在事物发展过程中居于从属地位，对事物的发展不起决定作用。

我们在财务分析中经常发现企业的财务与经营状况存在的问题很多：既有盈利能力下降的问题，也有现金流不足的问题；既有存货积压严重的问题，也有应收账款坏账过多的问题；既有收入增长乏力的问题，也有债务负担过重的问题；等等。这其实与哲学上主要矛盾与次要矛盾的关系有一定相似，这些问题并非都需要我们面面俱到地分析、评论，必须优先分析主要问题，次要问题一带而过。

本节内容将借鉴哲学上的主次矛盾的观点，来指导我们在财务分析过程中，如何抓住重点（主要矛盾），分析重点，而不要在次要问题（次要矛盾）、细枝末节方面过多分析，如图 2-4 所示。

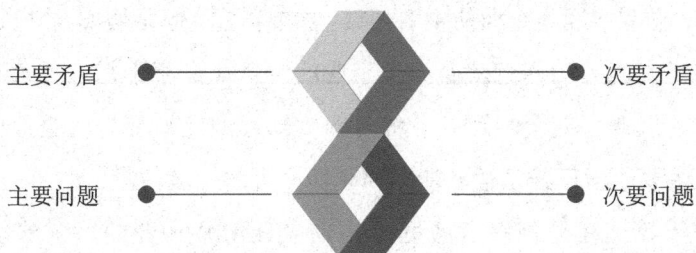

图 2-4　主要矛盾（主要问题）与次要矛盾（次要问题）

一、财务报表中凸显企业经营的主次矛盾

如何从财务报表中看到企业的主次矛盾？

回答这个问题，就是要回答企业当前面临最重要的问题是什么。当我们看到企业的现金流严重不足，现金净流量常年为负值，企业资金缺口逐年快速扩大，资金链断裂的风险越来越高，这时候现金流的问题就是企业面临的最重要的问题，即主要矛盾，其他的问题都成了次要问题，也就是次要矛盾。这时候分析现金流问题成了最重要的内容，而其他与此无关的问题可以忽略。

那么，假如企业的现金流正常，不存在问题，而企业的利润大幅下滑，盈利能力大幅下降，此时，企业赚不赚钱的问题成为企业当前的主要矛盾，其他问题可能就变成次要矛盾了，这时候财务分析的重点就是盈利能力分析。

抓住主次矛盾，就是要在财务分析中抓住重点，重点问题重点分析、深入分析，而对于非重点问题，也就是次要矛盾，可以简化分析，无关紧要的问题可以不做分析。这样能够使财务分析主次分明，轻重有别。

二、主次矛盾互相转化的财务指标表现

主要矛盾和次要矛盾相互依赖、相互影响，在一定条件下可以相互转化。企业财务中的主要问题和次要问题，同样是能够互相转化的。比如，在某一个时期，盈利问题是企业的主要矛盾、主要问题，但是假如企业长期亏损，那么最终盈利能力的问题就会导致企业的经营现金流不足，经营现金流不足的问题持续久了就会导致企业的资金短缺，最终演变为资金危机，这时候企业的主要矛盾已经从盈利能力问题转变为现金流问题。

所以，我们在分析财务数据时，也应该清楚企业的财务状况。很多时候企业的财务问题是互相关联的、互相依赖的，一个方面发生的问题，

可能会慢慢演变为另一个新问题。比如存货周转不足的问题，或导致企业的盈利出现问题；有息债务比例过高、金额过大不但会提高企业的资产负债率，增加企业的债务负担，也会增加企业的财务费用；当企业的投资利润率低于企业的债务资金成本时，盈利能力就会在杠杆的作用下快速下降。

三、擅长解决主要矛盾的企业才能"基业长青"

《基业长青》一书中写道："高瞻远瞩的公司也要时时提醒自己，不要混淆核心与非核心；什么应该永恒不变，什么应该应时而变；……"这里提到的"核心与非核心"，在一定程度上可以理解为主要矛盾和次要矛盾。

不得不说，财务分析最主要的功能是分析问题，发现问题，并找到解决问题的方案或思路，但企业经营更重要的是不断解决问题。

对于企业经营者来说，只有擅长解决经营过程中的主要矛盾，才能够跨过沟沟坎坎，成长为"基业长青"的企业。不同发展阶段的企业，面临的主要矛盾截然不同。对于快速成长期的企业来说，增长的速度非常重要，市场的开发、客户的拓展、销售收入的增长、规模的扩大，是企业面临的主要矛盾；对于处于成熟期的企业来说，稳定的销售收入、营业利润、现金流，保持稳健的资本结构，避免大起大落，是企业面临的主要矛盾；处于衰退期的企业，收缩规模、压缩开支、降低成本、维持生存必需的利润水平、规模缩减过程中的现金流风险控制，这些问题可能会成为这类企业的主要矛盾。

当然，即使是同一发展阶段，不同的企业面临的主要矛盾和次要矛盾也会不同。有的企业擅长营销，但不擅长技术研发，难以通过技术的领先性维持较强的盈利能力，这样的企业的主要矛盾就是解决研发的问题。而有的企业相反，擅长研发，但不擅长营销，技术虽然先进，但产品无法实现销售，此类企业的要解决的主要矛盾就是提升销售能力。

　　财务分析完全能够识别企业经营、发展面临的主要矛盾，充分揭示主要矛盾，为解决主要矛盾提供有价值的思路，并且在后续解决问题的过程中密切跟踪、及时反馈，通过财务数据、财务指标的变化掌握问题解决的成果。

第 **2** 篇

小处着手：研读 4 张财务报表，探寻经营"路线图"

　　对经理人来说，为什么财务报表很有用？那是因为其很想了解企业有多少资产、欠别人多少钱，企业有多少收入、赚了多少钱，企业的现金收入、支出情况怎么样，等。这些信息总不能通过去现场察看一个个资产、询问一个个人员获得吧？即使是那样，也未必能够了解清楚、完整，所以财务部会把这些信息、数据都编到报表里面，经理人只需要拿起 4 张报表，掌握一定的分析方法，很快就能对企业的资源、效益、现金流有一个全面的了解。这样，在做下一步决策时心里便会非常清楚。

　　读懂 4 张财务报表，就找到了企业经营管理的"路线图"，只需要按图索骥，就能带领企业到达成功的彼岸。

第 3 章

利润表：不可不察的绩效成绩单

　　"春种一粒粟，秋收万颗子"，利润表反映的就是企业一定期间的经营成果，也是企业某一个期间经营管理的绩效成绩单，很多企业都将此表中的收入、成本或利润作为企业绩效考核的重要依据。

　　对于这份报表，很多人认为比较容易读懂，似乎没有人不懂收入、成本、费用的含义，但是如果要真正准确理解、深刻领会这份报表上每一个数字的经营内涵，却是需要一定的分析能力和技巧的。

　　可以从这样几个方面着手分析利润表。首先，分析思路，可以先从结果着手，先看结果再找原因，从利润表结构中自下而上分析；其次，重点看盈利情况，只有具备持续盈利能力的企业才有竞争力，因此要掌握持续盈利能力的标准；再次，分析增长，包括收入的增长、成本费用的增长、利润的增长，要清楚收入的增长只有带动了利润的增长，其增长的质量才有保障；最后，对利润表要知其一，也要知其二，利润表自身存在局限性，不能盲目相信利润表上的数据，要善于将其和其他财务指标或非财务指标进行验证。

　　从图 3-1 中的利润表阶梯图中可以看出，利润表的结构是这样的：营业收入是利润的来源，扣除销售折扣和折让退货之后是净营业收入，再扣除销售成本之后就是销售毛利，销售毛利扣除期间费用和投资损益后剩下的就是营业利润，营业利润再扣除营业外收支净额得到的就是税前利润，税前利润缴纳所得税之后得到的就是净利润。

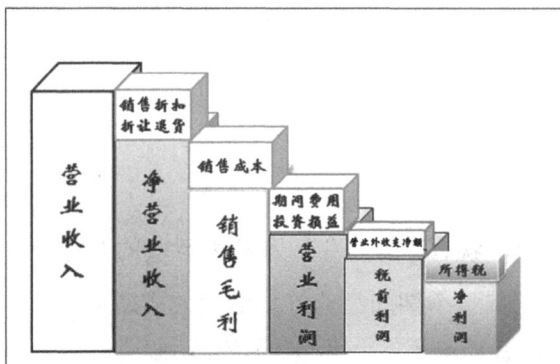

图 3-1　利润表阶梯图

由此阶梯图也可以看到，影响净利润的因素有很多，其中任何一个环节出现大的问题都会导致净利润发生波动。

第1节　利润表分析实战思路

利润表的最终结果是"净利润"，因此我们在分析利润表时就要把"净利润"作为纲，利润表中的其他科目作为目，纲举目张，将此作为分析利润表的一个思路。

具体来讲，就是当我们拿到利润表时，先看净利润，净利润如果为负值，表明亏损，那么我们就分析亏损的原因是什么。先从利润表中找原因，比如是不是营业收入大幅下降所致，是不是营业成本、期间费用大幅上升所致，是不是投资损失较大所致，是不是营业外支出较大所致等。从利润表中找到亏损的重要的原因后，如果是营业收入大幅下降或是营业成本大幅上涨，我们就需要从表外调查原因。我们需要调查是商品销售价格下调导致的营业收入下降，还是营销部门的销售能力不足导致的营业收入下降，这需要销售部门的配合。同样，在调查营业成本大幅上涨的时候，需要了解是原材料价格的大幅上涨所致，还是员工的工资增加所致，或者是水电煤气等其他制造费用的上涨所致。

利润表的分析思路就是带着问题找原因，先从报表中找原因，再从表外找原因，联系表内、表外，再结合账簿记载数据、原始凭证数据，然后通过一番调查，自然就能找到利润变动的原因。

图 3-2 展示的就是利润表分析的一个基本思路，其中举的是一个净利润下降的例子。如果是净利润上升，我们可以用同样的思路来寻找原因。

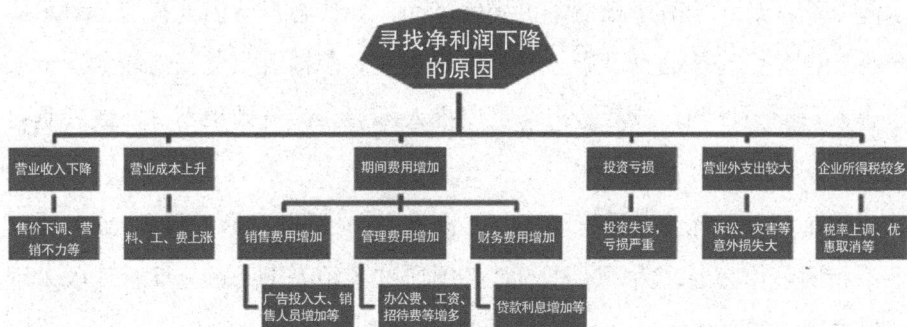

图 3-2　利润表分析思路

需要特别指出的是，利润下降或上升，很多时候并不是一种原因导致的，有可能是多种因素综合作用的结果。当然，收入、成本、期间费用、非经常性损益、所得税等因素所起的作用可能会不同，找到影响利润波动的重要原因，也就找到了解决问题的突破口。

下面，我们对利润表中重要指标的分析思路及方法进行详细介绍。

❶ 营业收入下降分析

营业收入包括主营业务收入和其他业务收入。在分析营业收入时，要重点分析主营业务收入，因为主营业务收入是经常性收入，一般具有持续再生的特点，其预测价值和对决策的意义重大。通过分析营业收入中主营业务收入所占的比重，可以看出企业持续经营能力的高低。

主营业务收入下降的原因主要有以下两个。

一是商品价格下调。在市场竞争激烈的环境下，商家为了吸引消费者，打价格战成了一种常态。尽管价格战并非一劳永逸的好办法，业界对价格战造成的"杀敌一千，自损八百"的结果颇为诟病，但是价格战仍不断地出现在我们的生活中。当商品价格下调的时候，销量如果没有达到预期的增幅，那么最终的结果可能是销售收入不增反降。

二是销量下滑。在价格没有大的变化的情况下，销量的下滑最终也会导致销售收入降低。销量的下滑有可能是由客观因素导致的，比如市场需求降低或者是竞争对手推出了更好的产品，导致客户转而选择竞争对手的产品；也有可能是自身因素导致，比如企业的营销人员流动性较大，市场销售人员能力不强，或者是市场推广投入不够、广告效果不好，或者是自己的产品存在瑕疵等。

营业收入下降的原因有很多，不同产品、不同市场、不同企业其原因各不相同。作为经理人，重要的是必须通过各种渠道了解企业营业收入下降的原因，如可以通过财务数据或非财务信息来查找原因。

❷ 营业成本上升分析

营业成本包括直接材料、制造费用和人工成本，营业成本的上升和下降都与这3种成本直接相关。因此，当发现企业的营业成本增长过快时，我们不能单纯地认为是由原材料价格上涨造成的，也应考虑到可能是由车间的制造费用（包括水费、电费、暖气费、设备维修费、物料消耗、运输费、包装费等）增加或生产车间的工人工资上涨引起的。

因此，分析营业成本时，我们应该计算出各项成本的明细项所占比重，并对这些明细项的比重变化和增减变化做出监测，这样我们才能找到是哪些成本项目的增加导致了总营业成本的增加。

❸ 期间费用增加分析

期间费用包括销售费用、管理费用和财务费用。分析期间费用的增加，必须分别对这3类费用进行分析。销售费用主要是为了推广、销售企业产品而发生的差旅费、招待费、通信费、交通费、广告宣传、销售人员的工资等。绝大多数情况下，销售费用的支出与销售部门有关。

销售费用的增加不见得一定是坏事，因为如果销售费用的增加推动了企业营业收入的增加，那么这样的费用支出是值得的。在企业业务发展的条件下，企业的销售费用不应当降低。片面追求一定时期内的销售费用降低，有可能对企业的长期发展不利。

管理费用一般是指人力资源部、行政部、企业管理部、财务部、物流部等后勤保障部门发生的一些日常支出，包括物业费、房租、招待费、管理人员差旅费、工资、交通费等。一般情况下，在企业业务规模稳定、人员规模稳定的情况下，管理费用不会有大的波动。如果管理费用出现非常大的波动。那就需要找到影响因素是什么。管理费用控制的重点：企业是否存在铺张浪费的现象，是否存在违规报销的问题。

财务费用主要包括利息支出、银行汇款手续费、汇兑损益等。一般情况下，财务费用中金额较大的是利息支出，包括银行贷款利息、发行债券利息支出，还有就是出口导向型企业外汇结算出现的汇兑损益。

财务费用分析的思路：利息支出的金额大小是否给企业带来了重大负担，也就是说企业的资金实力和盈利能力是否能够支付贷款利息。如果企业日常销售业务获得的现金收入连偿还利息支出都很困难，那企业面临的债务风险就太大了。对于出口型企业，其产品主要销往境外市场，随着人民币的不断升值，其外币结算导致的汇兑损失会增加，因此很多企业会通过外汇汇率套期保值来规避或减少汇率波动带来的损失。

❹ 投资收益分析

企业投资包括长期股权投资、交易性金融资产、债券投资等。

投资收益是企业对外投资的结果，企业保持适度规模的对外投资，表明企业具备较高的理财水平。因为这意味着企业除了靠正常的生产经营取得利润之外，还有第 2 条渠道获取收益。但同时也应注意，投资收益是一种间接获得的收益。首先，由于对外投资间接获取收益的这种特点，其投资收益的高低及其真实性不易控制。其次，警惕某些企业利用关联交易"制造"投资收益。最后，投资是一项风险偏高的业务，对从事实业经营的企业来讲，投资业务不应占过高的比重。

对投资收益的分析，如果撇开关联企业之间的虚假投资，我们需要考虑企业投资的标的（比如股票、基金、期货、债券等）是否风险过高，企业能够承受多大风险，另外，要考虑企业有没有专业的投资团队或者有没有委托专业的投资企业。对企业来说，投资不是锦上添花便是财务黑洞。

❺ 营业外收支分析

营业外收支不一定完全和经营管理没有关系。如果管理不善，也会导致很多营业外支出的增加。比如财务部没有及时报税，被税务局罚款，这是营业外支出；再比如，企业盗用别人的专利被人起诉，败诉赔款，这也是营业外支出。营业外收入有时候可能是天上掉馅饼，但营业外支出很多时候是自身管理不善导致的。

因此，一旦企业发生重大的营业外支出，那就要分析是由客观不可抗因素（比如地震、海啸等天灾）引起的还是人为因素导致的。如果是人为因素导致的，就需要从管理上、制度上找原因，避免下次再出现同类问题。

营业外收入和支出一般情况下不会经常发生，不具有持续性。如果营业外收支对企业的利润影响很大，那我们需要把它们剔除来分析。

❻ 企业所得税分析

对于企业所得税，主要看税率，是否享受税收优惠政策。企业所得税税率一般是25%，符合条件的高新技术企业是15%，小型微利企业是20%，详细的有关税率和优惠政策可以参考企业所得税相关法规。

我们在分析企业所得税对净利润的影响时，如果有的企业享受税收优惠政策，就需要关注税收优惠政策何时到期的问题，一旦企业不再享受税收优惠政策，那么企业的净利润会大受影响。

第 2 节　为有源头活水来：判断企业盈利持续性的标准

"利润的来源比利润本身更重要"，这句话的意思是重要的不是我们今天获得的利润有多少，重要的是我们的利润来源于哪里，我们能不能持续获得利润。只有企业的主营业务利润才是"活水"，其他非经常性损益带来的利润是不可靠的，也是不可持续的。

关于企业盈利持续性的问题，是不是亏损的企业持续盈利能力就比较差？实际上不是这样的，有的企业本身的主营业务很好，技术能力很强，但某一年因一个意外事件遭受了一次损失导致本年度亏损，这并不能就此断定此企业的持续盈利能力差。

可口可乐第二任董事长伍德鲁夫有一句名言："假如我的工厂被大火毁灭，假如遭遇世界金融风暴，但只要有可口可乐的品牌，第二天我又将重新站起。"这句话的原意是说可口可乐的品牌价值很高，市场竞争力强。但我们也可以从另一个侧面理解为，企业的持续经营、持续盈利能力不完全体现在财务报表中，评估企业持续盈利能力还需要考虑表外因素。

那么，应该从哪些方面来评估企业的持续盈利能力呢？我们从 5 个方面来论述不具备持续盈利能力的情形，如图 3-3 所示。

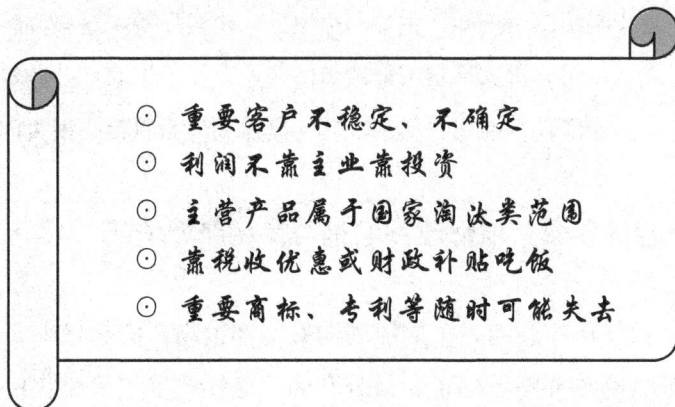

⊙ 重要客户不稳定、不确定
⊙ 利润不靠主业靠投资
⊙ 主营产品属于国家淘汰类范围
⊙ 靠税收优惠或财政补贴吃饭
⊙ 重要商标、专利等随时可能失去

图 3-3　不具备持续盈利能力的 5 个特征

一、收入、利润对有重大不确定性的客户是否存在重大依赖

假如企业的业务不具有连续性，在订单获取、成本结转、费用支付方面都是断断续续的，比如某企业在一年内只获得了一个大的订单，尽管这个订单可以为企业带来上千万元的利润，但是除了这个订单之外下一个订单的获取可能需要重新进行市场开拓，由于企业本身不具备这个能力，若想再次获得此类大订单可能会存在很大困难，这样的企业其持续盈利能力就存在很大问题。

二、净利润是否主要来自非经常性损益

对于企业利润不是来自主营业务，而是来自投资收益或其他非经常性损益的企业，我们有理由表示质疑。这是因为投资是存在很大风险的，而且投资很难持续获得利润。

三、是否面临产业政策或技术标准变化后被淘汰的风险

国家产业政策或国家技术标准有时候会发生重大变化，而不符合变化后的政策或标准的企业很可能面临淘汰风险。比如国家为了推动产业升级，推动节能减排，逐步淘汰落后产能，例如小火电厂、焦炭厂等，这些高耗能、高污染、产能过剩的不符合国家环保节能政策的企业，属于国家产业政策逐步淘汰的对象，这类企业即使目前仍在盈利，其持续盈利能力也存在很大问题。

四、对税收优惠或某项财政补贴是否存在严重依赖

有的企业每年的利润表中的净利润看似都很高，但是仔细研究发现，税收返还或者财政补贴贡献了大部分利润，这样严重依赖税收优惠或财政

补贴的企业，其持续盈利能力存在很大不确定性，因为一旦这些企业不再
享受税收优惠政策或财政补贴，其经营马上就会陷入困境。生长在温室里
的花朵长不大，就是这个道理。

五、重要商标、专利、专有技术等是否存在重大纠纷或瑕疵

企业赖以生存的专利、商标、专有技术、特许经营权如果与其他企业
存在重大纠纷，那么一旦出现类似于法律败诉的情况，很可能该企业就会
难以继续经营。因此，存在此类隐患的企业，其持续盈利能力存在较大不
确定性。

第 3 节　要收入增长更要利润增长

收入增长和利润增长对企业发展都很重要。没有收入的持续增长，利
润增长的动力就会逐渐衰竭，当然，没有利润的增长，企业也难以做大做强。
收入增长能使企业做大，而利润增长能使企业做强。因此，从生存发展的
角度看，利润的增长要比收入的增长更重要一些。但是在企业的发展初级
阶段，企业为了尽快抢占市场、提高市场占有率，实行短期牺牲利润的战略，
也不能说是错误的。

一、收入分析：营业收入是企业成长的"引擎器"

利润表中第 1 行就是营业收入，营业收入的大小也是企业规模大小的一个
衡量标准，营业收入是企业的主要经营成果，也是企业取得利润的重要保障。

营业收入是企业的"引擎器"，其增速反映了企业发展"引擎器"动
力的强弱。营业收入的增长速度对企业非常重要，企业的成长从小到大，

从弱到强，离不开营业收入的不断增加。营业收入的增加也表明企业的产品或服务受到市场的欢迎，也是企业充满活力的象征。相反，营业收入的增长停滞甚至下滑，很可能是企业的发展遇到了瓶颈，市场的开拓遇到了困难，也可能是企业的产品或服务受到了客户的冷落。

营业收入包括主营业务收入和其他业务收入。主营业务收入是指企业经常性的、主营业务所产生的收入。比如制造企业销售产品、半成品和提供工业性劳务作业的收入；商品流通企业销售商品的收入；技术咨询服务企业取得的服务费收入等。我们在分析营业收入时，重点分析的是主营业务收入，当然如果在实际工作中发现其他业务收入的金额较大、占比较高，也有必要对其他业务收入做出详细分析。

分析营业收入的影响因素时，既要考虑商品价格和销量，也要考虑商品的竞争力。商品价格受企业的竞争策略影响较大，有的企业选择薄利多销的策略，有的企业选择高端高价的策略。企业选择哪种定价策略，受自身产品的技术水平、市场竞争环境、客户需求等诸多方面的影响，比如国内小米手机采取的是高性价比的策略，借助互联网营销手段，在短短4年多的时间里占据了国内手机销量榜的重要位置。而苹果手机定位高端，凭借精良的工业设计、强大的操作系统、良好的用户体验在世界手机市场拥有庞大的客户群，当然，苹果手机定价在手机界也是很高的。

二、利润分析：利润是企业做大做强的基础

利润是企业生存和发展的基础，营业收入增长只是一种手段，最终实现利润增长才是根本目的。只有利润不断增长，企业持续发展积累的资金才会更多，企业才有能力去做技术研发、人才培养、市场开拓等。企业做大做强不仅仅是营业收入规模的扩大，更需要利润额的不断增加。

利润在利润表中有净利润、利润总额（税前利润）、营业利润等，除了利润表中列示的利润之外，毛利、息税前利润（Earnings Before Interest and Tax，EBIT）等指标也很有价值。净利润反映的是企业税后利润的总额。利润总额反映的是税前利润额。营业利润是不考虑所得税、投资损益、营业外收支等因素的利润。毛利是营业收入减去营业成本的结果，毛利的高低决定了企业盈利的空间，而且毛利在不同企业之间的可比性很强，因此也是利润分析的重要指标。息税前利润指净利润＋企业所得税＋利息支出，息税前利润不考虑税率和有息债务的影响，其在不同企业之间的可比性也很强，常用来作为利润分析的工具。

利润增长的分析要与营业收入增长做对比，如果没有利润的同步增长，那么营业收入增长的质量就会大打折扣，该企业的发展前景也是令人担忧的。

第 4 节　营业成本分析：夺取利润的"咽喉要塞"

营业成本一般占据成本费用中的大头，企业最终能获得多少利润，营业成本金额的大小起决定性的作用，也可以说营业成本是企业获取更多利润的"咽喉要塞"，控制了营业成本，企业利润的提升空间才会更大。很多非财务人员对营业成本的概念有些不清，甚至认为营业成本就是生产成本，这是错误的。另外，营业成本也不是控制得越低越好，本节将重点从这两个方面来进行分析。

一、营业成本不是生产成本

营业成本是不是生产成本？营业成本和生产成本有什么关系？

会计学上对科目的界定是严格的，不能含糊其辞，比如营业成本和生产成本，二者并不能简单地画等号。生产成本和营业成本的关系可以通过会计处理流程看出来，如图 3-4 所示。

```
┌────────────────┐      ┌────────────────┐      ┌────────────────┐      ┌────────────────┐
│1.购入原材料     │ ━▶  │2.领料，结转生   │ ━▶  │3.结转产成品成本 │ ━▶  │4.部分产成品销售，│
│                │      │  产成本         │      │                │      │  结转销售成本   │
└────────────────┘      └────────────────┘      └────────────────┘      └────────────────┘
 •借：原材料              •借：生产成本            •借：库存商品            •借：主营业务
 •  贷：银行              •  贷：原材            •   贷：生产             成本
   存款（或应付             料（制造费              成本                •  贷：库存
   账款）                  用、应付职工                                    商品
                          薪酬）
```

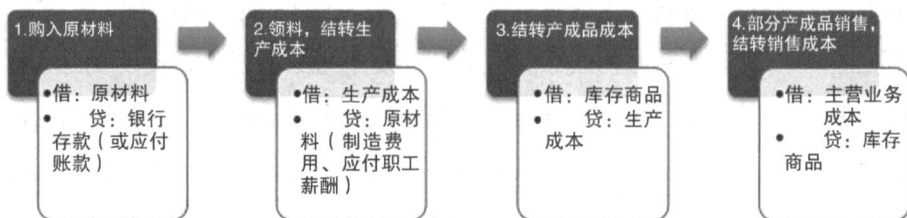

图 3-4　营业成本结转的会计处理流程

从营业成本结转的会计处理流程可以看出，营业成本是从生产成本脱离而来，营业成本只是销售出去的那一部分商品的成本，未销售出去的那一部分的成本在库存商品里。

营业成本不仅包含原材料，还包括制造费用、应付职工薪酬，这就是通常所称的料、工、费。当然，不同行业的营业成本包含的内容并不完全相同，比如技术咨询服务企业的营业成本更多的是人工成本，这需要结合不同行业区别对待。

二、营业成本控制的误区：诺基亚手机没落的启示

较低的营业成本可以获得相对较高的毛利，因此降低营业成本是很多企业获取更高利润的重要途径。但是营业成本控制的空间是有限的，并非成本越低越好。

早在 1996 年，诺基亚就推出了智能手机概念机，比苹果第一代 iPhone 早了 10 年。在 2007 年，诺基亚在全球率先推出移动互联网品牌 OVI，比苹果 App Store 早了 1 年。早在 2004 年，诺基亚内部就已经开发出触控技术，甚至是现在当红的 3D 技术也已存在。所以说诺基亚的技术创新能力并不弱，但之所以没有大力发展智能手机、触控技术，是诺基亚认为智能手机的市场需求很小，没人会买，且需要花很多成本。诺基亚是十分追求高效运作、追求成本导向的企业，最终，高效率的成本控制思维，淹没了诺基亚在智能手机领域该有的创新。而乔布斯不惜一切代价研发出来的 iPhone，在

2007 年一经面世，迅速风靡全球，自此诺基亚的时代就一去不复返了。

诺基亚的成本导向以及追求高效率的企业文化本身并没有错，但如果企业的创新、对新技术和新市场的投入被成本风险束缚了，那么所错过的发展机会造成的损失有可能是无法估量的。

第 5 节 期间费用分析：判断期间费用是否合理的 3 种技巧

一、把钱花在"刀刃"上

我们经常听说"把钱花在刀刃上"，以此来说明充分发挥资金的价值，如图 3-5 所示。那么对于企业经营来说，什么是"刀刃"？

精打细算：把钱花在"刀刃"上

图 3-5 把钱花在"刀刃"上

"刀刃"就是企业的战略方向或经营计划，"刀刃"可以作为企业资金支出是否合理的一个重要标准。

假如企业的差旅费去年为 100 万元，今年年底达到了 300 万元，同比增长率高达 200%，那么这样一项增速很高的费用支出，是否合理呢？假如今年的经营计划并没有更多的员工出差计划，企业的异地市场的销售推广也没有特别的安排，正常情况下，差旅费应该与去年基本保持一致。如果出现增速大幅提高，那可以判断今年的差旅费 300 万元很明显是不正常的，是严重超支的，是与年初的经营计划相违背的。换一种情况，假如企业年初的经营计划中，要求今年大幅增加异地市场的开拓力度，大幅增加销售人员的出差频次，年初预算的销售部门的差旅费增长 200% 以上，那么今年 300 万元的差旅费就是合理的，就是正常的，因为其符合企业的年度经营计划。

假如企业的广告宣传费大幅增加，那就要看企业的战略方向中是否有加大品牌宣传力度，提升企业影响力的内容；假如企业财务费用大幅增加，那就要看企业经营计划中是否有增加债务融资的计划或预算；假如企业的人力费用大幅增加，就要看企业战略目标中是否有在近几年大幅提升销售额，扩大企业规模的内容；等等。

一言以蔽之，判断一项费用支出是否合理，其中一个重要的标准就是是否符合企业的战略方向和经营计划。通常情况下，经营计划都是在战略方向的基础上制定的，所以如果符合经营计划，那么也就符合战略方向。

二、与预算指标对比看是否超支

通过与预算指标进行对比，以此来判断费用发生额是否合理，这也是一个有效的方法。比如今年的差旅费发生了 300 万元，而年初定下的预算标准是 200 万元，超支了 50%，超支额较大，那我们要考虑是不是出差人员的数量、期限增加了，是不是企业开拓外地市场的力度比年初预计的增大了，等等。如果企业出差的人次、期限并没有因经营策略变化而大增，那么我们就可以初步判断差旅费的增加可能有不合理的部分。

当然，并非所有的超支都是不合理的，必须对重要的费用项目、超支额较大的项目做出切合实际的分析，才能下结论。

三、期间费用占营业收入的百分比是衡量其是否合理的重要指标

期间费用占营业收入的百分比，这一指标是一个很重要的衡量期间费用是否合理的指标，这一指标比单纯的增长率、预算差异额更准确一些。比如正常情况下，企业往年管理费用占营业收入的比重为 5% 左右，但是今年飙升至15%，那这就是一个很异常的迹象，存在很大的不合理嫌疑。像费用项目的明细项，比如差旅费、餐费、广告费、工资等都可以与营业收入对比，通过最近3~5 年的数据对比，我们往往能对今年发生的费用是否合理有一个很清晰的判断。

当然，期间费用占营业收入的百分比这一指标也不是万能的，有些费用类型可能就不适合用这个指标来判断，比如房租、财务费用等。

另外，对期间费用的判断也要坚持重要性原则，对于发生额很小的费用，不必在意其占比的变动。

第 6 节　利润表的局限性：重视但不迷信

对从事经营管理的经理人来说，利润表的作用毋庸赘言。但是我们如果仅知道它的重要性而不了解它的局限性，那么在使用利润表时很有可能犯下错误。所以，对于利润表，我们既要知道其重要性以及解读的方法，也要知道其本身的局限性。

利润表的局限性主要集中在以下几个方面。

一、利润表不包括已实现现金收入和已实现未摊销费用

比如预收账款，我们都已经收到了钱，但是按照收入确认原则我们还不能将其确认为收入，这部分已实现现金收入实际上并未在利润表中列示。再比如长期待摊费用，这些费用或资产我们都已经支付了，实质上已

经发生了，但是按照权责发生制的要求，需要按一定期限摊销，这样一来，支付的这部分长期待摊费用就不能在当期利润表中体现出来。

二、销售成本不一定反映实际价值

销售成本是按照账面价值计算的，会受到会计政策、会计估计的影响，不能反映现时实际价值。如果原材料的价格波动幅度很大，那么这个销售成本可能会失真。

三、利润表比较容易被人为"操纵"

利润表受人为"操纵"的可能性是比较大的，这里的"操纵"包括故意造假和非故意造假两种方式。故意造假我们暂且不论。即使会计人员完全按照企业会计准则来做，但是由于一些会计方法可以选择，也会影响到收入、成本费用的大小，比如计提折旧的方法、存货计价的方法、各种减值准备的计提方法、收入确认的方法等。有很多方法可以通过提前"实现"收入、改变费用与收入的配比来调节利润。

四、权责发生制会导致利润很高但企业没钱的尴尬情形

按照权责发生制来确认收入，可能发生实现了高额利润却资金短缺的情形。这种情况很可能是应收账款周转不畅，很多商品销售出去了，但是货款没有及时回笼导致的。

案例解读 从利润表分析企业盈利变化原因

甲公司是一家生产手机用耳机的生产企业，其主要客户是华为公司。由于华为公司最近两年的手机销量大增，该公司的营业收入也大幅增长，

表 3-1 是该公司最近两年的利润表。我们对该公司最近两年的经营情况做一些分析。

表 3-1　甲公司利润表　　　　　　　　　金额单位：万元

项目	2014 年	2015 年	增加额	增长率（%）
一、营业收入	500	800	300	60
减：营业成本	450	680	230	51
税金及附加	3.5	7.8	4.3	123
销售费用	50	56	6	12
管理费用	20	25	5	25
财务费用	10	10		
资产减值损失				
加：公允价值变动收益				
投资收益	50	-20	-70	-140
二、营业利润	16.5	1.2	-15.3	-93
加：营业外收入				
减：营业外支出		6	6	
三、利润总额	16.5	-4.8	-21.3	-129
减：所得税费用	4.13		-4.13	-100
四、净利润	12.37	-4.8	-17.17	-139

先看净利润，该公司 2015 年的净利润为 -4.8 万元，亏损，而 2014 年盈利 12.37 万元，最近两年净利润由盈转亏，那么原因是什么呢？

先从表中找原因。首先看营业收入，营业收入增长了 300 万元，增幅 60%，增长速度远远超过行业平均水平，增长很快，营销应该问题不大。再看营业成本，虽然营业成本增长了 51%，但是毛利率由 2014 年的 10% 提高到了 2015 年的 15%，也是比较可观的，所以净利润亏损自然不是营业成本的问题。税金及附加增长 123%，这主要是由于收入增加，缴的增值税较多，从而导致应缴的城市维护建设税、教育费附加等增加，但绝对增加额仅为 4.3 万元，不算大。再看 3 项期间费用，销售费用、管理费用、财务费用的增幅都不大。最后看投资收益和营业外支出，我们从表中可以看到，2015 年的投资收益为 -20 万元，而 2014 年是 50 万元，仅此一项 2015 年就比 2014 年减少了 70 万元,而营业外支出 2015 年也增加了 6 万元。由此可以得知,该公司出现亏损及净利润大幅下降的原因是投资收益的大幅减少以及营业外支出的大幅增加。

我们如果要进一步了解究竟是哪些投资项目发生了亏损,营业外支出是什么情况,这时候我们可以在该公司的报表附注中寻找答案。按照财务报表披露的规定,对于影响财务数据的重大表外信息也要完整披露。我们通过查看该公司的报表附注得知,该公司的营业外支出是一笔诉讼费,起因是该公司为客户做的手机网站中的大量图片未经作者授权,违规使用,被作者起诉,最终败诉,赔偿作者 6 万元。关于投资收益为负值,主要是公司出售了所持有的别的公司的股份,由于出售价值低于账面价值,造成一笔 20 万元的投资损失。

第 4 章

**资产负债表：剖析企业
"截面"，诊断经营现状**

资产负债表是反映企业在某一特定日期（如月末、季末、年末）全部资产、负债和所有者权益情况的会计报表，是企业经营活动的静态体现。资产负债表中的数据是时点数，资产负债表相当于企业的一个"截面"，通过对"截面"信息的解读，我们可以了解企业的财务状况是否正常。

本章内容给你不一样的资产负债表解读，我们需要特别掌握的是，报表中的资产未必是资产，负债未必是负债，当然，所有者权益也未必是真正的所有者权益。财务报表的数字有真实的一面，也有虚假的一面，我们必须看到这些数字的两面性。

有些企业账面资产有可能一文不值，负债究竟是好还是坏，所有者权益里面也有水分，这些你知道吗？本章将讲述如何分析资产的质量，如何看待负债经营，如何了解所有者权益里面是否藏有猫腻。

第1节　一张图读懂资产负债表

对于资产负债表，我们通常是这样理解的：它反映企业所拥有或控制的经济资源及其分布情况，反映企业资金来源和构成情况，反映企业财务实力、短期偿债能力和支付能力，反映企业的财务弹性和经营绩效。这样理解资产负债表肯定是没有问题的，但我们如果换一个角度解读资产负债表，把资产负债表看作企业的"截面"——左边是资产，把资产看作资金的占用；右边是负债和所有者权益，这是资金的来源，负债是欠别人的钱，所有者权益是自己的钱。会计恒等式由"资产＝负债＋所有者权益"可以演变为"资金占用＝资金来源"。

一、这样看资产负债表的结构: 资金占用 = 资金来源

图 4-1 所示是木材的截面, 我们认为企业的资产负债表就相当于木材的截面, 它反映的是企业财务状况的时点数。通过这个截面, 我们可以诊断出企业是否"贫血", 账面的现金是否短缺, 企业的"新陈代谢"是否正常, 资产的变现能力和流动性是否太差, 存货和应收账款的周转速度是否过慢, 营运周期是否过长, 企业的债务负担是否"超重", 欠银行、供应商的钱是否太多, 等等。

图 4-1　资产负债表图示解读

对资产负债表的分析, 其实就相当于对企业的"体质"是否良好做出诊断, 就好比通过木材的截面检查木材的质量。有经验的木工能够通过木材的纹理、木材的颜色、有没有虫洞等现象来判断木材的质量和价值。分析木材截面与分析资产负债表有异曲同工之处。

资产负债表分左右两边结构，左边是资产，右边是负债和所有者权益。我们可以将资产看作企业资金的占用状态，就是企业的资金是以什么形态存在的；负债和所有者权益是资金的来源，就是企业的钱从哪里来的。

对于会计恒等式"资产＝负债＋所有者权益"，我们可以这样通俗地理解：企业有多少资金，就有多少相对应的资产。从资金的角度，会计恒等式就可演化为：

资金占用（资产）＝资金来源（欠别人的和自己的）

资产按照变现能力强弱分为流动资产和非流动资产，流动资产的变现能力强，非流动资产的变现能力相对弱。

流动资产中，货币资金就是企业的钱，包括存在银行的银行存款和存放在保险柜里的库存现金；应收账款就是存放在客户那里暂时还没有收回的钱；存货就是压在未售商品、半成品、原材料等上面的资金；其他应收款就是暂时借出去的钱；交易性金融资产就是拿出去用来短期投资的钱。

非流动资产中，固定资产就是投在厂房、设备上的钱；厂房、设备未完工就是在建工程；企业花钱研发并已有的成果就是无形资产；企业投资购买其他企业股份的属于长期股权投资；钱已经花出去，但需要在1年以上的期间摊销的钱就是长期待摊费用。

资产负债表的右边就是负债和所有者权益，负债就是欠别人的钱，所有者权益就是自有资金，简单说就是自己的钱。

负债按照偿还的缓急分为流动负债和非流动负债，流动负债的偿还要求比较紧急，非流动负债的偿还要求相对不是那么紧急。

流动负债主要包括短期借款、交易性金融负债、应付账款、预收账款、应付职工薪酬、应交税费等，非流动负债主要包括长期借款、应付债券、预计负债等。

流动负债中，短期借款就是欠银行的钱，交易性金融负债就是采用短期获利模式进行融资所形成的负债，应付账款就是欠供应商的钱，预收账款就是欠客户的钱，应付职工薪酬就是欠员工的钱，应交税费就是欠税务部门的钱。

非流动负债中，长期借款就是欠银行钱超过 1 年以上的部分，应付债券就是企业自己发行债券形成的负债，预计负债就是很有可能产生欠账的负债。

资产负债表中的数据是时点数，所谓时点数就是在这一时刻所呈现出来的数字，但是换一个时点，数字就会发生变化，所以，有时候时点数会骗人。为了更准确、更全面地了解资产负债表，不能只看一个时点的报表，而必须连续看几个月甚至几年的报表，这样才能有一个更准确的判断。

二、从资产负债表看企业风险偏好

企业资产负债结构风险测评如表 4-1 所示。

表 4-1　企业资产负债结构风险测评

	资产负债率	产权比率	流动比率	速动比率
高风险	$r_z \geqslant 50\%$	$r_c \geqslant 100\%$	$r_1 < 1$	$r_s < 0.5$
中等风险	$30\% \leqslant r_z < 50\%$	$50\% \leqslant r_c < 100\%$	$1 \leqslant r_1 < 2$	$0.5 \leqslant r_s < 1$
低风险	$r_z < 30\%$	$r_c < 50\%$	$r_1 \geqslant 2$	$r_s \geqslant 1$

资料来源：此表是笔者根据通常情况做出的风险评测，但不同行业、不同企业之间存在很大差别，不可生搬硬套。

风险偏好是企业在经营管理中愿意承担的风险大小，企业风险偏好与企业的战略目标和领导人的管理风格有关。那么，我们如何从资产负债表中看出企业的风险偏好？

通常情况下，高风险的资产负债结构表现的特征有资产负债率高，产权比率高，流动比率和速动比率都比较低。表 4-1 中列出了高风险、中等风险、低风险的指标数值。高风险的资产负债结构表现为资产负债率不低于 50%，产权比率不低于 100%，流动比率低于 1，速动比率低于 0.5；中等风险的资产负债结构表现为资产负债率不低于 30% 但低于 50%，产权比率不低于 50% 但低于 100%，流动比率大于等于 1 但小于 2，速动比率不低于 0.5 但低于 1；低风险的资产负债结构表现为资产负债率低于 30%，产权比率低于 50%，流动比率大于等于 2，速动比率大于等于 1。

需要特别指出的是，这里提供的风险指标只是通常情况下的一个参照，绝对不是"放之四海而皆准"的标准，不同行业、不同规模、不同性质的企业，其风险高低的指标参照值是不同的，比如 50% 的资产负债率在普通工业企业就已经偏高，而在房地产企业就不算高，因为房地产行业的资产负债率普遍偏高。因此在评价企业风险偏好高或者低时，其评判标准应结合企业自身的行业、规模大小、企业性质以及企业的战略方向，设计出适合自身的评价指标及数值。

三、从资产负债表看企业战略转型

企业的战略转型对企业的影响是全方位的，不仅是主营业务会发生重大变化，企业的经营管理方式、组织架构、业务范围甚至企业文化都可能发生很大的改变。当然，企业战略转型后的每一个脚印都能在资产负债表上有所体现。

企业战略转型的方向不同，企业规模不同，转型的力度不同，转型是否成功，在资产负债表上表现的数据变化也是不一样的。那么企业战略转型一般会涉及哪些科目的变化呢？我们通过图 4-2 来展示。

那么，通过资产负债表分析企业战略转型有什么意义呢？首先，通过对资产负债表的分析，我们可以找到企业转型是否成功、转型进展是否顺利的一些验证，比如说应收账款增加虽然很多，但应收账款周转速度很快，表明企业的销售回款情况良好，企业的转型正向有利的方向发展。其次，通过资产负债表分析，可以把控转型风险，比如在转型持续投入的过程中，企业的资产负债结构是否失衡，负债率是否过高，有息债务的负担是否过大，企业的长期资产比重是否过高，企业的资产质量是否因转型而恶化，等等。

通过对资产负债表的监控, 可以了解企业转型风险变化程度, 从而为下一步行动提供重要信息。

⊙固定资产/在建工程变化: 固定资产或在建工程占总资产的比重大幅提高, 公司有可能由轻资产领域进入重资产领域, 公司可能由服务行业进入制造业

⊙应收账款变化: 应收账款金额及占流动资产比重大幅增加, 公司可能进入竞争更激烈的红海领域, 信用赊销力度加大, 也可能公司以前的业务模式以现销为主, 新介入的行业以赊销为主。当然也要结合周转天数来看, 如果周转天数很短, 那么转型也可能是成功的

⊙存货变化: 存货金额及占流动资产比重大增, 公司可能由无存货的服务业进入生产制造业, 也有可能是制造业之前的转型, 但转型不成功导致产品积压严重。当然也可能是转型之后规模扩大, 生产的产品量大幅增加所致。当然对存货的判断也要考虑到存货周转天数, 周转天数越短, 表明公司经营状况越良好

图 4-2　企业战略转型在资产负债表上的科目表现

下面, 我们通过一个案例来分析如何从资产负债表看企业战略转型是否成功。

L 企业原本是国内著名的互联网视频网站, 但从 2012 年以来逐渐转型为一家以智能电视、智能手机为主营业务的硬件制造企业。虽然视频网站仍是其重要的业务之一, 但很显然该企业的战略定位已经向智能硬件转移了。我们通过该企业 2014 年与 2011 年的财务报表对比就可以看出该企业转型的方向。

我们通过资产负债表来看 L 企业转型对财务的影响以及转型是否成功。
L 企业资产负债表如表 4-2 所示。

表 4-2　L 企业资产负债表　　　　　　　　　单位：亿元

资产	2014 年期末余额	2011 年期末余额	负债和所有者权益（或股东权益）	2014 年期末余额	2011 年期末余额
流动资产：			流动负债：		
货币资金	4.99	1.33	短期借款	13.88	3.4
应收账款	18.92	1.77	应付账款	16.05	2.37
预付账款	2.99	3.01	其他应付款	0.27	0.14
存货	7.33	0.05	……		
……			流动负债合计	44.03	6.52
流动资产合计	35.87	6.64	非流动负债：		
非流动资产：			长期借款		0.65
固定资产	3.43	1.66	长期应付款	0.82	
在建工程			……		
工程物资			非流动负债合计	11.04	0.65
无形资产	33.38	8.86	负债合计	55.07	7.17
长期待摊费用			所有者权益：		
其他非流动资产			股本	8.41	2.2
……			资本公积	13.66	6.26
非流动资产合计	52.64	11.1	盈余公积	1.17	0.17
			未分配利润	8.43	1.94
			……		
			股东权益合计	33.44	10.57
资产总计	88.51	17.74	负债和股东权益总计	88.51	17.74

首先来看流动资产的变化，L 企业 2014 年的应收账款由 2011 年的 1.77
亿元一跃增至 18.92 亿元，当然应收账款的增多是由智能电视、手机、电
视盒子等硬件销售额的大幅增加所致。2014 年的应收账款周转天数为 75 天，
2011 年为 74 天，仅增加 1 天，表明 L 企业应收账款资金回笼没有出现恶
化的现象，主要原因还是其销售模式主要采取电商渠道、线上销售，所以
应收账款周转速度变化不大。

再来看存货项目，2014 年的存货为 7.33 亿元，而 2011 年仅为 0.05 亿元，

由此也可以看出 L 企业转型的力度是巨大的, 以前的视频网站以广告、游戏、视频转播收入为主, 基本没有硬件销售, 所以其库存也是很少的, 但随着转型销售智能硬件, L 企业的存货自然也大幅增加。2014 年的存货周转天数为 27 天, 2011 年为 37 天, L 企业的存货周转速度还是很快的, 表明转型之后的存货运营管理较好。

从负债的变化看, L 企业转型之后的负债大幅增加, 2014 年的负债总额为 55.07 亿元, 比 2011 年增加了约 6.68 倍。资产负债率由 2011 年的 40% 提高到 2014 年的 62%, 这是由于 L 企业转型电视、手机等智能硬件业务, 对于资金的需求大幅增加。除了负债大幅增加外, 企业的股本也增加到原来的近 4 倍。

L 企业由视频网站业务转型到网站、游戏、智能电视、手机等多元化业务之后, 其资产负债表发生了翻天覆地的变化, 我们仅从资产负债表中就可以看出 L 企业转型投入之大、转型之深入, 无论是资产结构、负债结构, 还是股东权益构成, 都与转型前相差很大。当然转型之后 L 企业的规模更大, 实力更强, 而且转型之后的资产质量也有了质的提升。但是, 由于企业举债大幅增加, 其财务风险也大幅提升。我们当然不能仅凭资产负债表的数据就轻言其转型已经成功, 转型是一个艰难的、漫长的过程。L 企业面临着业务的多元化, 手机、电视市场竞争日趋激烈, 以及国家对互联网电视内容的管控风险等问题, 其转型之路绝非一帆风顺。

四、从资产负债表看决策成败

资产负债表是反映企业财务状况及其变动的报表, 企业经营得好, 那么资产负债表中的数字就会呈现出良性变化, 表现就是资产不断增加, 所有者权益也不断增加, 资产质量不断提升, 负债率控制在合理范围之内等。当然, 这些信息会非常宏观, 我们这里的决策仅指一些非常具体的内容。比如企业为了控制赊销风险, 降低应收账款的比重; 或者是企业为了清理库存，提高存货周转速度；或者是企业为了加强预算控制，对资产负债表中的关键指标提出控制目标等。下面，就从这 3 个方面来介绍如何从资产负债表的变化看决策成败。

❶ 从资产负债表看应收账款控制成效

应收账款常常成为商品贸易、生产企业、建筑及工程施工等行业的心头病，如果收紧赊销政策，那么市场开拓就面临困难。在目前的市场经济社会中，全部通过现款销售是行不通的，而为了扩大市场规模，就不得不采用赊销政策。这样虽然销售额上去了，但应收账款会随之而来，并且不断增加，很多企业都陷入应收账款的困境。

应收账款的管理没有一劳永逸的绝招。首先经理人要有应收账款管理的理念，这个理念就是如果销售出去的货物的货款没有收回来，那你的任务就没有完成，你的业绩就是零；其次经理人需要掌握应收账款的管理思路，应收账款管理必须有事前管理、事中管理、事后管理的体系。这个体系不需要太复杂，简单来讲就是事前销售时要考察、分析、了解、掌握新客户的信用背景，老客户、新客户要区别对待，赊销额度要有相应的标准。事中要时刻关注客户的动向，逾期应收账款要引起重视，要有专人负责催收。事后要有清欠的制度和措施，对于长期形成的逾期应收账款要分情况对待，该走保理走保理，该走诉讼走诉讼，总之，采取一切相应的措施尽可能追回欠款。

采取措施后，如何评估应收账款管理的效果呢？这个时候就需要分析资产负债表中的数据了。评估应收账款控制成效的指标如图 4-3 所示。

> ◉ 应收账款周转天数
> ◉ 应收账款增长率
> ◉ 应收账款占总资产的比重

图 4-3　评估应收账款控制成效的指标

（1）应收账款周转天数。

$$应收账款周转天数 = 平均应收账款 \times 360\ 天 \div 营业收入$$

$$平均应收账款 = （期初余额 + 期末余额） \div 2$$

这个指标是很有效的指标，应收账款周转天数越短，表明回款的速度越快。

（2）应收账款增长率。

$$应收账款增长率 = （本期期末数 - 上期期末数） \div 上期期末数 \times 100\%$$

这个是辅助指标，应收账款增长得快不一定就说明应收账款管理得不好，还要结合营业收入增长情况来分析。如果营业收入增长很快，那么应收账款增长得快也有其合理性，如果营业收入增长慢甚至负增长，而应收账款增长很快，那就可能说明企业的应收账款管理存在问题。

（3）应收账款占总资产的比重。

$$应收账款占总资产的比重 = 应收账款 \div 总资产 \times 100\%$$

应收账款是过多还是较少，仅看金额不能确定，通过应收账款占总资产的比重这个相对指标，可以更准确地判断应收账款是不是过多了。那么，在实践中究竟占比多少算是比较多呢？这个没有统一的标准，对一些赊销较少的企业来说，可能应收账款占总资产的 10% 就已经很多了，但对一些以赊销为主的商业贸易企业来说，这一指标达到 20% 可能都不算很多。

甲公司是一家从事 IT 分销的公司，主营业务是代理个人计算机、打印机、复印机、投影仪等产品，是国内外很多 IT 设备品牌的总经销商。该公司的销售以渠道为主，客户主要是分销商、代理商，由于以前对应收账款管理不善，赊销政策非常随意，导致每年的应收账款持续增加，坏账损失也不断增加，曾经还出现过被一些客户诈骗上千万元的事件。公司在 2018 年决定聘请外部商账管理公司协助公司进行商账管理。

商账咨询顾问首先简单看了甲公司最近 3 年商账指标，如表 4-3 所示。

表 4-3　甲公司最近 3 年商账指标

商账指标	2015 年	2016 年	2017 年
应收账款周转天数（天）	81	89	102
应收账款增长率	57%	79%	120%
应收账款占总资产的比重	35%	41%	49%

从表 4-3 中可以看出，甲公司的应收账款周转天数持续增加，2017 年已经达到 102 天，也就是说，甲公司销售出去一批商品要经过 3 个多月的时间才能收回货款。应收账款每年的增长率持续增加，应收账款占总资产的比重已经由 2015 年的 35% 飙升至 2017 年的 49%，也就是说，甲公司总资产中有接近一半的资产掌握在别人手中。

商账管理顾问经过对甲公司的应收账款进行分析，结合公司的市场、产品、客户，制订了以下几种方案。

（1）全员培训。

首先要让公司最高层管理者认识到商账管理是公司的头等大事，必须高度重视。其次向全体员工，包括销售部、财务部、物流部、行政部、技术部等所有部门人员宣传赊销风险的理念，要让全体员工认识到赊销风险关系到公司的生死存亡，关系到每一位员工的切身利益。

（2）成立专门的商账风控部门。

商账风控部门的地位要高于财务部和销售部，应有权决定销售部的销售订单是否可以进行赊销。商账风控部门对赊销风险负责，并制定相应的控制目标。一年之内应收账款周转天数必须控制在 60 天以内，两年之内应收账款周转天数必须控制在 30 天以内。

（3）制定事前、事中、事后控制制度。

事前控制主要体现在以下两点。

第一，制定合理的信用政策。对于给予客户的信用额度、信用期限等都要有明确的规定。

第二，做好客户的信用调查。对于新客户，既要调查客户的资产实力、市场地位、主营产品，以及相应的资质，还要了解客户有无债务纠纷、法律诉讼、违法等记录; 对老客户也需要做必要的实地调查或资信调查。

事中主要控制措施: 加强销售合同评审工作, 由商账风控部门进行审核; 加强与客户的定期对账制度; 商账风控部门对于销售部的每一销售订单都要进行审核, 并对客户与本公司的历史交易记录进行分析, 审查客户是否有逾期欠款, 回款记录是否正常, 是否有恶意拖欠公司账款的情况, 客户与本公司的交易金额大小及频次, 由风控专员对客户的信用状况做出评价, 并有权决定是否允许欠款销售。

事后控制措施: 一旦发生应收账款逾期, 首先由商账风控部门进行催收, 客户如果暂时资金周转困难可以适当延期, 如果最终无法收回可以委托给专业应收账款管理机构或保理公司进行追收, 最后可以通过法律诉讼来处理。

经过努力, 甲公司 2019 年商账指标成绩单如表 4-4 所示。

表 4-4　甲公司 2019 年商账指标成绩单

商账指标	2019 年
应收账款周转天数（天）	59
应收账款增长率	67%
应收账款占总资产的比重	40%

从表 4-4 中可以看出, 甲公司的应收账款周转天数降至 59 天, 应收账款增长率也明显降低, 应收账款占总资产的比重降至 40%, 因此该公司的应收账款管理取得明显成效, 也达到了预期的目标。

❷ 从资产负债表看存货管理决策成败

存货作为一项重要的流动资产, 它的存在占用了大量的流动资金。一般情况下, 存货占工业企业总资产的 30% 左右, 商业贸易企业则会更高。存货的管理利用情况, 直接关系到企业的资金占用水平以及资产运作效率, 因此, 一个企业若要保持较强的盈利能力, 应当十分重视存货的管理。

存货在资产负债表上属于流动资产, 然而就存货管理的观点而言, 存货并非资产而是成本的积压, 存货不足虽然可能无法满足客户需求, 流失部分订单，然而过多的存货亦会积压企业的流动资金。

评估存货管理成效的指标如图 4-4 所示。

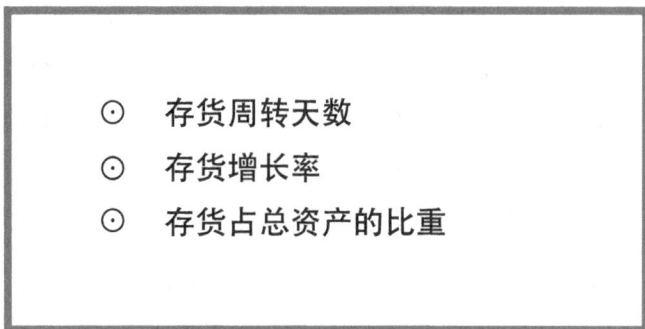

⊙ **存货周转天数**

⊙ **存货增长率**

⊙ **存货占总资产的比重**

图 4-4　评估存货管理成效的指标

（1）存货周转天数。

$$存货周转天数 = 平均存货 \times 360 \text{ 天} \div 营业成本$$

$$平均存货 =（期末存货 + 期初存货）\div 2$$

（2）存货增长率。

$$存货增长率 =（本期期末数 - 上期期末数）\div 上期期末数 \times 100\%$$

（3）存货占总资产的比重。

$$存货占总资产的比重 = 存货 \div 总资产 \times 100\%$$

评价存货管理决策是否成功主要看存货周转天数是否缩短，存货增长率是否降低以及存货占总资产的比重是否下降。这 3 个指标中最重要的是存货周转天数。

在一门心思降低存货时，也需要考虑到企业存货实际需求量，存货并非越少越好，如果存货不能满足企业的生产产量需求，或者不能满足销售需求，那么存货的减少反而会影响企业的正常运营。所以存货管理也不能过于极端，必须结合企业的实际需求来决策。

❸ 从资产负债表看预算决策成败

进行财务预算需要编制预算资产负债表，预算期结束，企业一般要把实际发生额与预算报表对比进行分析，从而可以看出企业的预算决策执行效果。

对预算决策成败的分析需要结合企业的预算目标来进行。比如企业在编制预算时的目标主要是降低应收账款、存货的占比及增长率，减少固定资产投资，减少企业的流动负债，降低资产负债率，那么在预算分析时就需要重点分析这些目标的完成情况。

第 2 节　资产未必是资产，负债未必是负债

我们在前文中多次讲到财务数据常常表现出一些假象，当然这个假象并不是说企业故意造假，而是数字本身不能反映真实的情况。比如资产负债表中的资产、负债项目中，就有一些名不副实的假象存在，在有些情况下，资产不一定是真正的资产，负债也未必就是真正的负债。本节重点介绍应收账款、其他应收、预付账款、长期股权投资、长期待摊费用、应付账款及其他应付款等常用科目出现的假象问题，逐一剖析，揭示这些假象背后的真相。

一、应收账款：未冲销的坏账还是资产吗

应收账款就是销售出去的货物或服务暂时还没有收回货款，它反映的是企业对客户的债权，应收账款在资产负债表的"流动资产"中列示。我们应该了解，有些应收账款可能永远都收不回来了，只是财务会计并没有做冲销，这一部分应收账款实质上已经成为坏账了，已经是企业的损失了，但它仍然在"流动资产"中列示。

虽然根据谨慎性原则，企业需要按照一定的标准计提坏账准备，但是由于计提坏账准备的标准完全由企业自己确定，所以计提的比例、计提的

标准不一定能反映企业的真实情况。所以在有些情况下，应收账款的质量值得怀疑，必须仔细推敲，结合企业客户的信用情况、应收账款的账龄等情况，分析之后才能对应收账款的质量做出准确判断。

基本无法收回的应收账款如图 4-5 所示。

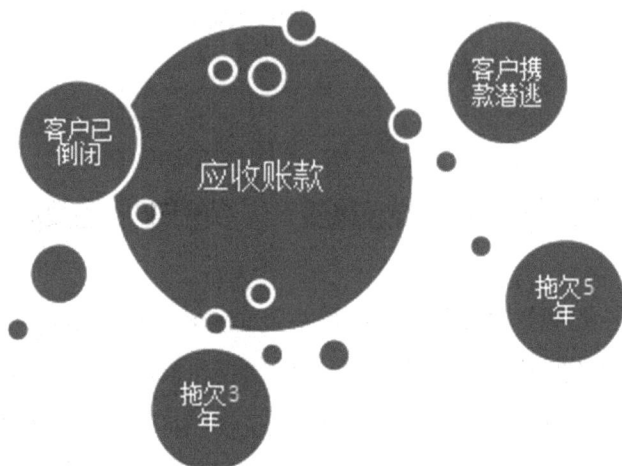

图 4-5　基本无法收回的应收账款

二、其他应收款：借出去的钱可能早已花完

其他应收款属于资产负债表中的流动资产，准确的定义应该是企业在商品交易业务以外发生的各种应收、暂付款项，应收的各种赔款、罚款，应向职工收取的各种垫付款项，应收出租包装物租金，租入包装物支付的押金等。

企业之间的资金拆借是形成其他应收款特殊现象的一个重要原因。资金拆借不涉及商业贸易往来，不签订购销合同，互相之间不需要开具发票，因此出借人和借款人只是一般意义上的资金往来，多数情况下是关联公司的资金往来。

其他应收款资金流向如图 4-6 所示。

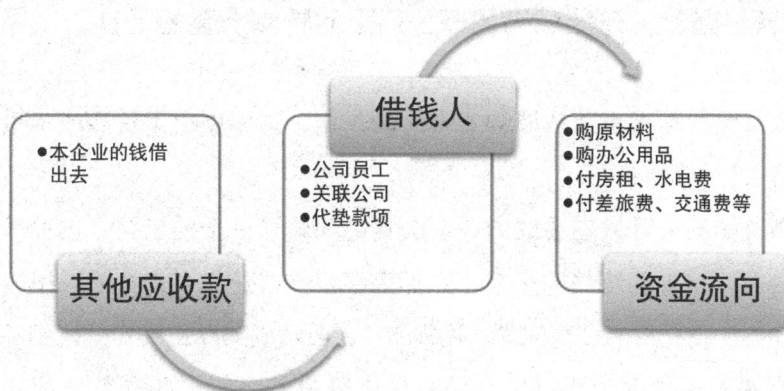

图 4-6　其他应收款资金流向

关联公司的资金拆借挂在其他应收款上的余额，很多时候就不是真正意义上的资产，原因是什么呢？

假如一个母公司转给子公司一笔往来款，母公司自然将此笔款项计入其他应收款，但是子公司收到这笔钱之后去投资股市、基金或者期货，当然也可能经营亏掉，最终子公司无法偿还这笔钱，那么这笔钱就可能变成一笔坏账，母公司只能将此笔款项长期挂在账面上，这不就成了"僵尸"资产了吗？按照坏账准备的相关规定，长期无法收回的应收款项可以冲减坏账准备。但是，现实工作中，这些资金往来并非仅是一笔，而是很多笔。有时候子公司也会偿还一部分，但会继续借更多。如此日积月累，其他应收款挂账金额会越来越大，很多企业就不会再做冲销坏账准备处理，而且冲销坏账准备也需要提供很多证据，以证明这些往来款确实无法收回，因此大多数企业不会做冲销其他应收款的处理。

试想，关联公司之间的其他应收款还是"流动资产"吗？事实上这笔钱早已花掉了，它早应该作为成本或费用而进入利润表中的营业成本或期间费用，但是由于一直没有冲账，就导致其他应收款仍然长期盘踞在"流动资产"行列，虽然企业并没有故意造假的意图，但客观上起到了"资产虚高、利润虚高"的效果。

三、预付账款：可能成为关联公司之间转移资金的工具

预付账款是指企业按照购货合同的规定，预先以货币资金或货币等价物支付供应单位的款项。

预付账款有时候也会成为关联公司之间转移资金的工具。比如甲、乙两家公司，二者存在关联关系，当然也存在一些业务合作关系，甲公司的一些业务会委托给乙公司来做，这样甲、乙公司确实存在真实的购销关系。由于存在关联关系，因此甲公司会经常预付乙公司一些货款，而乙公司给甲公司开发票并不及时，有时候一年才开一次发票。甲公司可能会在一年中持续不断地给乙公司提供预付款，这样逐渐会积累金额很高的预付款在甲公司账面，导致甲公司资产负债表中的预付账款占总资产的比重越来越高。

此时，和其他应收款一样，这里预付账款已经不是真正意义上的"流动资产"了，因为预付给乙公司的钱可能早已花费光了，预付的钱早已应该进入营业成本或期间费用了，但乙公司并未及时给甲公司开发票冲预付款项，导致这些预付账款仍然以"流动资产"的形式列示在资产负债表中。

四、长期股权投资：假投资，真转钱

长期股权投资是指通过投资取得被投资单位的股份。不要以为资产负债表上的长期股权投资就是真正的投资，有时候它仅仅是公司间用来转移资金的手段。在某些情况下，一个公司需要向另一个公司（多数情况属于关联公司）转移资金，但是如果通过其他应收款转移会太明显，隐蔽性差，通过预付账款转移但是二者没有实质性商业关系，难以通过签订购销合作合同来运作，这时候就会考虑通过长期股权投资来操作。其目的并不是真正的投资获取收益，而只是把资金转移到被投资单位，这样长期股权投资的实质意义就不存在了。这种情况下，我们在做财务分析时也不宜将其作

为长期资产来对待。它实质就是往来挂账，这些以长期股权投资的名义转出去的钱，可能并没有任何投资价值，只是作为资金拆借的一种形式，这些钱即使被花掉了，也永远都不可能收到投资收益。

这种情况下的长期股权投资同样不具有资产的特征，其实质是假投资，真实目的是转移资金。

从母子公司对话录看真假投资，如图 4-7 所示。

母公司："我怎样把钱转给你呢？"

子公司："走往来款，挂其他应收款？"

母公司："不行，我们的其他应收款挂账已经很多了，太显眼了，目前证监会对上市公司转款限制很严。"

子公司："咱们签订购销合同，挂预付账款，可以不？"

母公司："我们是生产芯片的，你是做茶叶蛋的，咱们不可能有购销业务，怎么能走预付账款呢？"

子公司："那就走投资吧，你把钱投资到我们公司总可以吧？"

母公司："好主意！我们就投资你，我们挂长期股权投资，这样做可以，既合情合理，又安全隐蔽。"

图 4-7　从母子公司对话录看真假投资

五、长期待摊费用是资产吗

新企业会计准则中已经取消了待摊费用科目，取而代之的是长期待摊费用。长期待摊费用用来核算超过一年摊销的支出，而一年以下的需要摊销的支出，原则上直接计入成本费用。

长期待摊费用在资产负债表的"非流动资产"中列示，是作为长期资产对待的。但是我们应该清楚，长期待摊费用本质上并不是资产，它就是成本或费用，因为长期待摊费用是已经发生的支出，几乎已经没有任何交易价值和变现价值。所以我们在分析企业资产质量时，如果长期待摊费用占比较大，那就有必要对资产的质量表示怀疑。

当然，有些固定资产改良支出的金额较大，而且改良之后会导致固定资产的价值明显增加，这样的长期待摊费用还是具备一定的资产价值的，这种情况我们要区别对待。

六、应付账款、其他应付款：关联公司的债务应作为例外情况看待

关联公司之间有关应付款对话如图 4-8 所示。

图 4-8　关联公司之间有关应付款对话

我们在分析公司的债务负担、偿债能力时，需要分析公司的债务构成，而应付账款、其他应付款都是公司流动负债的重要组成部分。

先来看应付账款，应付账款本质上是用以核算企业因购买材料、商品和接受劳务供应等经营活动应支付的款项。但是有些应付账款我们需要作为例外情况看待，比如关联公司之间的应付账款。

关联公司相互之间为了调节利润，可能会存在违背公平交易原则等问题，企业会计准则对上市公司关联交易及信息披露都做了非常详细的规定。

即使关联公司之间的交易完全遵从公平交易原则，按照独立企业之间

的业务往来收取或者支付价款、费用，对于这样形成的应付账款，我们在做财务分析时仍应该当作例外情况对待。其原因是关联公司之间交易形成的应付账款与其他负债相比，刚性付款条件较少，何时付款、付多少都具有很大的灵活性，这样债务风险就大大降低，甚至可以忽略。

再来看其他应付款，其他应付款是与其他应收款相对应的，它反映的是企业在商品交易业务以外发生的应付和暂收款项，核算范围包括应付租入固定资产或包装物的租金，存入保证金，应付、暂收所属单位、个人的款项，应付职工统筹退休金等。对于关联公司之间的资金往来形成的其他应付款，与关联公司之间形成的应付账款道理一样，并不完全具备负债的所有功能，其到期还款方式存在很大的灵活性，通俗地讲即使到期了，如果公司账面没有资金也不必偿还。所以，在做债务分析时也应该把这部分其他应付款从流动负债中减除，同时增加股东权益中的未分配利润。

因此，我们在进行债务风险分析、偿债能力分析时，应该对关联公司之间形成的、不具有刚性付款条件的债务适当剔除，同时增加股东权益中的未分配利润，这样计算出来的资产负债率、流动比率、速动比率等就会更符合企业的真实情况。

第 3 节　千羊之皮不如一狐之腋：企业资产质量分析

我们在分析应收账款、其他应收款、预付账款、长期股权投资、长期待摊费用等科目时，涉及一部分资产质量分析，但当时的分析重点是分析科目的假象，对于企业资产质量分析并没做过多阐述，本节将重点分析资产的质量。

表 4-5 是企业资产质量分析汇总表。

表 4-5　企业资产质量分析汇总表

资产项目	分析思路
货币资金	真金白银，但警惕企业用时点数歪曲期末数
交易性金融资产	投资标的是什么？风险高还是低？市值是多少
应收账款	收回的概率有多大？账龄决定价值
存货	市价是多少？状况如何？数字可靠吗
固定资产	设备会折旧，但房屋建筑物可能会升值
长期股权投资	投资什么企业、什么项目？可回收金额是多少
投资性房地产	现价是多少？升值潜力大吗
在建工程	是否减值？完工进度
无形资产	有价值吗
其他资产	有多少？是什么

从表 4-5 中可以得出分析思路，那就是分析资产质量就是看其现在值多少钱，价值变化的趋势如何，是不断增值还是贬值。对资产价值的分析不能仅看账面价值，一定要结合实际资产的明细看市场价值。

一、账面货币资金多，不一定真有钱

资产负债表中的货币资金金额很大，我们的第一感觉是这家企业很有钱。真的是那样吗？我们一定不要忘记，资产负债表上的数据是时点数，时点数是什么概念？通俗地讲，就是在这一时刻是这样，下一个时刻可能就不是这样了。

月度资产负债表的截止日期是本月最后一天，严格来说是月度最后一天的 24 点，年度资产负债表的截止日期是 12 月 31 日 24 点。那么我们可以想象，假如 24 点之后，企业马上把钱转移出去，报表上的货币资金是不是并没有真实反映出来？因此，有一些上市公司为了给股东营造一个资金雄厚的假象，有时候就会玩时点数的数字游戏：在报表编制之前，从别的地方弄过来一大笔钱，等报表编制完成之后，再迅速把钱转出去。这样资产负债表中的货币资金看起来就很多，但其实企业未必真正有钱。

当然，对于货币资金质量的分析，我们还可以从以下几个方面着手。

第一, 分析货币资金规模以及变动的原因。货币资金增加的可能原因: 销售收入增加, 从而带动了货币资金增加; 企业的赊销政策更为严格, 销售回款增加, 赊销金额减少; 企业为即将需要大笔现金支出做准备。

第二, 分析企业的资金结构及其变动是否合理。一般情况下, 企业资产规模越大, 业务量越大, 货币资金就越多。处于不同行业的企业货币资金合理规模存在差异。如金融企业一般具有大量的货币资金, 而制造企业的货币资金量相对要小。结合企业的负债结构看, 当企业负债中短期债务占较大比重时, 企业就应考虑是否要持有较高数额的货币资金, 以备偿还之需。从企业的筹资能力看, 企业有良好信誉、筹资渠道较多, 比如可通过银行贷款、发行债券、股权融资等多种渠道融资, 那么其货币资金可以少一些。

第三, 分析企业是否存在歪曲货币资金余额的现象。企业如何歪曲货币资金余额? 主要是利用资产负债表上的数据是时点数的特点, 在编制资产负债表之前, 把货币资金的余额弄得高高的, 但编制之后马上把资金转走, 这样本期的资产负债表中的货币资金就很多。

判断企业到底有没有钱的方法如图 4-9 所示。

- ■ 账面货币资金多, 企业未必真有钱; 货币资金少, 未必就没钱
- ■ 经营业务持续盈利是企业有钱的基础
- ■ 销售回款能否及时收回是企业有钱的保证
- ■ 筹资能力强也能保证企业暂时缺钱的时候得到钱

图 4-9　判断企业到底有没有钱的方法

二、交易性金融资产: 账面价值"靠天吃饭"

交易性金融资产是指企业为了近期内出售而持有的债券投资、股票投资和基金投资, 比如以赚取差价为目的从二级市场购买的股票、债券、基金等。

交易性金融资产会随着市场价值（公允价值）的波动而调整，所以交易性金融资产对于当期利润有影响。

交易性金融资产的账面价值会随着公允价值的波动而波动，因此，每期期末该科目的账面价值都会变化。债券和非股票性基金相对变化的幅度还比较小，如果企业持有的是二级市场的股票和股票性基金，那其期末价值波动是很大的。

我国企业持有的交易性金融资产的种类主要是股票和公司债券，一般金融保险业上市公司持有的交易性金融资产规模远高于一般上市公司。银行主要持有债券。

对交易性金融资产的分析可以从以下两个方面进行。

❶ 交易性金融资产的流动性分析

结合货币资金存量进行分析，如是否保证了最佳的货币资金需要量，交易性金融资产持有量是否合理，是否存在将长期投资的一部分人为划为交易性金融资产的现象等，以改善资产的流动性。

❷ 金融资产收益性分析

企业持有的股票、基金、债券等金融资产是否取得了净收益。股票、基金类金融资产的收益主要包括分红收益和处置收益，其投资收益率的计算公式如下。

股票、基金类金融资产的投资收益率＝分红收益＋处置收益 ×

（1－所得税税率）÷ 股票（或基金）平均余额 ×100%

对于债券收益率的计算，其公式如下。

债券收益率＝免税利息收益＋非免税利息收益 ×（1－所得税税率）÷

债券（国债或企业债）平均余额 ×100%

需要特别提示的是，如果企业持有的交易性金融资产为二级市场购买的股票或股票性基金，其收益或者说期末价值的变化会很大。如果资本市场处于牛市, 那么有可能获得超高收益; 如果资本市场进入熊市, 那么其价值和收益有可能严重缩水。总之, 这类金融资产极不稳定, 风险很大, 很多时候是 "靠天吃饭"。

三、通过账龄分析应收账款质量

应收账款质量的高低是与其账龄的长短密切相关的: 账龄越长, 应收账款能收回的概率越小, 其质量也越差; 账龄越短, 其能收回的概率越大, 其质量也越好。

根据美国著名商账风险管理公司邓白氏公司 (Dun & Bradstreet) 的调查统计结果, 应收账款的逾期时间与平均收账成功率成反比, 也就是说应收账款逾期时间越长, 其收回的成功率越低。如果发生逾期后立即追讨, 能够收回的成功率高达 98.2%; 逾期超过 3 个月, 收回成功率降低至 73.6%; 如果逾期超过半年, 收回成功率降至 57.8%; 如果逾期超过 2 年, 那么应收账款收回成功率低至 13.5%, 如图 4-10 所示。

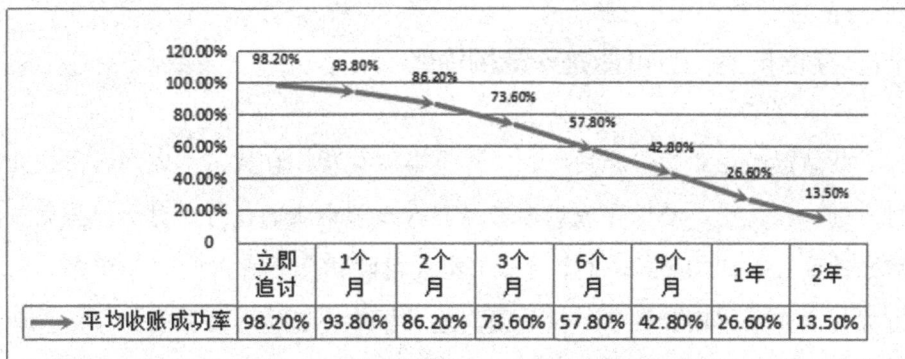

	立即追讨	1个月	2个月	3个月	6个月	9个月	1年	2年
平均收账成功率	98.20%	93.80%	86.20%	73.60%	57.80%	42.80%	26.60%	13.50%

图 4-10　应收账款逾期时间与平均收账成功率

资料来源: 美国邓白氏公司 (Dun & Bradstreet)。

因此, 我们分析应收账款的质量时, 应该对应收账款的构成、逾期时间的长短做出详细分析, 这样才能准确判断企业的应收账款的质量究竟是好还是差。

东方家电销售公司是一家从事冰箱、洗衣机等家电产品销售的公司，其 2019 年度应收账款账龄构成如表 4-6 所示。

表 4-6　2019 年东方家电销售公司应收账款账龄分析表

账龄	期末数		期初数	
	金额（万元）	占总额（%）	金额（万元）	占总额（%）
1 年以内	486	0.3	877	0.6
1~2 年（含 1 年）	115	0.1	1 620	1.2
2~3 年（含 2 年）	1 059	0.6	13 951	10.3
3 年以上（含 3 年）	160 230	99.0	119 544	87.9
合　计	161 890	100.0	135 992	100.0

东方家电销售公司 2019 年应收账款账龄在 3 年以上（含 3 年）的期末数比期初数增加了约 4.07 亿元，增幅约为 34.03%，3 年以上（含 3 年）的应收账款占总数的比重由期初的约 87.9% 升至约 99%。期末应收账款账龄在 3 年以内的仅约为 1%。这表明该公司的应收账款管理已经接近崩溃的边缘。该公司应收账款的质量很差，不能收回的可能性很大。

四、存货价值：有可能是一笔糊涂账

商品贸易企业和生产制造企业都不喜欢存货，存货常常成为压在企业身上的一座大山，清库存成为很多经理人一项艰难的任务。对于一些竞争激烈的商品，比如手机，3 个月卖不出去可能就会贬值 30% 甚至更多，而世界知名企业丰田和戴尔，就是因为追求零库存而闻名商界的。存货管理考验经理人的智慧、决心和毅力。

作为资产负债表中流动资产重要组成部分的存货，我们该如何看待其价值呢？

存货的期末价值计价方法采用成本与可变现净值孰低法。可变现净值简单理解就是当初购买的存货在当前市场上还值多少钱。成本与可变现净值孰低法下，如果购买成本高于市场现价，那么就需要计提存货跌价准备；如果购买成本低于当前市价，就无需计提存货跌价准备。采用成本与可变现净值孰低法，是为了让账面价值更好地反映市场价值，但是我们应该清楚，有的企业的存货品类往往成千上万，型号不同，规格不同，价格不同，无论财务会计人员多么了解市场、了解企业的产品，都不可能计算出一个完全符合市场现价的存货期末价值。

所以，我们说存货的期末价值很可能是一笔糊涂账。对于不同种类、不同产品的存货，作为企业内部经理人，应该看到更细化的数据，这样才能为自己的决策提供更有效的帮助。

五、投资性房地产：位置决定价值

投资性房地产是指为了赚取租金或资本增值，或二者兼有而持有的房地产。用来作为厂房、办公区、居住等自用的房地产不属于投资性房地产，另外，房地产开发企业修筑的房地产属于存货，也不属于投资性房地产。

对投资性房地产价值的分析，要结合外部情况。房地产投资的特殊属性，决定了其价值与其他一般商品存在很大的不同。所在地域及位置对于房地产投资价值的影响是不同的。例如，企业所持有的房地产是在北京、上海、广州还是在其他二、三线城市，其价值不可一概而论；如果同在北京市，三环内的房地产与六环外的房地产价值也是差别很大。

除了考虑地域和位置，对房地产投资价值的分析还要考虑到国家对房地产市场的宏观调控政策，以及当地房地产市场的供需情况、当地居民的收入情况等。

六、固定资产有可能虚高也有可能被低估

资产负债表中固定资产项目的填列，是固定资产原值减去折旧费用、

减值准备之后的净值，这样正常情况下固定资产的净值是在不断减少的，但是在有些情况下这并不符合实际情况。

假如 10 年前在北京、上海或者广州买了一套办公楼，花了 100 万元，按照企业会计准则中对固定资产折旧年限的规定，房屋建筑物的折旧年限是 20 年，按照直线法计提折旧，10 年也就计提了 50% 的折旧费即 50 万元（不考虑残值），那么当前的办公楼账面价值是 50 万元，但是实际情况如何呢？这些城市 10 年以来房地产价格增速明显，目前账面价值仅剩下 50 万元的办公楼有可能当前市场价格高达 500 万元，这个时候的固定资产账面价值还有何意义呢？

会计学上根据谨慎性原则的要求，对固定资产账面净值低于市场价值的情况，需要计提减值准备，其目的是不让固定资产账面价值过于失真，但是这仍然存在两个问题。一是计提固定资产减值准备是在账面净值低于市场价值的情况下，那么假如市场价值远远高于账面净值的情况出现，怎么办呢？这个时候账面价值就被严重低估了。二是计提减值准备是由会计人员来做的，但是固定资产的当前市价也是一种评估结果，尤其是在固定资产非新置的情况下，其准确度得不到保障，只有经过专门评估机构评估后的结果才是比较准确的，这在会计实务中存在很大的操作难度，由会计人员或企业内部人员来估计固定资产的市场价值，是不是不靠谱呢？

所以，我们在看待固定资产账面价值时，要搞清楚这些固定资产都是些什么明细，是房屋、建筑物还是机器设备、运输工具、办公家具等，不同种类的固定资产其现价是大不相同的。不能完全相信账面价值。

七、在建工程有可能是资金黑洞

在建工程是正在建设的尚未竣工投入使用的建设项目，在建工程在资产负债表中属于长期资产。但是我们应该清楚，这一类资产尚不能给企业带来效益，因为还在建设中，还需要不断的资金投入。

一般情况下, 在建工程具有投入资金大、工期长的特点, 有的工程要建几年甚至几十年, 在持续投入的情况下, 很多企业一旦资金链紧张, 就会被在建工程拖垮。

我们从史玉柱的巨人大厦来看在建工程是如何拖垮一个公司的。巨人大厦如图 4-11 所示。

图 4-11 巨人集团的在建工程: 巨人大厦

资料来源: 图片来自《瞭望东方周刊》。

1993 年正值房地产热, 史玉柱的巨人集团决定新建巨人大厦。根据最初的设计, 巨人大厦只建 18 层, 后来被加上 20 层, 最后改成建 38 层, 此时方案已获得珠海市规划局的审批, 投资预算 2 亿元。再后来由于多方面原因, 巨人大厦的设计图纸先后被不断加码为 54 层、64 层。到 1994 年年初巨人大厦开工典礼时, 史玉柱突然临时宣布巨人大厦要建到 72 层, 投资预算也从 2 亿元猛增到 12 亿元。

到了 1994 年 2 月, 巨人大厦工程破土动工。从一开始工程就遭遇困难, 巨人大厦地基 20 米以下全都是岩层, 为此只得往地里面打桩, 一共 68 根桩, 最短的 68 米, 最长的 82 米。仅此一项就多花费 1 亿多元, 此时地面以上部分工程还未开始施工。1994 年以后随着巨人集团的软件、保健品主营业务开始受挫, 加上政府对房地产调控加强, 巨人集团资金链断裂, 最终倒闭。

这个案例中, 巨人大厦其实就是巨人集团的在建工程。正是由于投资的无限度扩大，严重超过其承受能力，投资预算从最初的 2 亿元飙升到 12 亿元，最终拖垮了巨人集团。

所以说，在建工程不一定是资产，有可能是资金黑洞。

如果一家企业的在建工程金额很大，我们必须搞清楚这些在建工程是什么。另外，还需要搞清楚在建工程的进度如何，如果接近竣工，那么以后再投入的资金会很少了，如果刚刚开始，那么表明企业未来很长一段时间都需要投入大量的资金。

第 4 节　负债：代表企业的信用能力，也呈现企业的风险水平

负债是什么？负债是企业资金来源的一种重要渠道，负债也代表着企业的信用能力和风险水平。负债越多，表明企业的信用能力越强，同时也表明企业的风险越高。

企业适度举债有利于扩大经营规模，有利于获得杠杆收益，有利于保持企业资金周转顺畅，但过多的负债、过高的负债率往往会给企业带来沉重的包袱。我们该如何看待负债的双面性？负债的构成和种类有哪些？本节将重点介绍这些问题。

一、负债的构成

企业经营离不开负债，一个正常经营的企业没有一点负债几乎是不可能的。负债有很多种。从标准分类来看，负债分为流动负债和非流动负债。所谓流动负债，一般是指偿还时间在一年以内的负债，比如短期借款、应付票据、应付账款等。非流动负债一般是偿还时间较长的，在一年以上的负债，比如长期借款、应付债券等。

除了了解企业会计准则中标准的分类之外, 我们还需要知道, 负债的某些特质是不同的, 有的负债有利息, 有的负债没有利息, 有的负债有固定的偿还期限, 有的负债无固定偿还期限。比如短期借款, 它一般是向银行等金融机构借入的债务, 这类负债有两个特点: 一是有利息; 二是有准确的偿还时间, 而且偿还时间是刚性的, 一般情况下不允许更改。短期借款、应付债券、长期借款等一般有利息, 并且偿还期限固定, 而应付账款、应付职工薪酬、其他应付款、预收账款等无利息, 也没有偿还期限。应交税费一般有固定的缴纳时间。

应付票据一般有两种: 一是商业承兑汇票; 二是银行承兑汇票。商业承兑汇票是以企业自己的信用作为担保, 而银行承兑汇票是以开户银行的信用为担保。商业承兑汇票如果票据到期无法偿还, 与供应商还有商量的余地, 而银行承兑汇票到期如果企业无法偿还, 银行会先行付费给供应商, 而开具票据企业将面临银行的处罚。应付票据也是有准确的偿还时间的。

应付职工薪酬包括需要支付给职工的工资、奖金、补贴、社保、公积金等, 一般是本月计提下月发放。应交税费包括应缴的个人所得税、增值税、企业所得税等, 一般也是本月计提下月缴纳。

预收账款是提前从客户那里收到的款项, 一般需要在未来以商品或劳务来偿还。

非流动负债中的长期借款是与短期借款相对应的, 是指从银行等金融机构借入的, 借款期限超过一年的债务, 一般也有利息, 也有准确的偿还时间。应付债券是企业发行的债券, 债券有固定的利率和偿还的期限。专项应付款一般是指政府有关部门为了支持企业某些项目而拨付给企业的款项, 这些款项一般有指定的用途, 企业不能随意使用。

预计负债是企业由于对外提供担保、未决诉讼、产品质量保证等, 很可能要发生赔付别人的负债。预计负债的金额一般是预估的, 所以可能和实际要支付的金额有出入, 但是根据谨慎性原则的要求, 企业需要将这些很可能发生的负债在预计负债中列示。

资产负债表中的负债是按照负债的流动性强弱排列的，也可以理解为按偿还紧急程度列示的，比如短期借款的偿还要比应付票据更紧急，而应付票据比应付账款偿还更紧急，以此类推。

负债的构成如图 4-12 所示。

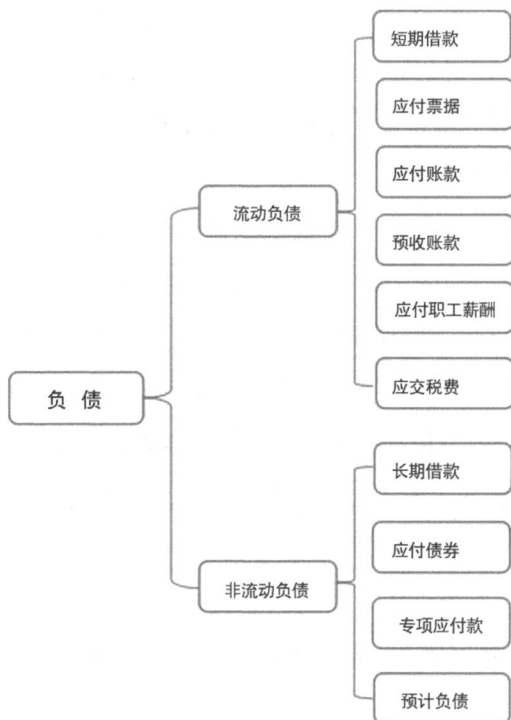

图 4-12　负债的构成

二、不是所有的负债都需要用货币偿还

提到负债，那就是欠别人的钱。短期借款一般是欠银行的钱，应付账款、应付票据一般是欠供应商的钱，应付职工薪酬是欠员工的钱，应交税费是欠税务局的钱。但是我们应该知道，并不是所有的负债都需要用货币偿还。对于这个问题，我们可以从两个方面来理解。

一是不需要用货币偿还。比如预收账款、专项应付款。预收账款一般是预收客户的货款或服务款，基本都是未来以货物或提供劳务来冲抵这一负债，一般不需要用货币来偿还。专项应付款是企业接受国家拨入的具有专门用途的拨款，如新产品试制费拨款、中间试验费拨款和重要科学研究补助费拨款等科技 3 项拨款，只要企业能保证专款专用，这些负债一般是不需要偿还的。

二是通过非货币性资产交换、债务重组来冲抵负债。比如有的企业确实无法偿还供应商的应付账款，但是经双方同意，进行债务重组，该企业用自己的货物来冲抵这一欠款，这样也没有涉及货币偿还。

所以，对负债的分析，我们要了解负债的特殊性，有些是必须用现金偿还的，有的可能需要偿还也可能不需要偿还，还有的不需要用现金偿还等。

三、负债的双面性：负债是"天使"还是"魔鬼"

有人厌恶风险，厌恶负债。西方有句谚语"谁陷入负债，谁陷入悲哀"，有人对此深信不疑。在讨厌负债的人眼里，负债是"魔鬼"。但也有人喜欢负债，积极举债，不怕担风险。法国著名作家小仲马写的剧本《金钱问题》中有一句台词："商业，这是十分简单的事，它就是借用别人的资金。"有的商人利用负债"借鸡生蛋"，四两拨千斤，生意越做越大，尝到了负债的甜头，在这一部分人的眼里，负债是"天使"。

如何看待负债的双面性？它究竟是"魔鬼"还是"天使"？很多事物都具有双面性，对于负债的问题，我们同样可以这样认为：善用负债，可以事半功倍，使企业快速发展；而盲目举债，则可能把企业带入危机的深渊。

在现代商业社会，资金问题是所有企业在发展过程中都会遇到的突出问题，几乎没有一家企业是仅靠自有资金，而不运用负债就能满足资金需求的。负债经营已成为大多数企业所能接受的一种融资方式，它是通过银行贷款、发行债券、商业信用等筹集资金的经营方式。

负债经营可以起到以下几个方面的有利作用。

❶ 可以扩大企业的资金来源渠道，弥补企业营运资金和长期发展资金的不足

企业在生产经营过程中，仅仅依靠企业内部积累的自有资金，不仅在时间上不现实，而且在数目上也难以适应其发展的需要。因此，企业在资金不足的情况下，通过举债可以运用更大的资金力量扩大企业规模和经济实力，提高企业的运行效率和竞争力。企业不仅在资金不足时需要负债经营，就是在资金比较充裕时负债经营也是十分必要的。企业通过负债可以有效地取得和支配更多的资金，利用这些资金来改善技术设备、改进工艺、引进先进技术、扩大企业规模、拓宽经营范围，进而能够增强企业的经济实力和竞争能力。

❷ 负债经营能减少税收支出，降低经营成本

负债经营可以起到抵税的功能，因为负债利息要计入财务费用，并且在企业所得税前扣除，故可产生节税作用，使企业少纳企业所得税，从而增加经营收益。利息费用越高，节税金额越大。同时，负债经营可降低企业资本成本。对资本市场的投资者来说，债权性投资的收益率固定，能到期收回本金，其风险比股权性投资小，相应地所要求的报酬率也低。对企业来说，负债筹资的资金成本低于权益筹资的资金成本。

❸ 负债经营可以发挥财务杠杆的作用

负债经营者对债权人支付的利息是一项与企业盈利水平高低无关的固定支出。当负债企业的投资收益率大于债务利息率时，负债经营就能够为企业带来明显的财务杠杆效应。

❹ 负债经营可以避免企业股权稀释

在负债经营的情况下，债权人无权参与企业的经营决策，因此负债经营不会影响企业所有者对企业的控制权。

❺ 负债经营可以在通货膨胀中获利

因为债务的实际偿还数额不考虑通货膨胀因素, 所以通货膨胀会给负债经营的企业带来额外收益。通货膨胀率越高, 企业因负债经营而得到的货币贬值的利益就越大。负债通常要到期才还本付息。在通货膨胀率上升的情况下, 原有负债额的实际购买力将下降, 企业按原定数额还本付息, 这在客观上将货币贬值的不利因素转嫁给了债权人。

我们当然不能仅看到负债经营有利的一面, 我们也需要看到它风险的一面。

企业一旦经营不善, 可能会面临以下几个方面的不利影响。

❶ 经营不善反而会带来财务杠杆的负效应

财务杠杆能够为企业带来更多的效益, 但有一个前提条件, 就是企业的投资利润大于企业的债务的资金成本。如果企业由于经营不善, 导致盈利能力下降, 最终使投资利润低于债务资金成本, 对于多支付的利息费用要用企业所得的利润进行弥补, 这最终将降低企业自有资本利润, 使企业盈利减少, 甚至造成企业亏损。同时, 企业的留存收益也相应减少, 不利于企业的发展, 容易产生财务杠杆负面效应, 使企业面临瘫痪、破产。

❷ 负债过度会加大财务风险

债务负担过大会带来财务风险。因为有的债务资金不仅要支付固定的利息, 而且要按约定条件偿还本金, 没有财务弹性可言, 这对企业来说是一项固定的财务负担。一旦出现经营风险而无法偿还到期债务, 企业将面临较大的财务危机, 甚至破产倒闭。因此, 企业的资本结构中应有负债, 但负债要有一定的限度。

❸ 偿还债务不及时会影响企业信誉, 增加再筹资风险

当负债规模一定时, 债务期限的安排是否合理, 也会影响企业的筹资风险。若长、短期债务比例不合理, 就会使企业在债务到期日还债压力过大,

资金周转不灵，从而影响企业的正常生产经营活动。拖欠债务不仅会使企业丧失信誉，断送再借债的机会，同时也会使企业失去扩大生产经营规模的机会。

❹ **通货紧缩时期，债务资金成本增加**

通货紧缩时期，经济不景气，资金会出现供不应求情况，利息率可能上升，此时企业负债成本将会增加。企业借债必然造成企业担负的利息上升，从而导致负债成本的增加。当企业经营利润不足以抵偿债务利息时，企业将赔本经营，严重时可能导致破产。

第5节　所有者权益（股东权益）：企业经营的"压舱石"

从构成上来看，所有者权益包括3个部分：实收资本（股本）、资本公积和留存收益，其中，留存收益又包括盈余公积和未分配利润。

所有者权益指企业资产扣除负债后由所有者享有的剩余权益，是资产总额抵减负债总额后的净额，是企业所有者对企业净资产的要求权。股份有限公司称其为股东权益，本书中提到的所有者权益均与股东权益含义相同，以后章节不再重复解释。

所有者权益体现的是企业的产权关系，即企业归谁所有，是投资者对其投入的资本及投入资本运用所产生的盈余的权利或义务。所有者权益一般只有在依法减资或企业解散清算时才可能还给投资者，在企业持续经营的情况下，投资者一般不能收回投资。

所有者权益可以起到稳定企业资本结构的作用，保留一定规模和比重的所有者权益，可以避免企业陷入高负债的危机之中。所有者权益是企业长期偿债能力的保证，同时，所有者权益的规模大小也是外部债权人、投资者考察企业风险高低和实力强弱的重要指标, 因此从这个角度说, 所有者权益可以起到"定海神针"的作用, 是企业经营的"压舱石"。

所有者权益构成如图 4-13 所示。

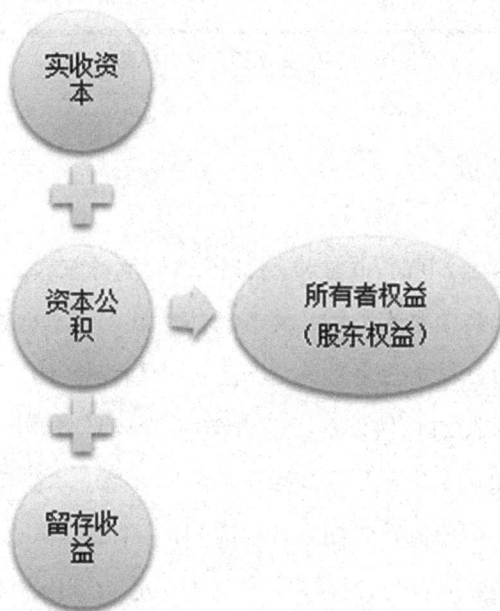

图 4-13 所有者权益构成

一、实收资本分析

实收资本是什么? 实收资本就是股东投入企业的初始资本金。我们都知道, 企业在注册成立的时候, 都有注册资金。这个注册资金实际到账后就是实收资本, 这个钱一般就是企业最早投资设立时募集的资本金, 也可以说就是企业的原始投资额。实收资本金额越大, 表明股东对企业的信心越足, 也说明股东的实力较强。当然实收资本也不是一成不变的, 有时候在后续运营期间股东会增资, 这时候实收资本就会增加, 也有可能在后期有股东要撤资, 这时候实收资本会减少。

实收资本分析思路如图 4-14 所示。

> 1. 企业在初始成立时，注册资本是否已经到位，若没有，查明原因
> 2. 企业接受的投资如果是非货币性资产，分析资产的公允价值是否与双方达成的合同金额相同，有没有高估

图 4-14　实收资本分析思路

二、资本公积分析

那什么是资本公积呢？从企业会计准则的解释来看，资本公积包括资本（股本）溢价、其他资本公积、资产评估增值、资本折算差额。

所谓资本溢价，比如企业股东之一王某计划投资 10 万元，占该企业的 20% 股权，但是按照股权协议，王某占 20% 股权只需要出 8 万元，那么多出的这 2 万元（10 万元 −8 万元）的资本溢价就是资本公积。

什么是资产评估增值？比如企业要改制，由有限公司改制为股份公司，需要进行资产评估。原有一台设备原价 100 万元，已计提累计折旧 20 万元，净值为 80 万元，经专业资产评估机构评估之后认为该资产价值为 120 万元，不考虑各种税费的问题，该设备资产增值了 40 万元，这 40 万元的资产评估增值就是资本公积。

什么是资本折算差额？股东出资时，如果用的是外币，在兑换成人民币时就会产生汇兑损益。比如一股东计划出资 10 万元人民币入股某企业，但此股东汇来的是 1.7 万美元，按照汇率折算成人民币是 10.71 万元，多出来的 0.71 万元折算差额就是资本公积。

三、留存收益分析

留存收益包括盈余公积和未分配利润。盈余公积是企业从税后利润中提取形成的、存留于企业内部、具有特定用途的收益积累。我们从盈

余公积的定义中就可以知道，盈余公积就是从净利润中提取的，所以它也是净利润的一部分。盈余公积具有特定用途，那是什么特定用途？它可以用来弥补亏损、转增资本、分配股利。盈余公积分为法定盈余公积和任意盈余公积。法定盈余公积就是国家规定上市公司每年末要根据当年的净利润的 10% 计提法定盈余公积，历年累计计提数超过注册资本的50% 时可以不再计提。任意盈余公积是企业可以自行决定是否计提的盈余公积。

❶ 留存收益是历年利润留存于企业的内部积累

未分配利润是指企业实现的净利润经过弥补亏损、提取盈余公积和向投资者分配利润后留存在企业的、历年累计结存的利润。我们在资产负债表中看到的未分配利润期末余额，那就是企业自成立以来历年累计的扣除分配股利、计提盈余公积之后的净额。

❷ 留存收益是连接利润表和资产负债表的纽带

在会计账务处理中，每月的净利润都在本年利润中核算，年末将本年利润一次性转入未分配利润中。如果没有分配股利，那么历年利润表中的净利润累计数就是资产负债表中未分配利润期末数，用公式表示如下。

期末留存收益 = 历年净利润累计数 − 历年分配的股利累计数

所以说留存收益是连接利润表和资产负债表的纽带，二者间存在着紧密的勾稽关系。

四、资本结构分析

我们在分析资产负债表时，经常会接触资本结构的概念，那么什么是资本结构？简单来说，资本结构就是企业的资金来源中有多少是债务资本，多少是权益资本。所谓债务资本就是来自负债的资本，所谓权益资本就是来自所有者权益的资本。

通常的资本结构有 3 种模式：保守型资本结构、适中型资本结构、风险型资本结构。这 3 种资本结构的特征如图 4-15 所示。

保守型资本结构：财务风险较小，资本成本高；融资方
　　　　　　　式更多使用权益融资，负债以中长期
　　　　　　　债务为主
适中型资本结构：流动负债解决流动资金需求，权益资
　　　　　　　金或者长期负债支持长期资金需求
风险型资本结构：资本成本低，风险高；权益资金较少，
　　　　　　　负债比率较高，使用流动负债支持长
　　　　　　　期资金需求

图 4-15　3 种资本结构的特征

简单来说，资本结构中债务资本比重较大，那么风险就较高，权益资本比重较大，那么风险就较低。

了解企业资本结构，有助于我们了解企业的财务风险。有关财务风险的分析，我们在后面章节有详细论述。

五、所有者权益数据也可能失真

我们前面讲过有关资产数据、负债数据有可能存在失真的情况，当然，对所有者权益来说，也会存在数据失真的情况。所有者权益失真，有以下两个方面原因。

❶ 资产数据或负债数据失真，从而导致所有者权益数据失真

比如前面讲到的资产中的其他应收款，如果其他应收款是关联公司之间的资金往来，并且金额较大，长时间不返还，这个时候，有可能这个其他应收款虽然在资产负债表上是资产，但实质上这个钱早已花掉，只不过没有发票冲账，其资产的实质已经不存在。在这种情况下，企业更真实的

资产情况是应该将这笔其他应收款视同成本费用，从资产中剔除，同时减少所有者权益中的"未分配利润"，这时候所有者权益才是真实的。如果不减少未分配利润，那么所有者权益的数据也是失真的。

❷ 其他一些情况导致所有者权益数据失真

比如对于新成立的公司，实收资本的数据有可能并不准确。很多新设立的公司，实收资本到账后，很快就以各种名义转移出去，可能会存在虚假注资的情况，因此对于新设立公司的实收资本应保持质疑。

另外，对公司注册资金中以非货币性资金投入的，应分析作为投资的资产公允价值是否与双方达成的合同金额相同，有没有高估。

案例解读　东方公司资产负债表变动情况分析

东方公司是一家从事太阳能光伏产品生产和销售的股份有限公司，其主营产品是太阳能电池片、太阳能电池组件及太阳能灯具等。我们结合该公司 2015 年资产负债表，如表 4-7 所示，对其 2014—2015 年的财务状况做分析。

表 4-7　东方公司 2015 年资产负债表　　　　　　　　单位：万元

资产	期末余额	年初余额	负债和所有者权益(或股东权益)	期末余额	年初余额
流动资产：			流动负债：		
货币资金	56 407.39	55 316.68	短期借款	91 356.55	109 967.98
交易性金融资产	2 535.54	549.38	交易性金融负债		
应收票据	11 409.72	8 289.95	应付票据	25 108.12	3 632.59
应收账款	165 274.02	99 973.97	应付账款	71 216.13	30 104.81
预付款项	22 910.87	17 755.98	预收款项	16 591.46	371.10
应收利息			应付职工薪酬	859.78	1 006.13
应收股利			应交税费	2 272.35	2 524.80
其他应收款	39 356.09	24 421.40	应付利息	436.42	151.12
存货	36 241.07	17 929.60	应付股利		

续表

资产	期末余额	年初余额	负债和所有者权益(或股东权益)	期末余额	年初余额
一年内到期的非流动资产			其他应付款	4 012.64	3.36
其他流动资产			一年内到期的非流动负债	35 000.00	
流动资产合计	334 134.70	224 236.96	其他流动负债		
非流动资产：			流动负债合计	246 853.45	147 761.89
可供出售金融资产			非流动负债：		
持有至到期投资			长期借款	3 000.00	
长期应收款			应付债券		
长期股权投资	129 649.28	75 329.49	长期应付款		
投资性房地产		2 000.00	专项应付款		
固定资产	54 611.31	56 327.05	预计负债		
在建工程	5 692.88	3 379.81	递延所得税负债		
工程物资			其他非流动负债		
固定资产清理			非流动负债合计	3 000	
生产性生物资产			负债合计	249 853.45	147 761.89
油气资产			所有者权益（或股东权益）：		
无形资产	9 564.12	9 769.34	实收资本(或股本)	64 991.22	56 000.00
开发支出			资本公积	203 199.64	151 806.61
商誉			减：库存股		
长期待摊费用	0.01		盈余公积	4 958.86	4 958.86
递延所得税资产			未分配利润	10 649.13	10 515.29
其他非流动资产			所有者权益（或股东权益）合计	283 798.85	223 280.76
非流动资产合计	199 517.60	146 805.69			
资产总计	533 652.30	371 042.65	负债和所有者权益（或股东权益）总计	533 652.30	371 042.65

我们对东方公司 2015 年的资产负债表做出如下分析。

❶ 资产结构及变动情况分析

东方公司资产变动及占比表如表 4-8 所示。

表4-8 东方公司资产变动及占比表

资产	期末余额（万元）	占总资产的比重（%）	年初余额（万元）	占总资产的比重（%）	同比增减额（万元）	同比增减幅度（%）
流动资产：						
货币资金	56 407.39	10.57	55 316.68	14.91	1 090.71	1.97
交易性金融资产	2 535.54	0.48	549.38	0.15	1 986.16	361.53
应收票据	11 409.72	2.14	8 289.95	2.23	3 119.77	37.63
应收账款	165 274.02	30.97	99 973.97	26.94	65 300.05	65.32
预付款项	22 910.87	4.29	17 755.98	4.79	5 154.89	29.03
其他应收款	39 356.09	7.37	24 421.40	6.58	14 934.69	61.15
存货	36 241.07	6.79	17 929.60	4.83	18 311.47	102.13
流动资产合计	334 134.70	62.61	224 236.96	60.43	109 897.74	49.01
非流动资产：						
长期股权投资	129 649.28	24.29	75 329.49	20.30	54 319.79	72.11
投资性房地产			2 000.00	0.54	-2 000.00	-100.00
固定资产	54 611.31	10.23	56 327.05	15.18	-1 715.74	-3.05
在建工程	5 692.88	1.07	3 379.81	0.91	2 313.07	68.44
无形资产	9 564.12	1.79	9 769.34	2.63	-205.22	-2.10
长期待摊费用	0.01				0.01	
非流动资产合计	199 517.60	37.39	146 805.69	39.57	52 711.91	35.91
资产总计	533 652.30	100.00	371 042.65	100.00	162 609.65	43.83

从资产结构来看，东方公司2015年流动资产占总资产的比重为62.61%，相比2014年的60.43%，略有提高。从流动资产构成来看，2015年应收账款占比最高，占30.97%，比2014年提高约4.03%；2015年存货占比为6.79%，比2014年提高1.96%；2015年货币资金和交易性金融资产二者合计占比11.05%，比2014年下降4.01%。

从非流动资产构成来看，2015年长期股权投资大幅增加，占总资产的比重由2014年的20.3%提高到24.29%；2015年固定资产投资下降，比重也由2014年的15.18%降至10.23%；在建工程金额不大。

从东方公司资产结构及增减变动情况来看，该公司的资产流动性尚可，公司资产以流动资产为主，非流动资产的比重有所下降，公司的固定资产和在建工程投资不大，但长期股权投资金额大幅增加，占用公司资金较多。

从流动资产占比及变动情况看，2015年流动性强的货币资金和交易性金融资产虽然比2014年有所增加，但是所占比重不大，而且比重较2014年有所下降。此外，2015年公司的应收账款同比大幅增加65.32%，而且应收账款占总资产的比重较大，客户占款的情况较为严重。当然，我们在分析应收账款时也要结合销售情况，已知该公司2015年营业收入增长了48%，收入增加是应收账款增加的原因之一。此外，在该公司的销售模式中，有些是帮助客户建太阳能电站，在电站建成发电之后，电网公司才会逐渐回款，这也是应收账款增加的一个重要原因。

2015年存货比2014年增长了102.13%，翻了一番，存货占总资产的比重增加近2个百分点。当然，存货大幅增加不一定就是坏事，我们结合该公司的营业收入增长情况以及会计报表附注的内容得知，公司最近两年的销售行情看好，太阳能产品市场需求大增，2015年该公司的营业收入大增48%，而且未来一年的客户需求增幅可能会更大，此外，该公司新增的产能逐渐释放，这才导致了存货增加。所以，存货的增加并不是由产品积压所致，而是由于销售状况良好，为了更好地满足客户需求而备的货，因此该公司的存货增长是良性的。

❷ 资产质量分析

应收账款占总资产的比重高达30.97%，这是很高的，对应收账款的质量分析我们可以从以下两个角度进行。

（1）应收账款账龄分析。

2015年东方公司应收账款账龄分析如表4-9所示。

表4-9 2015年东方公司应收账款账龄分析表

账龄	应收账款占比	金额（万元）
1年以内	87%	143 788.39
1～2年（含1年）	5.95%	9 833.80
2～3年（含2年）	3%	4 958.22
3～4年（含3年）	4.05%	6 693.60
合计	100%	165 274.02

从账龄分析表中可以看出, 该公司应收账款账龄在 1 年以内的占 87%, 在 1 ~ 2 年(含 1 年)的占 5.95%, 账龄在 2 年以内的应收账款收回的概率仍然比较高。但是需要引起注意的是该公司应收账款账龄在 2 ~ 3 年(含 2 年)的占 3%, 在 3 ~ 4 年(含 3 年)的占 4.05%, 也就是说账龄在 2 年以上的应收账款合计占比达到 7.05%, 金额超过 1.16 亿元, 这也是不小的金额。总体上看, 该公司应收账款的质量不错, 但仍有超过 7% 的应收账款形成坏账的风险很高。

(2)应收账款周转天数。

2015 年东方公司应收账款周转天数如表 4-10 所示。

表 4-10　2015 年东方公司应收账款周转天数

指标	2015 年	2014 年
应收账款周转天数(天)	201	224

2015 年该公司的应收账款周转天数是 201 天, 但仍比 2014 年缩短了 23 天。由此可以看出, 东方公司的应收账款周转的速度比较慢, 当然这和该公司所属行业的特点有一定关系。该公司的主要客户都是一些光伏企业, 光伏企业一般是先购买东方公司的太阳能组件等产品, 然后发电销售出去之后才逐步回款, 这也拉长了东方公司的销售回款时间。由于 200 多天的销售回款时间有些过长, 东方公司必须高度重视销售回款的问题, 如果销售回款时间不能逐步缩短, 东方公司会面临较大的资金链风险。

我们再来看存货。2015 年期末存货金额约为 3.62 亿元, 比 2014 年增长 102.13%, 增幅较大。当然对存货的分析我们仍然要计算存货周转天数。

2015 年东方公司存货周转天数如表 4-11 所示。

表 4-11　2015 年东方公司存货周转天数

指标	2015 年	2014 年
存货周转天数 (天)	65	49

2015 年该公司存货周转天数为 65 天，比 2014 年增加 16 天。存货周转的速度并不慢。同时考虑到该公司营业收入正处于快速上升的阶段，新产能的释放也导致存货增加，总体上看，其存货增加是良性的。

对于预付账款和其他应收款的分析，我们应重点关注钱都去哪儿了。从该公司的报表附注中可以看出，预付账款基本都是付给供应商的，因为采购了大量的原材料，很多采购需要预付款。而其他应收款中有 2.5 亿元是被关联公司借走的，占其他应收款的 64%。被关联公司借走的钱多数可能已经花掉。因此，可以说其他应收款的质量存疑。

我们再来看非流动资产，从非流动资产中，可以看到长期股权投资所占比重最大，占到总资产的 24.29%，长期股权投资已达约 12.96 亿元，同比增长 72.11%，增幅很大。结合该公司的报表附注，可以得知这些投资多数投资的是本公司的关联公司。我们之前讲过，长期股权投资投在关联公司，有时候并非真正的投资，而是转移资金，就是把钱从这个公司转移到另一个公司。当然这种转移也不一定就是坏事，如果投资的关联公司盈利，那么自然也会产生投资收益；如果投资的关联公司没有任何实体经济，我们就需要引起警惕了。从东方公司投资的关联公司来看，基本都属于光伏行业，应该是真正的投资，当然也不能完全排除转移资金的可能。

综合来看，东方公司 2015 年的资产质量尚可。由于业务的快速发展，公司资产快速增加，资产的流动性也可以，但公司的应收账款较多，回笼速度比较慢，会带来潜在的资金链风险。公司有通过其他应收款和长期股权投资为关联公司输送资金的嫌疑，但这些关联公司的经营效益决定了这些输出的资金的风险大小。

❸ 负债分析

2015 年东方公司负债构成及增减变动情况如表 4-12 所示。

表 4-12　2015 年东方公司负债构成及增减变动情况表

负债和所有者权益	期末余额（万元）	占总负债的比重（%）	年初余额（万元）	占总负债的比重（%）	同比增减额（万元）	同比增减幅度（%）
流动负债:						
短期借款	91 356.55	36.56	109 967.98	74.42	-18 611.43	-16.92
应付票据	25 108.12	10.05	3 632.59	2.46	21 475.53	591.19
应付账款	71 216.13	28.50	30 104.81	20.37	41 111.32	136.56
预收款项	16 591.46	6.64	371.1	0.25	16 220.36	4 370.89
应付职工薪酬	859.78	0.34	1 006.13	0.68	-146.35	-14.55
应交税费	2 272.35	0.91	2 524.80	1.71	-252.45	-10.00
应付利息	436.42	0.17	151.12	0.10	285.30	188.79
其他应付款	4 012.64	1.61	3.36		4 009.28	119 323.81
一年内到期的非流动负债	35 000.00	14.01				
流动负债合计	246 853.45	98.80	147 761.89	100.00	99 091.56	67.06
非流动负债:						
长期借款	3 000.00	1.20				
非流动负债合计	3 000.00	1.20			3 000.00	
负债合计	249 853.45	100.00	147 761.89	100.00	102 091.56	69.09

从负债构成来看,2015 年短期借款占总负债的比重为 36.56%,最高;其次是应付账款,占 28.5%;应付票据占 10.05%;三者合计占总负债的 75.11%。公司的资金来源主要是银行和供应商,公司长期负债很少,98.8% 属于流动负债。结合 2014 年的情况看,该公司 2014 年的短期借款占比更高,达到 74.42%,2015 年下降至 36.56%,但仍然保持很高的比重,这也会导致其财务费用较大。

从负债的增减变化看,2015 年总负债比 2014 年增加约 10.2 亿元,同比增长 69.09%。应付票据和应付账款均大幅增长,增长幅度均超过 100%。我们结合存货、营业收入的增长情况看,该公司业务增长、存货增加,从而导致采购增加、应付款增加,是有其合理性的。

我们再来看资产负债率,2015 年该公司的资产负债率为 46.82%,比

2014 年提高 7%，债务负担有所增加，但负债率并不算高。

从负债总体情况来看，该公司负债增幅较大，原因在于公司的业务规模在扩张，市场需求在增加，因此营业收入、存货、应付账款等均在大幅增长，负债率并不算高，总体上负债的结构合理，债务的负担可控。

❹ **所有者权益（股东权益）分析**

2015 年东方公司股东权益情况如表 4-13 所示。

表 4-13　2015 年东方公司股东权益情况表

股东权益	期末余额 （万元）	年初余额 （万元）	同比增减额 （万元）	同比增长率（%）
股本	64 991.22	56 000.00	8 991.22	16.06
资本公积	203 99.64	151 806.61	51 393.03	33.85
盈余公积	4 958.86	4 958.86		
未分配利润	10 649.13	10 515.29	133.84	1.27
股东权益合计	283 798.85	223 280.76	60 518.09	27.10

2015 年东方公司的股东权益增长 27.10%，主要原因是资本公积增加较多，2015 年资本公积较 2014 年增加约 5.1 亿元，增幅为 33.85%，资本公积增加的原因主要是股本溢价。公司未分配利润增幅仅为 1.27%，主要原因是公司以前年度累计未分配利润较少，很多年度都出现亏损。从最近两年的股东权益来看，该公司的权益增值开始步入上升阶段。

通过对东方公司最近两年的资产负债表进行分析，并结合利润表的一些指标，我们能够发现该公司目前的资产质量良好，负债率并不高，所有者权益增值率在提高，公司的资产负债结构基本合理。从资产、负债、所有者权益增长幅度来看，该公司目前正处于经营的上升期，公司规模在扩大。资金周转方面，应警惕应收账款周转天数较长的潜在风险；负债方面，应注意流动负债大幅增加尤其是银行贷款大幅增加，有息债务还本付息压力也在增加的情况。

第 5 章

现金流量表：比赚取利润更高明的是管理现金

现金流量表的重要性无须赘言，但如何读懂现金流量表，如何使用现金流量表，很多人不得要领，其中一个重要的原因是我国通用的现金流量表过于粗糙。只有结合本企业的实际情况，将现金流量表进一步细化，我们才能更清楚地看清现金收支的来龙去脉。

企业的利润高，赚钱能力强，当然是好事，但是如果企业的现金流管理混乱，那是要出大事的。不盈利的企业也能够生存，但现金流断裂的企业可能就会倒闭，所以说，管理好现金流比赚取利润更加重要，难度也更大。管理好现金流的前提，是懂得如何分析现金流量表。如果能够把现金流量表的每一个项目都解读得深入、透彻，那么现金流管理的思路也就水到渠成了。

第1节　神奇的"现金收支监控表"：不仅可监控资金，而且可分析盈利

现金流量表是根据收付实现制编制的，只要是收到现金或者付出现金，不管是否属于本期发生的业务，都记入表里，因此现金流量表天然具有监控资金流向的作用。而我们提出的"现金收支监控表"，不仅可以用于监控资金流向，而且可以利用此表编制利润表来分析企业的盈利情况。

一、量身定制企业的"现金收支监控表"

为什么很多人认为现金流量表没有用？很大一部分原因是全国通用的

现金流量表太粗糙了，比如"支付其他与经营活动有关的现金""收到其他与经营活动有关的现金"，这两项内容可以说包罗万象，前者既包括支付的各种管理费用，也包括支付给其他公司的往来款，还包括员工的借款以及各种营业外支出，也包括各种保证金、押金等，而这些内容基本都是风马牛不相及的，不应该放在一起，但是由于是全国通用的标准格式，也只能这么设计。但是，我们在分析自己公司的时候，就不能用这么粗糙的报表格式了，而应该量身定制适合本公司的现金流量表。

向税务、工商、财政等部门报送的表仍叫"现金流量表"，而我们内部自己设计的现金流量表，起个别名，可叫"现金收支监控表"。

现金收支监控表的设计格式如表 5-1 所示。

表 5-1　现金收支监控表的设计格式

项目		今 年			上 年			累计同比增减额	累计同比增长率
		1月	2月	今年累计	1月	2月	去年累计		
经营现金收入	主营业务收入获得的现金								
	其他业务收入获得的现金								
	经营现金收入小计								
融资现金收入	银行贷款获得的现金								
	发行债券收到的现金								
	吸收投资获得的现金								
	融资现金收入小计								
投资现金收入	短期投资收益收到现金								
	长期投资收益收到现金								
	投资现金收入小计								
其他收入	补贴收入收到现金								
	存款利息收入收到现金								
	营业外收入收到现金								
	……								
	其他现金收入小计								
现金收入合计									
现金支出									

续表

项目		今 年			上 年			累计同比增减额	累计同比增长率
		1月	2月	今年累计	1月	2月	去年累计		
经营现金支出	管理费用现金支出								
	付给供应商的现金支出								
	固定资产采购现金支出								
	缴纳的各项税费现金支出								
	财务手续费现金支出								
	保证金、押金现金支出								
	营业外支出现金支出								
	经营现金支出小计								
融资现金支出	债券利息现金支出								
	贷款利息现金支出								
	融资担保费、中介费等现金支出								
	现金股利现金支出								
	偿还银行贷款本金现金支出								
	偿还发行债券本金现金支出								
	融资现金支出小计								
投资现金支出	短期投资现金支出								
	长期投资现金支出								
	投资现金支出小计								
经营、融资、投资现金支出合计									
现金往来支出	甲公司								
	乙公司								
	丙公司								
	……								
付给往来公司现金支出合计									
现金支出合计									
现金结余									
期初账面余额									
期末账面余额									

对编制现金收支监控表的几点说明。

（1）编制这个表的目的是搞清楚企业的现金是从哪里来的，流向了哪里，但与全国通用的现金流量表不同的是，该表更细化、项目更明晰，更切合企业自身的实际。浏览此表，就能对本企业的现金收支情况了然于胸。

（2）此表的大类仍然按照标准现金流量表的分类，比如现金收入、现金支出、现金结余。同时对于现金收入、现金支出的二级分类，也可借鉴标准现金流分类，比如经营现金收入或支出、融资现金收入或支出、投资现金收入或支出。对于经营、融资、投资下面的小类，就不必按照标准格式分类了，因为标准格式的分类太粗糙了，我们可以结合本企业的实际经营情况，设计出适合本企业的小类。本表中列出的大类不需要改变，比如经营收支、融资收支、投资收支等，但小类可以根据本企业的情况任意增减。

（3）为什么将现金往来款单独列出，而不是放到经营活动现金支出中？因为往来款有很多是关联公司之间的资金往来，有时候转出去再转回来，只是暂时的资金拆借，而且并不需要签合同、付利息，既不具有投资性质，也不是一般意义上的融资，更不是正常的经营活动，所以把它单独列示出来更好。

要注意，关联公司的往来款只列示往来支出，如果是往来现金收入，以负值填列。此外，还要注意，如果付给往来公司的钱是用来帮助采购的，那么这笔钱实质上就是付给供应商的钱，应该并入经营现金支出的"付给供应商的现金支出"的这一栏；同理，如果是为了投资就放入投资现金支出；如果是为了融资就放入融资现金支出。

（4）编制本表要坚持的原则：一贯性、可比性、实质重于形式。

所谓一贯性，就是假设有些现金收支项目可能不能很清楚地确定放在哪一个小类里面，这个时候就要记住，如果一开始放到了哪一类，那么以后就必须保持一直如此，必须保持前后各期一致，不能随意变更。当然，如果必须变更，就要做出特殊说明。

可比性就是不同的时期，这些分类必须可比。

实质重于形式就是要求在编制此表时不能拘泥于科目、分类。比如虽然是做账时计入了其他应收款，但有些其他应收款是用于差旅费、办公费等日常费用支出，这就需要放到"管理费用现金支出"中，如果是用于投标缴纳的保证金，就需要放入"保证金、押金支出"中。

二、用"现金收支监控表"监控资金缺口

上节讲了现金收支监控表的格式以及编制方法，那么，这个表有什么用？我们首先用它来监控资金缺口。此表可以从两个方面来监控资金收支缺口：一个是当月数，另一个是累计数。当月的现金收入减去现金支出得到现金结余，从最终的现金结余数就知道资金是短缺还是盈余。由累计的现金收入减去现金支出就可以得知现金结余数，负值是短缺，正值就是盈余。

我们通过一个案例来理解如何用"现金收支监控表"来监控企业资金缺口。

红星公司最近两年的现金收支监控表如表 5-2 所示，我们结合此表，对该公司最近两年的资金缺口情况做出分析。

表 5-2　红星公司现金收支监控表

项目		今年			上年			累计同比增减额（万元）	累计同比增长率（％）
		1 月（万元）	2 月（万元）	今年累计（万元）	1 月（万元）	2 月（万元）	去年累计（万元）		
经营现金收入	主营业务收入获得的现金	500.00	480.00	980.00	600.00	710.00	1 310.00	-330.00	-25.19
	其他业务收入获得的现金	200.00	50.00	250.00	10.00	120.00	130.00	120.00	92.31
	经营现金收入小计	700.00	530.00	1 230.00	610.00	830.00	1 440.00	-210.00	-14.58
融资现金收入	银行贷款获得的现金	100.00		100.00	50.00		50.00	50.00	100.00
	发行债券收到的现金								
	吸收投资获得的现金		200.00	200.00				200.00	
	融资现金收入小计	100.00	200.00	300.00	50.00		50.00	250.00	500.00

续表

	项目	今年			上年			累计同比增减额（万元）	累计同比增长率（％）
		1月（万元）	2月（万元）	今年累计（万元）	1月（万元）	2月（万元）	去年累计（万元）		
投资现金收入	短期投资收益收到现金	100.00	50.00	150.00	10.00	20.00	30.00	120.00	400.00
	长期投资收益收到现金		120.00	120.00	50.00		50.00	70.00	140.00
	投资现金收入小计	100.00	170.00	270.00	60.00	20.00	80.00	190.00	237.50
其他现金收入	补贴收入收到现金	210.00	100.00	310.00	50.00	50.00	100.00	210.00	210.00
	存款利息收入收到现金	0.20	0.20	0.40	0.15	0.15	0.30	0.10	33.33
	营业外收入收到现金				10.00		10.00	-10.00	-100.00
	其他现金收入小计	210.20	100.20	310.40	60.15	50.15	110.30	200.10	181.41
现金收入合计		1 110.20	1 000.20	2 110.40	780.15	900.15	1 680.30	430.10	25.60
现金支出									
经营现金支出	管理费用现金支出	120.00	150.00	270.00	60.00	100.00	160.00	110.00	68.75
	付给供应商的现金支出	600.00	680.00	1 280.00	380.00	600.00	980.00	300.00	30.61
	固定资产采购现金支出	100.00	2.00	102.00	5.00	10.00	15.00	87.00	580.00
	缴纳的各项税费现金支出	1.50	1.20	2.70	2.00	3.00	5.00	-2.30	-46.00

续表

| 项目 | | 今年 | | | 上年 | | | 累计同比增减额（万元） | 累计同比增长率（%） |
		1月（万元）	2月（万元）	今年累计（万元）	1月（万元）	2月（万元）	去年累计（万元）		
经营现金支出	财务手续费现金支出	0.10	0.10	0.20	0.20	0.15	0.35	−0.15	−42.86
	保证金、押金现金支出	80.00		80.00				80.00	
	营业外支出现金支出								
	经营现金支出小计	901.60	833.30	1 734.90	447.20	713.15	1 160.35	574.55	49.52
融资现金支出	债券利息现金支出								
	贷款利息现金支出	0.80	0.80	1.60	0.20	0.10	0.30	1.30	433.33
	融资担保费、中介费等现金支出	0.30		0.30	0.10	0.50	0.60	−0.30	−50.00
	现金股利现金支出								
	偿还银行贷款本金现金支出								
	偿还发行债券本金现金支出								
	融资现金支出小计	1.10	0.80	1.90	0.30	0.60	0.90	1.00	111.11
投资现金支出	短期投资现金支出								
	长期投资现金支出								
	投资现金支出小计								

续表

项目	今年			上年			累计同比增减额（万元）	累计同比增长率（%）
	1 月（万元）	2 月（万元）	今年累计（万元）	1 月（万元）	2 月（万元）	去年累计（万元）		
经营、融资、投资现金支出合计	902.70	834.10	1 736.80	447.50	713.75	1 161.25	575.55	49.56
现金往来支出　甲公司	200.00	50.00	250.00	10.00	20.00	30.00	220.00	733.33
乙公司	30.00	50.00	80.00	20.00	50.00	70.00	10.00	14.29
丙公司		300.00	300.00		10.00	10.00	290.00	2 900.00
付给往来公司支出合计	230.00	400.00	630.00	30.00	80.00	110.00	520.00	472.73
现金支出合计	1 132.70	1 234.10	2 366.80	477.50	793.75	1 271.25	1 095.55	86.18
现金结余	−22.50	−233.90	−256.40	302.65	106.40	409.05	−665.45	−162.68
期初账面余额	600.00	577.50	343.60	87.20	389.85	496.25		
期末账面余额	577.50	343.60	87.20	389.85	496.25	905.30		

我们来看，怎样通过现金收支监控表来监控资金缺口。

首先看现金结余，今年 1 ～ 2 月红星公司累计现金结余为 −256.4 万元，去年同期累计现金结余为 409.05 万元，资金结余由盈余变为短缺，而且短缺金额大幅上升。从月度情况看，今年 1 月、2 月连续两个月出现月度收支不平衡的情况，而且 2 月收支缺口大幅加大。因此，公司的资金链风险明显增加，需要引起警惕。

接下来，我们再来分析造成现金收支出现缺口的原因是什么。先看收入，今年累计经营现金收入比去年减少 210 万元，同比减少 14.58%，其中，主营业务收入获得的现金减少 330 万元，同比减少 25.19%，主营业务现金收入下滑得还是比较厉害的，这应该是该公司现金短缺的重要原因之一。再看现金支出，管理费用现金支出今年比去年增加 110 万元，增幅高达 68.75%。付给供应商的现金支出增加 300 万元，购建固定资产现金支出增加87万元，表明公司采购支出大幅增加。最后看付给往来公司的款项，同比增加520万元，增幅高达472.73%。

综合来看，红星公司出现资金短缺问题的原因有3个：一是经营现金收入减少；二是日常管理费用现金支出大幅增加，采购付款大幅增加；三是付给往来公司的款项大幅增加。

三、用"现金收支监控表"分析盈利

我们知道，利润表是可以用来分析企业的盈利状况的，因为收入、成本、利润在利润表上非常清楚。其实，现金流量表也可以用来分析盈利状况。

利润表是依据权责发生制编制的。所谓权责发生制，简单来讲就是只要是属于本期的收入，不论是否收到现金都要确认收入；只要是属于本期的支出，不论是否支出现金都要确认为支出。而收付实现制恰好相反，不论是否属于本期的收入，只要收到现金就属于本期的收入；不论是否属于本期的支出，只要本期支出现金，就作为本期的支出。

权责发生制是会计账务处理最基本、最重要的原则，资产负债表、利润表的编制均依据权责发生制，所以说权责发生制当然有其合理性，否则不会受到会计界的如此重视。但是权责发生制也并非在任何情况下都适用，在有些情况下，权责发生制也有其局限性。

比如有的企业，经常有很多预付账款采购，而供应商迟迟不开发票，这也会导致成本费用不能及时入账。还有一些企业，其大量的资金转移到了关联公司，而关联公司并不开发票，往来科目长期挂账的情况比较多，这就会导致该企业的成本费用很少，其实钱早被关联公司花光了。所以在这种情况下，用收付实现制编制利润表反而能更准确地把握公司的盈利情况。

当然，用收付实现制编制利润表，来分析公司的盈利情况，只适合在企业内部进行，并不适合与外部企业对比，而且仍然要和采用权责发生制编制的利润表互相对照着分析。并不是收付实现制可以取代权责发生制,而仅仅是换一个角度来分析企业损益情况。另外,也并不是任何企业、任何情况下都适用收付实现制编制利润表。

我们仍然用红星公司的现金收支监控表中的数据来分析该公司的损益情况。

根据红星公司的现金收支监控表编制的利润表如表 5-3 所示。从表 5-3 中可以看出,今年 1 ~ 2 月累计利润为 153.2 万元,比去年同期减少 315.55 万元,同比下降 67.32%,盈利前景不容乐观。

表 5-3　红星公司用收付实现制编制的利润表

项目	今年 1 ~ 2 月累计(万元)	去年 1 ~ 2 月累计(万元)	累计同比增减额(万元)	累计同比增长率(%)
主营业务收入获得的现金	980	1 310	-330	-25.19
其他业务收入获得的现金	250	130	120	92.31
短期投资收益收到现金	150	30	120	400.00
长期投资收益收到现金	120	50	70	140.00
补贴收入收到现金	310	100	210	210.00
营业外收入收到现金		10	-10	-100.00
现金收入合计	1 810	1 630	180	11.04
管理费用现金支出	270	160	110	68.75
付给供应商的现金支出	1 280	980	300	30.61
固定资产采购现金支出	102	15	87	580.00
缴纳的各项税费现金支出	2.7	5	-2.3	-46.00
财务手续费现金支出	0.2	0.35	-0.15	-42.86
营业外支出现金支出				
贷款利息现金支出	1.6	0.3	1.3	433.33
融资担保费、中介费等现金支出	0.3	0.6	-0.3	-50.00
现金支出合计	1 656.8	1 161.25	495.55	42.67
利润	153.2	468.75	-315.55	-67.32

我们再深入分析,今年 1 ~ 2 月长、短期投资收益收到现金共计 270 万元,补贴收入收到现金 310 万元,如果不考虑这些收入,那么今年 1 ~ 2 月红星公司的利润为 -426.8 万元,因此实际上该公司的经营业务已经处于

亏损状态，因为投资收益和补贴属于非经常性损益，不具有持续性，所以该公司盈利状况已经急转直下。

在运用现金收支监控表来编制利润表时，还需要特别注意一点，如果公司往来款中有属于用来采购物品的款项，则应该作为成本费用并入利润表。此案例中，之所以没有将往来公司款并入利润表中，是因为它并不属于采购款。

第2节　如何分析现金流量的3个来源

根据现金流量表的内容，企业现金流量的来源有3个：经营活动创造的现金流量、投资活动获得的现金流量和融资活动获得的现金流量。对一个正常的企业来说，经营活动创造的现金流量是最重要的，最具有持续性、稳定性，也是现金流量的主要贡献来源。投资活动有时候也能获得一定的投资收益，并创造一些现金流入，但是因为对非金融企业来说，长期投资、短期投资并非其专长，投资的能力毕竟有限，靠投资收益长期、持续地获得现金流在一般情况下比较困难。融资获得的现金收入主要是通过股权融资或债权融资获得的现金，这些现金并不是企业创造的，但在一定程度上能反映企业的融资能力。

一、经营获得的现金流：立身之本

如果把企业看作一个成年人，那经营活动就相当于全职工作，投资活动就相当于兼职工作，筹资活动纯属借钱。企业的现金流入，靠自身的经营活动创造才是根本。经营活动产生的现金流量反映企业在不动用对外筹资的情况下，是否足以维持经营、偿还债务、支付股利、对外投资等。

经营活动现金流量项目如表5-4所示。

表 5-4　经营活动现金流量项目

	经营活动产生的现金流量项目	说明
现金流入	销售商品、提供劳务收到的现金	最重要的现金流入来源，要结合营业收入分析
	收到的税费返还	属于正常优惠，看是持续获得还是偶尔获得
	收到其他与经营活动有关的现金	注意此项里面有一些关联公司转移的资金，严格来说并不属于经营现金流入
现金流出	购买商品、接受劳务支付的现金	付给供应商的款项，应结合营业成本分析
	支付给职工以及为职工支付的现金	包括工资、社保、公积金、福利费等
	支付的各项税费	缴纳的税款
	支付其他与经营活动有关的现金	里面也有一些资金往来，并不属于经营活动现金流出

一般情况下，当企业净利润大于零，并且经营活动产生现金净流入时，不仅表明该企业具有获利能力，能保证正常运转所需要的资金，而且表明该企业能将多余的现金直接用于投资或偿还债务。反之，则说明企业的利润"含金量"低，若要维持正常经营，要么减少投资，要么向外融资。

对于经营活动现金流量的分析，要点如下。

（1）如果经营活动产生的现金净流量小于零，一般意味着经营过程的现金流收支存在问题，经营中已经发生"入不敷出"的情况。

（2）如果经营活动产生的现金净流量等于零，则意味着经营过程中的现金"收支平衡"，从短期看可以维持经营，但从长期看可能不可维持经营。

（3）如果经营活动产生的现金净流量大于零，但不足以补偿当期的非付现成本（如各种摊销、折旧等），那么这种情形表明经营现金净流量尽管为正值，但是并不能够弥补以前购买固定资产以及长期待摊费用所花的钱。为什么这么说呢？因为折旧、摊销的意义在于，钱是在以前支出的，但是当期仍然属于受益期，所以现金流量要能够弥补折旧、摊销等非付现成本才合适。

（4）如果经营活动产生的现金净流量大于零并且能补偿当期的非付现成本，则说明企业能在现金流转上维持"简单再生产"。

（5）如果经营活动产生的现金净流量大于零，并且在补偿当期的非付现成本后还有剩余，这意味着经营活动产生的现金净流量将会对企业投资发展做出贡献。

二、投资获得的现金流：能否锦上添花

对一家以实业为主营业务的企业来讲，投资业务应属于副业，当然这个副业如果做得好，往往能给企业的现金流带来锦上添花的效果，但如果做不好，反而可能会拖累企业的正常经营活动。但是对一家经营实业的企业来讲，假如其现金流基本靠投资收益来贡献，那么这个企业很明显已经不务正业了，其发展的前景不容乐观，当然也有可能企业战略方向发生转变，由实业转型到金融投资行业，对此种情况只能另当别论。

投资活动主要包括企业长期资产的购建，包括在现金等价物范围内的投资，如用现金购3个月以内的债券。投资活动中的"投资"是广义的投资，既包括对外投资（狭义的投资），又包括对内投资（长期资产的购建）。

投资活动现金流量项目如表5-5所示。

表5-5　投资活动现金流量项目

	投资活动产生的现金流量项目	说明
现金流入	收回投资收到的现金	前期投资撤回
	取得投资收益收到的现金	前期投资赚的钱回流
	处置固定资产、无形资产和其他长期资产收回的现金净额	销售、变卖、报废长期资产收到的钱
	收到其他与投资活动有关的现金	如收回融资租赁设备本金、已宣告发放的股利、到期未收取的利息等
现金流出	购建固定资产、无形资产和其他长期资产支付的现金	购买长期资产，属内部投资
	投资支付的现金	一般指对外投资
	支付其他与投资活动有关的现金	如购买股票或债券时，实际支付的价款中包含已宣告但尚未领取的现金股利或已到付息期但尚未领取的债券利息

投资活动产生的现金流分析，要点如下。

（1）当企业扩大规模或开发新的利润增长点时，需要大量的现金投入，投资活动产生的现金流入量补偿不了流出量，投资活动现金净流量为负数。但如果企业投资有效，将会在未来产生现金净流入用于偿还债务，创造收益，企业不会有偿债困难。因此，分析投资活动现金流量，应结合企业目前的投资项目进行，不能简单地以是现金净流入还是净流出来论优劣。

投资活动现金净流量减少也有可能是企业正处于成长期，要建造营业用房或需要添置设备所致。此时，如果经营活动现金净流量为正数，则可弥补因投资需要的现金，反之则向外融资。

（2）如果投资活动产生的现金净流量小于零，则意味着投资活动本身的现金流转"入不敷出"，这通常是正常现象，但需关注投资支出的合理性和投资收益的实现状况，同时也要注意是否影响正常的生产经营活动。

（3）如果投资活动产生的现金净流量大于或等于零，这通常是非正常现象，但需关注长期资产处置 / 变现、投资收益实现及投资支出过少等可能。

三、筹资活动产生的现金流量：是不是雪中送炭

企业资金短缺的时候一般就需要筹资。一般来说，筹资活动产生的现金净流量越大，企业面临的偿债压力也越大。如果企业通过银行借款筹得资金，从本期现金流量表中反映为现金流入，但却意味着未来偿还借款时要流出现金。但如果现金净流入量主要来自企业吸收的权益性资本，这样就不会增加企业的偿债的压力，企业的资金实力反而会增强。因此，在分析时，可将吸收权益性资本收到的现金与筹资活动现金总流入相比较，前者所占后者的比重大，说明企业资金实力增强，财务风险降低。

筹资活动现金流量项目如表 5-6 所示。

表 5-6　筹资活动现金流量项目

	筹资活动产生的现金流量项目	说明
现金流入	吸收投资收到的现金	指吸收的股权投资资金
	取得借款收到的现金	从银行等金融机构借款
	收到其他与筹资活动有关的现金	收到现金捐赠等
现金流出	偿还债务支付的现金	偿还银行贷款本金等支出
	分配股利、利润或偿付利息支付的现金	支付股东现金股利或支付银行贷款利息等支出
	支付其他与筹资活动有关的现金	筹资费等

对筹资活动产生的现金流量的质量分析，要点如下。

对筹资活动现金流量的分析应侧重于分析发行股票、债券以及取得长期借款产生的现金流入和偿还债务本金与利息、分配股利与利润产生的现金流出。筹资活动现金净增加或减少，在某种程度上可以反映企业的筹资能力。

如果筹资活动产生的现金净流量大于零，则需关注筹资与投资及经营规划是否协调。如果筹资活动产生的现金净流量小于零，则应该关注这样两个问题：企业是否面临偿债压力而又缺乏新的筹资能力；企业是否无新的投资发展机会？

第 3 节　现金流量表"含金量"分析

现金流量表在实务中并没有受到足够的重视，企业的经营者、投资者一般比较重视利润表的分析。因为在大家的脑海里，"赚不赚钱"似乎更重要，殊不知，如果现金流有问题，企业生存可能就会受到威胁。盈利不能变现，盈利的意义何在？

现金流量表造假的成本高，造假的手段有限，因此它比资产负债表、利润表、所有者权益变动表相对更可信。通过现金流量表可以验证企业的盈利是否为虚假繁荣，可以验证企业的收入是否货真价实，可以验证资产负债表中"货币资金"的质量高低。因此，现金流量表才是检验企业经营业绩"含金量"高低的"试金石"。

一、现金流量表是四大报表中相对可信的

在笔者的心目中，4 张财务报表可信度从低到高的排名情况是这样的: 利润表最不可信，资产负债表次之，所有者权益变动表再次之，现金流量表最可信（见图 5-1）。

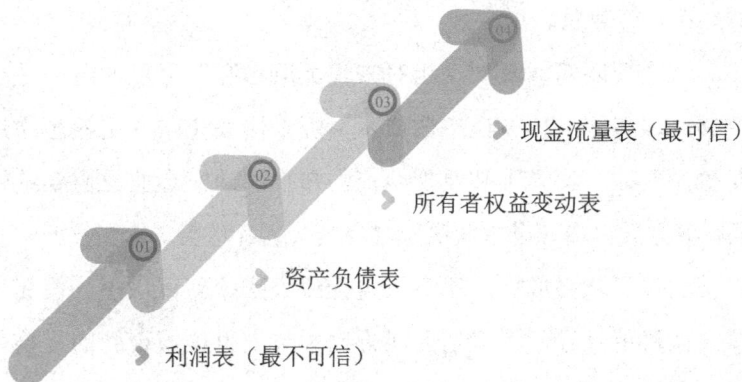

现金流量表（最可信）

所有者权益变动表

资产负债表

利润表（最不可信）

图 5-1　4 张财务报表的可信度排名

注: 此排名仅是笔者依个人经验排列，并无科学依据，仅供参考。

为什么这么判断呢？利润表之所以最不可信，是因为利润表中的每一个项目，都有粉饰或者造假的空间，无论是营业收入、营业成本、期间费用、非经常性损益等，虚增收入，隐匿成本费用，调节减值准备，调节资本化支出与费用化支出等，粉饰或造假手段五花八门，层出不穷。在资本市场上，利润表造假的案例不胜枚举。在很多时候，真实的利润与企业公开的利润表数据相差十万八千里。

对于资产负债表来说，通常用来粉饰或造假的数据集中于资产和所有者权益，负债的造假相对较少。突出的是在流动资产方面，流动资产的虚假主要集中于应收账款（因为收入造假，所以应收账款自然不会真实）、存货、其他应收款、预付账款等。当然非流动资产中也存在粉饰或造假的可能，比如长期股权投资、商誉、长期待摊费用等。所有者权益等于资产减负债，由于资产存在虚假的可能，所以所有者权益也难以独善其身。所

有者权益中，未分配利润相对虚假的可能性最大，因为未分配利润的来源正是利润表中的净利润，如果企业利润造假，那么未分配利润就不可能真实。

对于所有者权益变动表来说，其真假程度实际上和资产负债表中的"所有者权益"是一致的，所有者权益变动表的虚假部分同样在于"净利润"的变动部分。当然兼并重组或者非货币性资产交换过程中形成的"资本公积"也有可能存在虚假现象。

那么，为什么说现金流量表相对来说最可信呢？主要的原因是现金流量表的造假成本高。为什么说造假成本高呢？比如说一家企业想通过另一家企业帮忙做业绩，如果不涉及现金流，那么这两家企业只需要签订一个购销合同，双方再编造一个虚假的验收报告，或者是卖方给买方开具发票，这个做业绩的过程就完成了，卖方只需挂应收账款就可以了。假如还想把现金流量表做得更好看，那就需要买方向卖方支付虚假合同的采购款，这时候如果金额过大，就会占用买方的现金流，买方通常情况不愿意支付，或者会要求卖方补偿更高的资金占用手续费，这就提高了卖方做业绩的成本。

如果现金流量造假，通常都会涉及现金的收付，都会增加造假双方的成本和难度，所以说，现金流量表造假相对成本高、难度大。但是现金流量表也不是没有造假的空间，实际上，有些上市公司通过把投资活动或筹资活动产生的现金流量放到经营活动产生的现金流量里面，从而粉饰自身经营活动创造现金流量的能力。

综上所述，现金流量表相对更可靠一些、更可信一些。在阅读企业财务报表时，要更重视对现金流量表的分析，并且要善于通过现金流量表来验证其他报表的真实性。

二、通过现金流量表验证营业收入的"水分"

通过现金流量表可以验证利润表中"营业收入"项目的真实性，主要是通过现金流量表中"销售商品、提供劳务收到的现金"这一项目来验证。

　　企业创造的营业收入中，如果收回货款，那么就会计入"销售商品、提供劳务收到的现金"，未收回的货款就计入"应收账款"，所以三者之间的关系可以用图 5-2 表示。

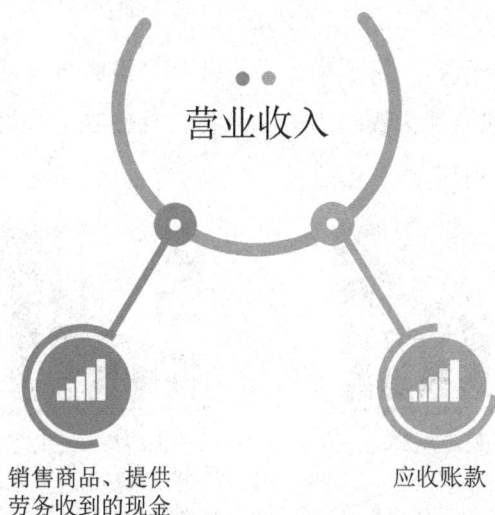

营业收入

销售商品、提供
劳务收到的现金

应收账款

图 5-2　营业收入与销售商品、提供劳务收到的现金、应收账款之间的关系

那么，验证的方法是什么呢？

方法一：总量验证法。

　　对比营业收入总额与"销售商品、提供劳务收到的现金"金额大小。假如营业收入总额与"销售商品、提供劳务收到的现金"金额相差不大，那表明企业营业收入中的回款情况正常；假如营业收入总额比"销售商品、提供劳务收到的现金"金额大很多，那表明企业营业收入中大部分货款未及时收回，那么销售收入的"水分"就比较多。

　　当然，由于"销售商品、提供劳务收到的现金"项目里包含以前年度应收账款的回款，所以采用这个分析方法不能仅考察一年的数据，务必结合企业多年的数据进行总量对比。当然也可以把 3～5 年的营业收入合计数与同期的"销售商品、提供劳务收到的现金"的合计数进行对比，根据差额大小判断是否正常，这样会更为准确一些。

方法二：增长率验证法。

对比营业收入增长率与"销售商品、提供劳务收到的现金"增长率。通常情况下，如果营业收入增长很快，而"销售商品、提供劳务收到的现金"的增长很慢甚至下滑，那表明企业的销售回款情况较差，营业收入的"水分"多。

假如企业的营业收入增长率上升，并且"销售商品、提供劳务收到的现金"增长率能够保持大致同步上升，那么就表明企业的营业收入增长的质量好，如图5-3所示。

营业收入增长率上升　　"销售商品、提供劳务收到的现金"增长率上升

图5-3　营业收入增长率与"销售商品、提供劳务收到的现金"增长率同步

那么，如果企业的营业收入增长较快，而同期"销售商品、提供劳务收到的现金"增长缓慢或者下滑，那么表明企业的营业收入增长质量差，营业收入的"水分"多，如图5-4所示。

营业收入增长率上升　　"销售商品、提供劳务收到的现金"增长率下降

图5-4　营业收入增长率与"销售商品、提供劳务收到的现金"增长率不同步

同样地，这一分析方法也要结合多年的指标，而不是仅凭一年数据进行判断。

总之，运用上述两种分析方法，我们可以通过"销售商品、提供劳务收到的现金"这个项目的数据,来检验营业收入质量高低。如果企业长期存在营业收入却没有带来销售回款的增加,那表明企业的营业收入里面存在"水分",甚至不排除收入有造假的可能。当然分析和验证销售回款的情况,也可以结合应收账款增长率、应收账款周转率等指标来综合分析。如果销售收入回款状况不好,那么应收账款也会持续增长,应收账款周转率也会持续走低。

三、不能变现的利润都是"虚假繁荣"

有些企业的盈利情况看起来不错,但是企业资金日益紧张,我们把这种情况看作"虚假繁荣"。造成"虚假繁荣"的原因有两个:一是企业只顾销售产品,无暇顾及销售回款,或者是在赊销管理方面不得要领,在赊销政策、应收账款管理等方面管理不善,导致销售出去的货物或劳务无法及时回笼资金;二是业绩造假,通过虚假的营业收入、营业成本数据,来营造出盈利状况不错的假象。既然是造假出来的利润,自然就不会有相对应的现金流入,如图 5-5 所示。

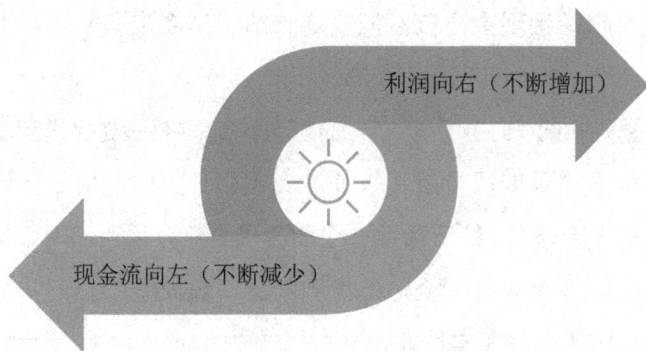

利润向右(不断增加)

现金流向左(不断减少)

图 5-5　利润不断增长而现金流不断减少

那么,如何通过现金流量表来识别这种利润向右而现金流向左的"虚假繁荣"呢?

简单直接的判断方法就是:企业利润的增加是否带动了现金流的同步

增加。如果用财务报表中的项目来分析，那就是将利润表中的"营业利润"增长率与现金流量表中的"经营活动产生的现金流量净额"增长率进行对比。如果在较长期限内（可以是 2 年、3 年、5 年或更久），营业利润增长较快，而"经营活动产生的现金流量净额"增长没有大致同步，甚至出现下降的趋势，那就表明企业的利润质量不高，甚至存在利润虚假的可能性。

实务中，为了避免营业利润和"经营活动产生的现金流量净额"因各年度差异较大，导致每年的同比增长率变化很大，给分析判断带来困难，可以选择使用复合增长率指标来计算分析（比如选取最近 3 年或 5 年的复合增长率），复合增长率可以减轻各年度同比增长率波动较大的问题。

我们之所以强调"大致"同步，而不是精确的同步，是因为营业利润不仅受营业收入的影响，还受营业成本、期间费用等项目的影响。同样，"经营活动产生的现金流量净额"不仅受销售回款的影响，还受其他经营活动回款、支出的影响，由此会导致营业利润的增长率不可能和"经营活动产生的现金流量净额"增长率完全一致，只需"大致"同步即可。

甲公司 2017—2019 年营业利润 3 年复合增长率为 20%，同期"经营活动产生的现金流量净额"复合增长率为 15%。由此可以判断，甲公司营业利润的增长是在经营现金净流量同步增长的基础之上的，这样的增长质量是比较好的。

那么，假如同期"经营活动产生的现金流量净额"复合增长率为 -2%，那么甲公司利润增长的质量就比较差，表明利润的快速增长并没有带来经营现金流量的同步增长，经营活动产生的净现金流量反而出现下滑的趋势，企业获取的利润质量堪忧，企业的盈利只是"虚假繁荣"。我们甚至可以据此认为甲公司的盈利真实性存疑。

四、通过现金流量表检验"货币资金"项目的"成色"

"货币资金"是资产负债表中的项目，它包含库存现金、银行存款、其他货币资金。通常情况下，"货币资金"就是企业可以随时动用的资金。"货币资金"项目与现金流量表的关系可以通过一个公式列示如下。

现金及现金等价物净增加额＝货币资金期末余额－货币资金期初余额

货币资金就是企业的真金白银，为什么还有"成色"好坏之分呢？我们对货币资金"成色"的判断是基于这样的考虑：假如企业账面的货币资金是企业通过自身经营活动创造的现金盈余，表明这样的货币资金货真价实；假如货币资金主要来自筹资活动或者投资活动，经营活动创造的现金很少，那么通过这样的方式获得的货币资金的成色就比较差，因为只有经营活动才具有持续性。

当然，即使企业的货币资金主要来自"经营活动产生的现金流量净额"，我们仍然要进行深入分析，还要看"经营活动产生的现金流量净额"是不是主要由"销售商品、提供劳务收到的现金"产生的，而不是主要来自"收到其他与经营活动有关的现金"。

简单来说，企业账面的"货币资金"，只有是通过销售商品、提供劳务获得的现金，只有是主营业务带来的现金盈余，才是可靠的现金来源，才是"成色"十足的"货币资金"。

案例解读　从现金流量表摸清企业资金来龙去脉

乙公司最近 3 年主要现金流量指标如表 5-7 所示。

表 5-7　2017—2019 年乙公司现金流量表　　　　　　单位：万元

项目	2017 年	2018 年	2019 年
一、经营活动产生的现金流量：			
销售商品、提供劳务收到的现金	520	238	109
收到的税费返还			
收到其他与经营活动有关的现金	280	769	1 200
经营活动现金流入小计	800	1 007	1 309
购买商品、接受劳务支付的现金	380	376	390
支付给职工以及为职工支付的现金	240	278	300

续表

项目	2017 年	2018 年	2019 年
支付的各项税费	45	13	29
支付其他与经营活动有关的现金	20	48	57
经营活动现金流出小计	685	715	776
经营活动产生的现金流量净额	115	292	533
二、投资活动产生的现金流量：			
收回投资收到的现金			
取得投资收益收到的现金			
处置固定资产、无形资产和其他长期资产收回的现金净额			
处置子公司及其他营业单位收到的现金净额			
收到其他与投资活动有关的现金			
投资活动现金流入小计			
购建固定资产、无形资产和其他长期资产支付的现金	10	23	60
投资支付的现金			
取得子公司及其他营业单位支付的现金净额			
支付其他与投资活动有关的现金			
投资活动现金流出小计	10	23	60
投资活动产生的现金流量净额	−10	−23	−60
三、筹资活动产生的现金流量：			
吸收投资收到的现金			
取得借款收到的现金		200	500
收到其他与筹资活动有关的现金			
筹资活动现金流入小计		200	500
偿还债务支付的现金			
分配股利、利润或偿付利息支付的现金			
支付其他与筹资活动有关的现金			
筹资活动现金流出小计			
筹资活动产生的现金流量净额		200	500
四、汇率变动对现金及现金等价物的影响			
五、现金及现金等价物净增加额	105	469	973
加：期初现金及现金等价物余额	100	205	674
六、期末现金及现金等价物余额	205	674	1 647

我们来分析乙公司最近 3 年的现金流情况。

粗略一看乙公司的现金流量表，感觉很不错，但如果深入分析，我们会发现该公司的现金流存在很大的问题和风险。

乙公司 2017 年年初的货币资金为 100 万元，到 2019 年年末已经达到 1 647 万元，3 年时间增长到以前的 16.47 倍，看似货币资金增长情况良好，那么实际情况究竟怎么样呢？

从"现金及现金等价物净增加额"的变动情况看，2017 年为 105 万元，2018 年为 469 万元，2019 年为 674 万元，逐年大幅增加，这似乎也表明乙公司的现金流质量不断改善。

再从现金流量的 3 个来源看，2017—2019 年经营活动产生的现金流量净额占现金及现金等价物净增加额的比例分别为 110%、62%、55%，表明乙公司这 3 年创造的现金盈余主要来自经营活动。这看起来也是一个好的情况。

但是，如果我们仔细研究乙公司的经营活动现金流量的明细，就会发现乙公司现金流危机重重。

我们来看乙公司经营活动现金流来自哪里。乙公司最大的问题是"销售商品、提供劳务收到的现金"逐年大幅减少，2017 年为 520 万元，2018 年下降到 238 万元，2019 年降至 109 万元，2019 年相比 2017 年下降了 79%。乙公司之所以经营活动现金流量净额逐年大幅增加，主要来自"收到其他与经营活动有关的现金"，而这些资金可能是关联公司的往来款，或者其他公司的资金拆借，并不是企业自身创造的现金流入。

从乙公司销售回款逐年大幅下滑，就表明该公司要么销售收入出了大问题，要么是销售回款出了大问题，企业的现金流已经敲响了警钟。又加上 2018 年和 2019 年通过借款筹资 700 万元，如果销售回款不能扭转颓势，那么很可能在 2020 年陷入资金危机。

因此，我们通过对乙公司的现金流量表的分析，得出以下几点启示。

一是分析企业的现金流，不能仅仅看货币资金和现金及现金等价物净增加额,货币资金和现金净流量不断增加,不见得企业的现金流就没有问题。

二是在分析现金流量的 3 个来源时,经营活动产生的现金净流量虽然比投资活动和筹资活动产生的现金净流量更靠谱,但经营活动产生的现金净流量占比高,并且不断增长,同样也不能就此断定企业的现金流优秀,还要看企业的经营活动产生的现金净流量是不是由"销售商品、提供劳务收到的现金"创造的。如果经营活动产生的现金净流量不是由销售回款创造的,那企业的经营现金流也是存在很大问题的。

三是如果企业的"销售商品、提供劳务收到的现金"大幅下滑,那么原因有可能是企业当期的销售收入大幅下滑,或者是当期销售收入没有明显下滑,但当期销售回款减少,也有可能是以前年度的应收账款回款大幅减少。应收账款大幅减少有可能是以前的回款基本都已经收回,或者是以前的应收账款基本形成了坏账无法收回。

总之,企业的"销售商品、提供劳务收到的现金"一旦出现停滞或下滑,那表明企业经营现金流遇到了比较大的问题。

第 6 章

所有者权益变动表：摸清
自有资金的来龙去脉

　　所有者权益变动表（注：股份公司称之为股东权益变动表）是反映构成所有者权益各组成部分当期的增减变动情况的报表。所有者权益变动表不仅包括所有者权益总量的增减变动，而且包括所有者权益增减变动的重要结构性信息，能反映直接计入所有者权益的利得和损失，使报表使用者准确理解所有者权益增减变动的根源，进而摸清企业自有资金的来龙去脉。

　　2007 年，从上市公司开始，所有者权益部分从原来的资产负债表中脱离出来，作为一张单独的报表——所有者权益变动表，成为必须与资产负债表、利润表和现金流量表并列披露的第 4 张财务报表。

第 1 节　所有者权益变动表与其他 3 张报表之间的关系

　　所有者权益变动表与资产负债表、利润表、现金流量表目前都是上市公司必须披露的 4 张报表，这 4 张报表存在很强的勾稽关系，只有全面把握它们之间的勾稽关系，才能更好地理解和分析这 4 张报表。

一、4 张报表之间的勾稽关系图解

　　4 张报表的整体关系是这样：资产负债表报告的是企业某一时点的价值存量，而利润表、现金流量表与所有者权益变动表反映的是两个时点之间的存量变化——流量，利润表反映了所有者权益变化的一部分，即利润表中的净利润对所有者权益中未分配利润的影响；现金流量表则反映了现金的变化过程；所有者权益变动表反映的是资产负债表中所有者权益具体项目的变化过程。4 张报表是用会计语言反映会计期间的总体财务状况和经营业绩的。

接下来我们再看所有者权益变动表与其他 3 张报表之间的具体关系，如图 6-1 所示。

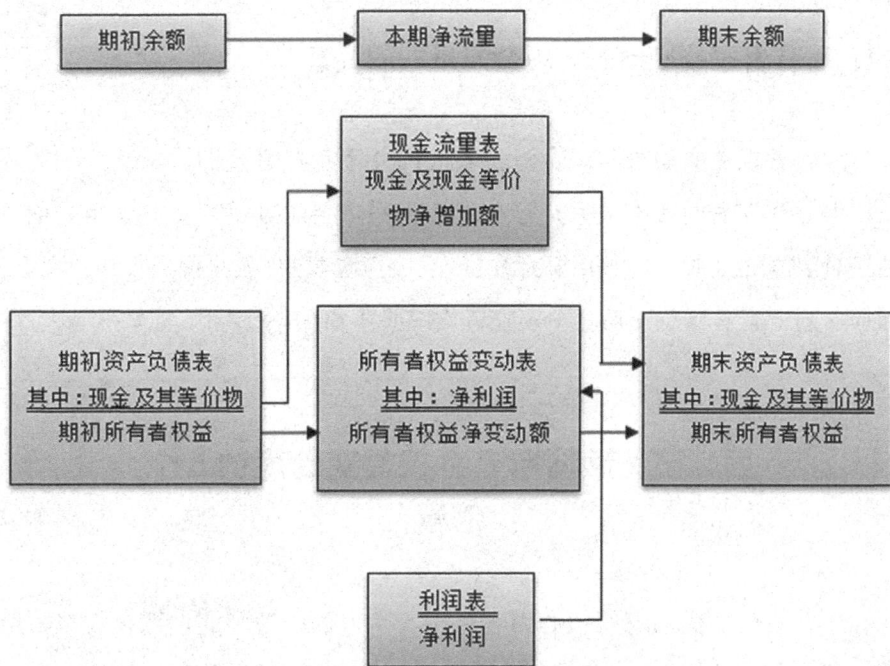

图 6-1　所有者权益变动表与其他 3 张报表之间的关系

二、所有者权益变动表与资产负债表的关系

所有者权益变动表反映的是资产负债表中所有者权益部分的变动情况。实收资本（或股本）、资本公积、盈余公积、未分配利润、所有者权益（或股东权益）合计，这几个项目在资产负债表上的期初数与期末数要分别与所有者权益变动表中相应项目的金额一致。

三、所有者权益变动表与利润表的关系

利润表中的净利润会影响所有者权益中的未分配利润金额。企业当年的经营情况对所有者权益的影响就是通过净利润来体现的，年度终了"本年利润"科目金额，要全部结转到"未分配利润"科目里面，而结转前的本年利润期末余额反映的就是利润表中的净利润数额。

四、所有者权益变动表与现金流量表的关系

所有者权益变动表与现金流量表之间并不存在直接的、一一对应的关系，但是存在着间接的关系，这种间接关系主要通过资产负债表相关项目连接。比如，企业股东用货币资金注资，现金流量表中"吸收投资收到的现金"增加，则所有者权益变动表中实收资本或股本增加。

第 2 节 读懂所有者权益变动表的 5 个信息

所有者权益变动表的核心内容包括 5 个方面：净利润、综合收益、所有者投入与减少资本、利润分配、所有者权益内部结转等。弄懂这 5 个内容的变动因素，就基本读懂了所有者权益变动表。

一、净利润与所有者权益变动额之间的关系

净利润是影响所有者权益变动的重要因素之一，是企业经营业务的净收益，是利润表中的数据。但是有一些资本利得或损失并不涉及利润表项目，而是直接计入了资产负债表项目。同时，影响所有者权益变化的因素还包括

会计政策变更或会计差错更正，以及所有者投资、分配利润、提取盈余公积等。

用公式表示净利润与所有者权益变动额之间的关系如下。

净利润＋直接计入所有者权益的利得－直接计入所有者权益的损失＋会计
政策和会计差错更正的累积影响＋所有者投入资本－向所有者分配利润－
提取盈余公积＝本期所有者权益变动额

从此公式中也可以看出，所有者权益变动表实际上是把资产负债表和
利润表连接在了一起，它可以把企业的资本、权益、经营收益的变动及相
互影响体现出来。

二、分析综合收益

综合收益是指企业在某一期间与所有者之外的其他方面进行交易或发
生其他事项所引起的净资产变动。综合收益总额项目反映净利润和其他综
合收益扣除所得税影响后的净额相加后的合计金额。其他综合收益是指企
业根据其他会计准则规定未在当期损益中确认的各项利得和损失。

其他综合收益主要包括两类，第一类是以后会计期间不能重分类进损
益的其他综合收益项目，该类项目主要包括以下内容。

（1）重新计量设定受益计划净负债或净资产导致的变动。根据《企业
会计准则第 9 号——职工薪酬》，有设定受益计划形式离职后福利的企业
应当将重新计量设定受益计划净负债或净资产导致的变动计入其他综合收
益，并且在后续会计期间不允许转回至损益。

（2）按照权益法核算的在被投资单位不能重分类进损益的其他综合收
益。投资方取得长期股权投资后，应当按照应享有的被投资单位其他综合
收益的份额，确认其他综合收益，同时调整长期股权投资的账面价值。

第二类是以后会计期间在满足规定条件时，将重分类进损益的其他综
合收益项目。

该类项目主要包括以下内容。

（1）按照权益法核算的在被投资单位，可重分类进损益的其他综合收益变动中所享有的份额。

（2）可供出售金融资产公允价值变动形成的利得或损失、持有至到期投资重分类为可供出售金融资产形成的利得或损失。可供出售金融资产公允价值变动形成的利得或损失，除减值损失和外币货币性金融资产形成的汇兑差额外，应当直接计入所有者权益（其他综合收益），并在该金融资产终止确认时转出，计入当期损益。

（3）现金流量套期工具产生的利得或损失中属于有效套期的部分。

（4）外币财务报表折算差额。企业对境外经营的财务报表进行折算时，应当将外币财务报表折算差额在资产负债表中所有者权益项目下单独列示（其他综合收益）。

（5）根据相关会计准则规定的其他项目。比如，根据《企业会计准则第3号——投资性房地产》，自用房地产或作为存货的房地产转换为以公允价值模式计量的投资性房地产，在转换日公允价值大于账面价值的部分，应计入其他综合收益；待该投资性房地产处置时，将该部分转入当期损益等。

三、分析所有者投入和减少资本

资本的变化有资本增加或者资本减少两种情况，具体表现为以下几种。

❶ 所有者投入资本

所有者追加投入的资本导致资本增加；分配股票股利，增加股本；发行的可转换公司债券按规定转为股本；重组债务转为资本等。

❷ 股份支付计入所有者权益的金额

股份支付一般是企业与员工或其他方之间以股份为基础的交易，企业进行股份支付的主要目的是获得员工或其他方的服务。在股份支付中，企业要么向员工支付其自身权益工具，要么向员工支付一笔现金，而其金额高低取决于结算时企业自身权益工具的公允价值。股份支付会涉及资本公积和股本的变动。

❸ 资本减少

一般情况下，资本减少的情况：企业经营不善，发生重大亏损，或企业股东因其他原因决定减少股本。

四、利润分配分析

利润分配主要涉及两个方面。

一是提取盈余公积，包括提取法定盈余公积和任意盈余公积。法定盈余公积按当年净利润的 10% 提取，累计提取数超过资本的 50% 时可不再计提；任意盈余公积的提取没有硬性要求。提取盈余公积的主要目的在于积累资金。

二是向股东分配利润，主要是分配给股东的股利，包括现金股利和股票股利。向股东分配利润会导致未分配利润减少，这属于消费资金的范畴。

提取盈余公积和分配股利剩下的未分配利润，既可用于生产经营，也可用于企业扩张，还可留待以后年度进行股利分配。

五、所有者权益内部结转分析

所有者权益内部结转主要是权益类科目之间的转换，不涉及其他类型的科目，主要包括以下几项内容。

❶ 资本公积转增资本

资本公积从本质上讲属于投入资本的范畴，我国采用注册资本制度等导致了资本公积的产生。《中华人民共和国公司法》等法律规定，资本公积的用途主要是转增资本，即增加实收资本（或股本）。

账务处理如下。

借：资本公积

　　贷：实收资本（或股本）

❷ 盈余公积转增资本：利润和资本之间的转化，减少留存收益

企业将盈余公积转增资本时，必须经股东大会或类似机构决议批准。在实际将盈余公积转增资本时，要按股东原有持股比例结转。盈余公积转增资本时，转增后留存的盈余公积的数额不得少于注册资本的 25%。

账务处理如下。

借：盈余公积

　　贷：实收资本（或股本）

❸ 盈余公积弥补亏损

盈余公积可以用于弥补亏损，不需要做账务处理。

第3节　所有者权益变动表财务状况影响
分析

我们知道，对资产负债表中所有者权益项目的分析，主要侧重于各个构成项目的静态比例关系，而对所有者权益变动表的分析，则应侧重于所有者权益各构成项目的具体变动情况。 为此，进行所有者权益变动对财务状况的影响分析，应从图6-2所示的 5 个方面入手。

图 6-2   所有者权益变动对财务状况的影响分析图示

一、分析"输血性"变化和"盈利性"变化

我们所说的"输血性"变化是指企业因为所有者投资而增加的所有者权益，而"盈利性"变化则是指企业依靠自身的盈利所增加的所有者权益。

显然，这两个方面均会引起所有者权益总额的变化，但对报表使用者来说却有着不同的意义。"输血性"变化会导致企业的资产增加，比如所有者用现金注资会使货币资金增加，用专利权注资会使无形资产增加，用机器设备注资会使固定资产增加等，但因此增加的资产其盈利前景是不确定的；如果是"盈利性"变化，未分配利润增加，企业的盈利质量较高，则表明企业的持续盈利能力在增强。

二、分析所有者权益内部项目互相结转产生的财务效应

所有者权益内部项目互相结转，虽然不改变所有者权益的总规模，但这种变化会对企业的财务形象产生直接影响，或增加企业的股本数量（比如盈余公积或资本公积转增股本），或弥补企业的累计亏损（盈余公积弥补亏损）。这种变化虽然对资产结构和质量没有直接影响，但可能会对企业未来的股权价值变化以及利润分配前景产生影响。

三、了解股权结构的变化与其可能导致的企业战略变化

股权结构变化，既可能是原股东之间股权结构的调整，也有可能增加了新的投资者。这种变化对企业的长期发展具有重要影响。企业股权结构变化，可能导致企业的发展方向、经营策略、人力资源等方面发生变化。这样，按照原来报表信息来预测企业的发展前景就有可能失去意义。所以，我们在分析企业财务报表时，要了解企业股权的最新变化情况。

四、不可忽视其他综合收益的构成及其贡献

其他综合收益主要包括以下几点。

（1）可供出售金融资产产生的利得（或损失）金额。

（2）按照权益法核算的在被投资单位其他综合收益中所享有的份额。

（3）现金流量工具产生的利得（或损失）金额。

（4）外币财务报表折算差额等。

这些项目虽然不属于企业主要经营活动产生的利得或损失，但是会对企业的最终总收益产生很大的影响。这种影响有可能是正面的影响，即增加企业的综合收益，也可能是负面影响，即减少企业的综合收益，因此，在财务分析中不得不予以重视。

五、注意会计政策及差错更正因素的影响

会计核算因素的影响，是指会计政策变更和差错更正对企业所有者权益的影响。这种影响，除了数字上的变化以外，对企业的财务状况质量没有实质的改变。需要警惕的是，如果年度间频繁出现前期差错更正，这很有可能是企业蓄意调整利润所导致的后果。

案例解读　金英科技所有者权益变动表分析

金英科技公司是一家生产智能手机锂电池的中小型企业，尽管规模不大，但因为具备一定的核心技术，而且其客户比较稳定，所以其业绩也一直在稳步提高。2019 年该公司发生了一些比较大的变化。我们通过该公司的所有者权益变动表（见表 6-1）来分析其变动情况。

我们从该公司的所有者权益变动表中可以看出，2019 年其所有者权益比 2018 年增加了 2 091.69 万元，增幅高达 166.79%，所有者权益变动较大的原因有以下两个。

第一，未分配利润增加。2019 年期末未分配利润为 234.88 万元，比 2018 年增加了 54.4%，未分配利润的增加主要是因为 2019 年创造的净利润比 2018 年有所增加。另外，可供出售金融资产公允价值变动产生了 2.39 万元的收益，这也是未分配利润增加的原因。

第二，实收资本增加。2019 年实收资本为 3 000 万元，比 2018 年增加了 2 000 万元，主要是股东新注资了 2 000 万元。我们结合该公司报表附注信息得知，该公司的新注资的股东是一家手机制造企业，注资之后其取得了控股权。这样该公司的总经理、财务总监等关键岗位人员都发生了变更，公司的经营战略也发生了改变，未来的发展方向尽管也是生产手机锂电池，但是不再向其他手机厂商出售，仅供此控股公司生产。因此，销售人员也将大幅裁员，未来公司经营状况的好与坏都将与控股公司的经营状况密切相关。

表6-1　金英科技公司所有者权益变动表

（单位：万元）

项目	2019年金额						2018年金额					
	实收资本	资本公积	减：库存股	盈余公积	未分配利润	所有者权益合计	实收资本	资本公积	减：库存股	盈余公积	未分配利润	所有者权益合计
一、上年期末余额	1 000			102	152.12	1 254.12	1 000			100	134.12	1 234.12
加：会计政策变更												
前期差错更正												
其他												
二、本年期初余额	1 000			102	152.12	1 254.12	1 000			100	134.12	1 234.12
三、本期增减变动金额（减少以"-"填列）					91.69	91.69					20	20
（一）综合收益总额					89.3	89.3					20	20
（二）所有者投入和减少资本					2.39	2.39						
1.所有者投入的普通股	2 000.00											
2.其他权益工具持有者投入资本					2.39	2.39						
3.股份支付计入所有者权益的金额												
4.其他												
（三）利润分配				8.93	8.93	8.93				2	2	2
1.提取盈余公积				8.93	8.93	8.93				2	2	2
2.提取一般风险准备												
3.对所有者（或股东）的分配												
4.其他												
（四）所有者权益内部结转												
1.资本公积转增资本（或股本）												
2.盈余公积转增资本（或股本）												
3.盈余公积弥补亏损												
4.设定受益计划变动额转留存收益												
5.其他												
（五）专项储备												
1.本期提取												
2.本期使用												
（六）其他												
四、本期期末余额	3 000.00			110.93	234.88	3 345.81	1 000.00			102	152.12	1 254.12

第 **3** 篇

活学活用：如何利用财务报表指导经营决策

　　我们在前面的章节用大量的篇幅介绍了财务报表"是什么"，以及如何认识和理解财务报表中的项目和数字。同时，我们也介绍了财务报表数据中也会有很多假象，也就是这些财务报表中的数据可能"不是什么"，以及如何识别这些财务数据中的假象。

　　我们认为，仅仅知道财务报表"是什么"和"不是什么"是不够的，还必须运用这些知识和方法为我们的经营管理决策服务。本篇内容重点讲解了如何从 5 个维度诊断企业财务状况，如何调整、还原财务数据使之反映企业真实财务状况，如何理解和运用财务杠杆进行决策，如何从财务角度进行精细化管理等。

第 7 章

**把脉问诊：5 个维度诊断
企业财务状况**

　　一个优秀的企业经营管理者、财务管理者，首先必须是一个善于诊断企业财务状况的"医生"。作为企业的直接决策者或执行人，对企业赚不赚钱、财务风险高不高、企业运营是否正常、企业发展的动力足还是不足、企业的现金流是否有问题，必须具备全方位分析、评估的能力。诊断是做好决策的第一步，准确的诊断才能为下一步对症下药打好基础。

　　本章从盈利能力、债务风险、营运能力、发展能力、现金流 5 个方面来讲解如何诊断企业财务状况。诊断财务状况的 5 个维度如图 7-1 所示。

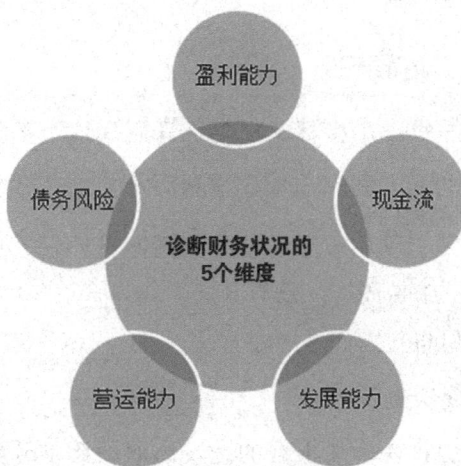

图 7-1　诊断财务状况的 5 个维度

第 1 节　盈利能力：不赚钱的企业是不道德的

　　企业经营的本质是创造价值，企业的价值在很大程度上是需要用利润来衡量的。企业如果一直亏损，那么这个企业不但在浪费投资人的钱，也在浪费企业内部职工的辛勤劳动，从这个角度理解，马云说的"不赚钱的企业是不道德的"是有道理的。

会分析、能判断企业的盈利能力是进行财务分析的重要基本功。反映盈利能力的指标非常多，但是如果不得法，没有一个好的思路，即使完全掌握了这些盈利指标，也未必能做好盈利能力分析。

本节内容将从实用的角度来讲解盈利能力分析的思路、方法和技巧。

一、盈利能力分析实战提示

分析企业的盈利能力，并非仅是计算几个盈利能力指标那么简单。在分析、评价企业的盈利能力时，笔者结合多年的实战经验，总结出了以下几个需要重点提示的问题。

❶ 评估利润的数值准不准

反映盈利能力的每一个指标，都离不开利润这个数据。利润表中涉及利润的指标有营业利润、利润总额、净利润等，这些数据准不准、可信度有多高，必须做到心中有数。如果利润数据失真，那么计算出来的所有盈利能力指标都是"空中楼阁"，没有意义。

从哪些地方来判断利润准不准呢？

第一，收入的确认是否可靠？

商品销售业务的收入确认根据的是发出商品还是开具发票，还是收到货款？劳务、服务收入的确认根据的是进度还是合同约定？总之，收入的确认必须满足一定的条件。根据 2017 年会计准则的要求，企业只有在履行了合同中的履约义务，在客户取得相关商品控制权时才能确认收入。

第二，成本的核算是否准确？

对一些工业制造企业来说，生产成本的核算非常重要。但是也有很多企业的成本就是一笔糊涂账，原材料的入库和领取、生产成本的结转、库存商品的结转都是糊里糊涂的，根本就不准确。企业不重视成本核算，一个原因是财务管理者的能力有限，不知道该怎么样核算清楚；还有一个原因是企业高层管理者根本就不愿意核算清楚成本，因为核算清楚后担心被泄露出去，被公司员工知道、被竞争对手知道，所以他们宁愿一直糊涂下去。

如果生产成本、库存商品的核算不准确，那利润表中的营业成本也不可能准确，那么利润指标也就不可能准确，这样，盈利能力分析就变得没有意义了。

因此，在做盈利能力分析之前，必须对相关收入、成本的核算有所了解，了解其可信度有多高。

❷ 如果存在关联交易，非合并报表的数据可信度低

这句话的意思是，假如我们分析的这家公司属于一个集团中很多子公司、孙公司中的一家，而这家公司的报表并不是合并报表，那么我们在分析时就要保留一份警惕，因为这家公司的报表可信度可能会较低。为什么？因为且不论关联交易之间的交易价格是否公允，是否符合市场公平原则，有的时候该公司的一些采购会委托给其他关联公司来做，而其他关联公司并未及时给这家公司开具发票，这会导致这家公司的成本费用偏低；还有就是其他关联公司可能会委托这家公司代为采购商品，但开具发票也不及时，这会导致成本费用偏高。

总之，如果一家公司有关联公司，且我们分析的报表不是合并报表，则其报表质量会大打折扣。当然，即使是合并报表，也并不能表示就完全可信，但可信度会高一些。

所以，我们在分析盈利能力，也包括其他财务状况的时候，要首先考察该公司是否有与其他关联公司的交易往来，如果有严重影响公司财务状况的交易往来，应相应调整报表数据。

❸ 盈利能力指标值高不完全等同于盈利能力强，反之亦然

为什么说盈利能力指标值高却不能就此判断该企业的盈利能力就很

强？原因有以下两点。

一是要看其盈利的质量。如果是主营业务的盈利能力强，那么企业的盈利质量高；如果主营业务的盈利能力差，而盈利能力指标值高，原因可能是营业外收入多、投资收益多或者其他非经常性损益多，那么这样的盈利能力是不可靠的，也是不可持续的，其盈利能力不见得就强。

二是企业的盈利能力指标值高，并不代表这种能力具有可持续性。如果企业的盈利能力指标值高伴随着技术水平提升、管理水平提升、市场大环境也变好了，那么其盈利能力持续性强，这样的盈利能力指标值高确实是盈利能力强的标志。但如果仅仅是一个时期的盈利能力指标值高，仅仅是一个特殊的原因、偶然的因素导致的盈利能力指标值提高，并不能就说企业盈利能力强，还需要继续观察。

同理，盈利能力指标值低也不见得企业的盈利能力弱。有可能企业的主营业务的盈利能力一直很强，但在某一时期，一个偶然的决策失误导致了损失，甚至造成了亏损，这样我们就不能因此否定该企业盈利能力强的事实。

这就是我们在本书开篇讲的财务分析要坚持辩证的思维。财务分析中，要一分为二地看问题，要看主流和支流，要用发展的、历史的眼光看问题。

❹ 盈利能力分析要坚持前瞻性思维

盈利能力分析一般都是分析已经过去的事实。当我们看到企业的财务报表时，那都是企业经营的结果。盈利能力分析是评价已有信息，是对过去的经营成果做出总结、评价。盈利能力分析当然很有价值，但是我们不能仅仅盯着过去，还必须往前看，必须坚持前瞻性思维，对未来要发生的变化和趋势做出预测和判断，这对于企业经营管理更有价值。

当我们做完上一个月、上一年的财务分析后，无论是对企业的经营成果进行肯定还是否定，对员工的工作进行奖励还是处罚，那都已经过去了，我们必须对下一阶段的任务、目标做出安排，根据上一阶段的结果做出下一阶段的预测，指导下一阶段的工作，这能够让我们的财务分析更有价值。

二、从资产（资本）角度和经营业务两个角度分析企业盈利能力

反映企业盈利能力的指标比较多，但归纳起来，主要有两类，一类是反映资产、资本盈利能力的指标，另一类是反映经营业务盈利能力的指标。两类反映盈利能力的指标解释如图 7-2 所示。

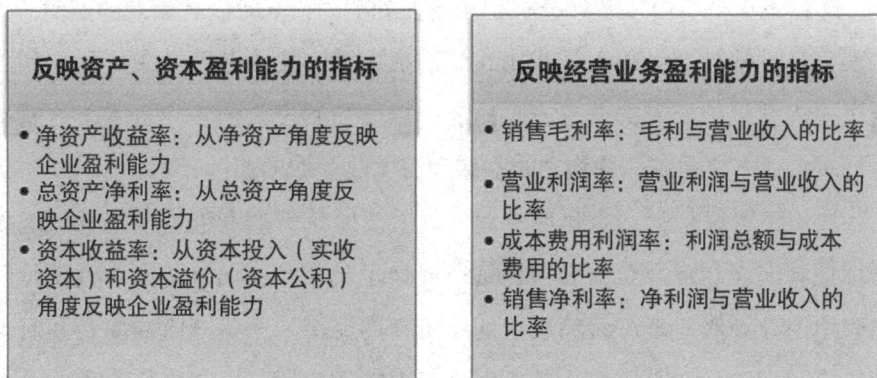

反映资产、资本盈利能力的指标	反映经营业务盈利能力的指标
• 净资产收益率：从净资产角度反映企业盈利能力 • 总资产净利率：从总资产角度反映企业盈利能力 • 资本收益率：从资本投入（实收资本）和资本溢价（资本公积）角度反映企业盈利能力	• 销售毛利率：毛利与营业收入的比率 • 营业利润率：营业利润与营业收入的比率 • 成本费用利润率：利润总额与成本费用的比率 • 销售净利率：净利润与营业收入的比率

图 7-2 两类反映盈利能力的指标解释

下面，我们就从这两个角度来介绍企业盈利能力分析方法。

❶ 从资产（资本）的角度分析盈利能力

很多人对从经营业务的角度分析盈利能力都能够理解，比如对销售毛利率、销售净利率等指标都很熟悉，这些指标根据利润表就能计算出来，但是对从资产（资本）角度来分析盈利能力的指标往往感觉费解，为什么还要从资产（资本）角度分析盈利能力呢？

假设我们投资了一个服装厂，总投资 100 万元，其中 80 万元是自己初始投入的资金（相当于所有者权益），20 万元是从银行贷款的资金（就是负债）。假设第 1 年获得销售收入 10 万元，净利润 3 万元，则我们很容易计算得出销售净利率为 30%。假如有人因此对你表示祝贺，说你的服装厂盈利能力太强了，你能高兴得起来吗？你一定会说："我一共投入了 100 万元呢，这一年才赚 3 万元，收回我的全部投资还需要 30 多年呢，现在高

兴还早着呢！"

如果计算总资产净利率为3%，净资产收益率为3.75%，那这样算的话，收益率就不高了吧？！做企业，肯定不能仅仅考虑当期的盈利状况，一定也要考虑总投入的盈利情况，而总资产净利率、净资产收益率、资本收益率就是从投入的角度来考察盈利能力的指标。

这样是不是明白多了？分析企业的盈利能力，不能仅看当期的利润（利润表只是反映当期的收入、成本、利润数据），还一定要考虑到投入额，这个投入额包括投入的总资产、净资产以及初始投入的实收资本，这就是要计算总资产净利率、净资产收益率和资本收益率的原因。

我们还可以从另一个角度来理解这些反映资产盈利能力的指标。这些指标把利润表和资产负债表中的资产连接了起来，比如总资产净利率是利润表中的净利润与资产负债表中的总资产的比率，净资产收益率是利润表中的净利润与资产负债表中的所有者权益的比率等。这些指标也表明，企业盈利能力的高低与资产的投入情况相关，如果在资产投入同样大的情况下，获取的利润越高，则企业盈利能力越强。

在资产盈利能力指标中，净资产收益率是最核心的指标，也是最常用到的指标，尤其是上市公司，股东对净资产收益率的关注度比较高。根据杜邦分析法，我们都知道净资产收益率与销售净利率、总资产周转率、权益乘数密切相关，四者之间的关系用公式表示如下。

净资产收益率＝净利润÷［（期初净资产＋期末净资产）÷2］×100%

＝销售净利率×总资产周转率×权益乘数×100%

权益乘数＝总资产÷净资产＝1÷（1－资产负债率）

从上面的公式中我们可以看出，净资产收益率与总资产的周转速度、权益乘数成正比，换句话说，在其他条件不变的情况下，企业的资产周转速度越快、资产负债率越高，其净资产收益率也就越大。

总资产净利率反映的是考虑到全部资产情况下的获利能力，其计算公式如下。

总资产净利率 = 净利润 ÷［（期初总资产 + 期末总资产）÷2］×100%

资本收益率是指企业净利润（即税后利润）与平均资本（即资本性投入及其资本溢价）的比率，用以反映企业运用资本获得收益的能力，其计算公式如下。

资本收益率 = 净利润 ÷ 平均资本 ×100%

平均资本 =［（实收资本年初数 + 资本公积年初数）+（实收资本年末数 + 资本公积年末数）］÷2

上述资本公积仅指资本溢价（股本溢价）。

对投资者来说，资本收益率越高，投资者投入资本的获利能力越强。该指标也是投资者考核、检查其资本保值增值的主要指标。

❷ 从经营业务的角度分析盈利能力

从经营业务角度，也就是不考虑资产投入的情况，仅从利润表中的相关项目来分析盈利能力。这方面的盈利能力指标主要有销售毛利率、营业利润率、成本费用利润率、销售净利率。

（1）销售毛利率：销售毛利率的高低基本上决定了企业盈利空间的大小，比如一家销售毛利率为 20% 的生产性企业，期望它的销售净利率达到 15% 那是奢望，是几乎不可能实现的；但如果一家销售毛利率为 60% 的生产性企业，期望它的销售净利率达到 30% 都不是什么难事。这就是销售毛利率决定企业盈利能力强弱的体现。

销售毛利率计算公式如下。

销售毛利率 =（营业收入 – 营业成本）÷ 营业收入 ×100%

销售毛利率不考虑非经常性损益，不考虑税收因素等，只考虑销售成本，所以销售毛利率的影响因素相对较少，用该指标与其他企业对比时可比性也较强。

（2）营业利润率：营业利润率是指企业的营业利润与营业收入的比率。它是衡量企业经营效率的指标，反映了在不考虑非营业成本的情况下，企业管理者通过经营获取利润的能力。其中，营业利润取自利润表，营业利润率越高，说明企业商品销售额提供的营业利润越多，企业的盈利能力越强；反之，此比率越低，说明企业的盈利能力越弱。

营业利润率计算公式如下。

$$营业利润率 = 营业利润 \div 营业收入 \times 100\%$$

（3）成本费用利润率：该指标表明每付出一元成本费用可获得多少利润，体现了经营耗费所带来的经营成果。该项指标值越大，企业的经济效益越好。

成本费用利润率计算公式如下。

$$成本费用利润率 = 利润总额 \div （营业成本 + 税金及附加 + 管理费用 + 销售费用 + 财务费用）\times 100\%$$

（4）销售净利率：该指标是净利润与营业收入的比率。销售净利率是综合性很强的指标，它反映了企业综合的盈利能力。

销售净利率计算公式如下。

$$销售净利率 = 净利润 \div 营业收入 \times 100\%$$

在分析一家企业的盈利能力时，除了要熟练掌握上述各种盈利能力指标及其含义之外，我们还需要了解，一家企业的盈利能力的大小与企业的资产结构、经营管理、营销能力、技术优势、行业地位等均有着密切的关系。为了能够更准确地评价企业经营水平的高低，同时挖掘企业降本增效的潜力，我们可以将相关指标与企业的历史数据、预算值、本行业平均水平进行对比，分析差异产生的原因。

三、盈利能力分析要化整为零

通过企业4张财务报表计算出来的盈利能力指标，具有很强的综合性，它反映的是整个企业的盈利状况，但是我们假如能够把企业的盈利能力分解到每一个利润中心、每一个项目中去，那么这种化整为零的方法能够让我们看到企业的盈利能力更深入的一个层面。

所以，下面就从部门（属于利润中心的部门）和项目两个角度来分析企业的盈利能力。

❶ 按部门分析

部门利润表格式如表 7-1 所示。

表 7-1 部门利润表格式

项目	部门一				部门二			
	今年	去年	同比增减额	同比增长率	今年	去年	同比增减额	同比增长率
一、营业收入								
产品一								
产品二								
……								
二、部门支出								
营业成本								
直接材料								
制造费用								
直接人工费								
……								
税金及附加								
销售费用								
销售人员工资								
差旅费								
通信费								
招待费								
经销商返利								
交通费								
……								
管理费用								
管理人员工资								
办公费								
职工福利费								
物业费								

续表

项目	部门一				部门二			
	今年	去年	同比增减额	同比增长率	今年	去年	同比增减额	同比增长率
房租								
……								
财务费用								
利息支出								
利息收入								
银行手续费								
部门利润								

❷ 部门利润

我们这里的部门指的是利润中心，可能是一个销售部门、一个事业部门，也可能是一个分公司、子公司，总之，这个部门应能够创造收入、创造利润。

对于每一个利润中心，我们都应当编制一个利润表，这个利润表必须能清楚、准确地记录这个利润中心的收入、成本、费用、税金。一是便于时时掌控这些利润中心的经营状况，二是便于监督考核。

部门的利润表属于企业内部使用的报表，所以不必拘泥于国家标准格式，可以结合本企业的实际情况灵活设计。

❸ 按项目分析

项目利润表格式如表 7-2 所示。

表 7-2　项目利润表格式

项目	项目一				项目二			
	今年	去年	同比增减额	同比增长率	今年	去年	同比增减额	同比增长率
一、项目营业收入								
服务收入								
商品销售收入								
……								

续表

项目	项目一				项目二			
	今年	去年	同比增减额	同比增长率	今年	去年	同比增减额	同比增长率
二、项目支出								
营业成本								
直接材料								
制造费用								
直接人工费								
……								
税金及附加								
销售费用								
销售人员工资								
差旅费								
通信费								
招待费								
经销商返利								
交通费								
……								
管理费用								
管理人员工资								
办公费								
职工福利费								
物业费								
房租								
……								
项目利润								

❹ 项目利润

有些企业并不属于产品销售类企业，其业务收入是由很多大小不等的项目组成的，比如建筑业、技术服务业、咨询业等行业。对于项目类的企业，只要掌握了每个项目的盈利状况，企业的整体盈利能力也就自然掌握了。

项目利润表的格式与部门利润表的格式类似。

通过对企业的每一个项目、每一个利润中心的利润表进行分析，我们更能够准确地把握整个企业的盈利情况。此外，从这些具体的部门、项目的利润变动中更容易分析、查找到企业盈利能力变动的原因。

四、怎样结合企业的实际经营业务来分析盈利能力

财务分析忌讳就数论数、玩数字游戏。数据分析如果没有结合经营业务，那么分析和实际情况就是割裂的，就不能有效地将二者融合在一起，而且分析的内容会很单薄、枯燥、缺乏说服力，分析价值自然不大。那么，究竟该如何结合企业的实际业务来分析盈利能力呢？我们提出了"三结合"的分析思路，如图 7-3 所示。

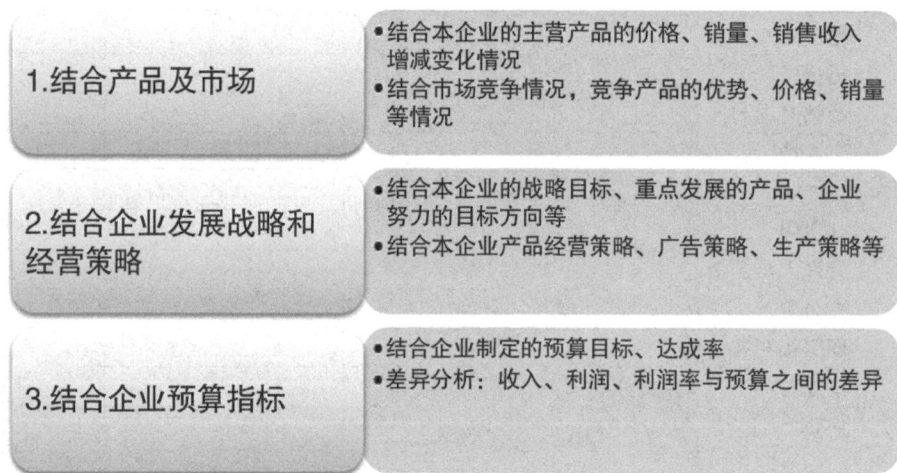

1.结合产品及市场	• 结合本企业的主营产品的价格、销量、销售收入增减变化情况 • 结合市场竞争情况，竞争产品的优势、价格、销量等情况
2.结合企业发展战略和经营策略	• 结合本企业的战略目标、重点发展的产品、企业努力的目标方向等 • 结合本企业产品经营策略、广告策略、生产策略等
3.结合企业预算指标	• 结合企业制定的预算目标、达成率 • 差异分析：收入、利润、利润率与预算之间的差异

图 7-3　盈利能力分析与实际业务"三结合"

❶ 结合产品及市场

盈利能力分析非常重要的一点是要涉及企业的主营产品或服务，企业赚不赚钱、盈利能力强不强，是由企业的主营产品或服务决定的，因此我们在分析企业的盈利能力时，必须要对企业的主营产品或服务进行分析。

我们结合一个小案例来说明分析的思路。

李师傅方便面是一家生产方便面的企业，2019 年其销售毛利率由 2018

年的31.2%下降到28.9%，下降了2.3%。通过对比企业的几个主要产品发现，除了鲜虾鱼板面的销售毛利率略有提升外，其他主要品种方便面的销售毛利率均下降，红烧牛肉面和香辣牛肉面均出现超过4%的下降。红烧牛肉面和香辣牛肉面是李师傅方便面的主打产品，这两个产品的销售毛利率下降对企业的整体盈利能力影响很大。

李师傅方便面主营产品销售毛利率如表7-3所示。

表 7-3　李师傅方便面主营产品销售毛利率

主营产品	2019 年销售毛利率	2018 年销售毛利率	变动
红烧牛肉面	31.2%	35.2%	-4%
香辣牛肉面	27.3%	31.5%	-4.2%
香菇炖鸡面	29.4%	31.7%	-2.3%
鲜虾鱼板面	28 %	26.5%	1.5%

那么李师傅方便面销售毛利率下降的原因是什么呢？经过一番市场调查得知，2019年年初一统方便面推出新品——老坛酸菜面。一统老坛酸菜面的推出迅速受到消费者欢迎，销量大增。据了解，仅此一款新品就为一统方便面贡献亿元的收入。李师傅方便面为了应对市场竞争，加大了降价促销的力度，仅红烧牛肉面价位就平均降了20%，其他产品单价也出现不同程度的下降。虽然李师傅方便面也在下半年推出了酸菜面，但销量远低于预期。由此可见，李师傅方便面销售毛利率下降的原因是竞争对手推出新品受到市场好评，挤占了李师傅方便面的市场占有率，李师傅方便面应对迟缓，降价促销导致销售毛利率下降，最终导致李师傅方便面在2019年只能被动应对市场变化。

通过上述小案例，我们得出，在分析企业盈利情况时，一定要结合自身的主营产品以及市场竞争的情况，这样才能够对企业的盈利能力变动有一个更丰满、更立体的理解。

❷ 结合企业发展战略和经营策略

企业的财务数据都是企业经营的结果，结果的好与坏都是与企业的战略规划、经营策略相关的，所以做财务分析，必须对企业战略、经营有一定的了解。

如何从企业发展战略和经营策略的角度来分析企业的财务状况呢？我们可以从以下几个方面来理解。

（1）了解企业战略目标和财务目标的设定。

首先，要了解企业的战略目标，就是企业在市场竞争中应该达到的战略地位和能力状态。简单来说，即企业将来想拥有多大规模、多大市场占有率、多高市场地位。

其次，要了解企业的财务目标，就是企业经营所应该达到的财务运营状态和收益成果。一般来说，企业的核心财务指标有销售增长率、总资产报酬率、销售毛利率、市场占有率等。

（2）了解企业实现目标的路径与竞争策略。

企业的战略目标以及财务目标一旦确定，那么财务分析人员、经理人必须了解企业究竟如何实现目标以及采取的行动策略是什么。那么实现战略目标的路径及竞争策略应从哪些方面着手呢？

完成目标必须具备一定的资源和条件，比如人力资源、技术、销售渠道、资质等。人力资源主要指相关人员的数量、结构等；与技术资源相关的因素包括无形资产、关键装备、研究开发费用等；与销售渠道相关的因素包括渠道建设投资、渠道覆盖率、渠道的效率等；与资质相关的因素包括特许经营业务的许可、特许业务收益等。

技术创新的相关财务指标有技术创新投入指标、新产品收入比等；经营模式变革的相关财务指标有新模式销售收入、新模式经营利润、新模式经营规模发展速度等；资源整合的相关财务指标有资产平均能力倍数、资产周转率等；人员效率的相关财务指标有人均销售收入、人均实物产出、人均净利润、人均非生产性支出等。

（3）了解企业战略确定的竞争模式。

一般来说，企业的竞争战略有 3 种：总成本领先战略、差异化战略及集中化战略。

总成本领先战略要求企业必须建立起高效、规模化的生产设施，全力以赴地降低成本，严格控制成本、管理费用及研发、服务、推销、广告等方面的成本费用。为了达到这些目标，企业需要在管理方面对成本予以高度重视，确定总成本低于竞争对手。成本低于竞争对手，就可以在产品价格上低于竞争对手，从而在竞争中获胜。

差异化战略是将企业提供的产品或服务差异化，树立起一些全产业范围中具有独特性的东西。实现差异化战略可以有许多方式，如设计名牌形象，保持技术、性能特点、顾客服务、商业网络及其他方面的独特性等。理想的状况是企业在几个方面都具有差异化的特点。

集中化战略是主攻某个特殊的顾客群、某产品线的一个细分区段或某一地区市场。总成本领先战略与差异化战略都是要在全产业范围内实现其目标，集中化战略的前提思想是企业业务的专一化能够以较高的效率、更好的效果为某一狭窄的战略对象服务，从而超过在较广阔范围内竞争的对手。企业或者通过满足特殊对象的需要而实现了差异化，或者在为这一对象服务时实现了低成本，或者二者兼得。这样的企业可以使其盈利的潜力超过产业的平均水平。

了解以上 3 点，对我们从企业经营战略角度分析财务状况大有裨益。了解战略决策的内容，我们就可以从整个企业的战略高度来审视财务数据的变化，从而在财务分析时能够做到高屋建瓴、通观全局，也能够得出比较准确的结论。

下面，我们再结合一个小案例来看看如何从战略角度分析企业经营状况的变化。

2016 年李师傅方便面决定在战略、经营方向方面做出一些改变。战略定位的变化主要是改变单一产品结构，不再单纯地生产、销售方便面及其他快消食品，产品将向饮料、矿泉水等产品领域延伸，并成立饮料事业部、矿泉水事业部。事业部是独立核算的利润中心，年终考核以营业收入、营业利润作为考核指标。企业的目标是可以亏损两年，第 3 年必须盈利，并且在第 3 年饮料的利润贡献要达到 10%，矿泉水的利润贡献要达到 5%。

经过 3 年的努力，李师傅方便面的经营成绩单如表 7-4 所示。

表 7-4 2017—2019 年李师傅方便面经营数据

项目	饮料事业部			矿泉水事业部		
	2019 年	2018 年	2017 年	2019 年	2018 年	2017 年
营业收入（万元）	12 000	8 000	4 000	5 000	4 800	2 000
营业成本（万元）	7 440	5 040	2 320	3 250	2 880	1 520
销售毛利率（%）	36	37	42	35	40	34
管理费用（万元）	1 440	1 280	780	400	576	400
销售费用（万元）	2 640	2 000	1 200	550	576	500
财务费用（万元）						
营业利润（万元）	480	−320	−300	800	768	−420
营业利润占全企业利润比重（%）	5	−2.67	−1.67	8.33	6.40	−2.33
全企业利润（万元）	9 600	12 000	18 000	9 600	12 000	18 000

对这 3 年的经营成果，我们做如下分析。

李师傅方便面的战略目标是否完成？经营策略的变化是否取得成果？

从表 7-4 中的数据可以看出，李师傅方便面的饮料事业部并未达到战略目标。营业利润第 3 年尽管实现扭亏为盈，但利润贡献仅为 5%，低于预期 10%。矿泉水事业部完成了战略目标，矿泉水事业部成立的第 2 年就实现了盈利 768 万元，并且利润贡献达到 6.4%，超过了预期目标 5%，在第 3 年即 2019 年营业利润进一步攀升至 800 万元，利润贡献提升至 8.33%。所以说，矿泉水事业部的经营较为成功。

此外，我们还需要看到，李师傅方便面的饮料事业部尽管盈利没达到目标，但营业收入增幅还是非常大的，2018 年增长 100%，2019 年增长 50%。而矿泉水事业部的营业收入增幅大幅下降，2019 年仅增长了 4.17%，未来增长趋势并不乐观。所以说，我们也不能因为最近 3 年饮料事业部没有达到战略目标就全盘否定其贡献，也不能轻言饮料事业部失败，其未来发展的潜力还是很大的。而矿泉水事业部虽然在最近 3 年中完成了企业的战略目标，但其发展的后劲并不乐观。

从企业战略角度分析财务状况是一项很庞大的课题，该案例只是简单介绍了分析的角度和思路，涉及战略分析的极小一部分内容，仅供参考，期望能起到抛砖引玉的效果。

❸ 结合企业预算指标

盈利能力的强与弱，只有对比才有鉴别，对比的对象无外乎这样几个：与上一年同期对比，与行业平均值（或良好值、优秀值）对比，与标杆企业（或直接竞争对手）的盈利指标对比，还有一个对比的标准就是预算指标。

一般情况下，企业在制订下一年度的预算计划值的时候，就已经考虑到下一年度的市场情况、企业的经营策略、自身的生产、营销等能力，所以这些预算指标已经传递了企业的很多想法和安排，也是考评部门、员工、企业能力的重要标准。因此在分析企业的盈利能力时，如果企业有预算指标，就一定要将实际指标与预算指标进行对比分析，对于差异较大而且非常重要的项目要详细查找原因。

将盈利能力指标与预算指标对比分析要注意以下两个方面的问题。

第一，坚持重要性原则，不能事无巨细都做分析，要分析重点内容、重点问题。什么是重点内容、重点问题？一是企业高层重点关注的、重点考察的内容，比如企业重点关注营业成本控制是否达到预算目标，那么对于营业成本变化的内容要重点着墨；企业关注某一主营业务的收入增长情况，那就把这部分作为重点内容分析。二是对企业影响比较大的内容，比如收入、成本、利润严重低于预算目标或大幅超过预算目标，这些都是需要重点分析的。而对于一些金额很小、不重要的数据，无须做过多分析。

第二，分析预算差异时，并非没达到目标就是不合理的，要具体问题具体分析。对于有些情况下的预算没达到目标，一定要分析原因，是员工工作积极性不够、能力不够导致的，还是客观原因导致的，也有的是财务入账时挂错科目导致的，这些都要结合实际情况详细说明。

五、如何评价每股收益的高低

每股收益是股票投资人非常熟悉的一个指标，上市公司业绩好不好，投资者一般先看每股收益。每股收益是什么？通俗理解，每股收益就是每一股里包含多少净利润，它是反映企业经营成果，衡量普通股的获利水平及投资风险，以及资本市场投资者据以做出相关投资决策的重要财务指标之一。

❶ 每股收益的分类及计算公式

每股收益分为基本每股收益和稀释每股收益。基本每股收益是用归属于普通股股东的当期净利润除以当期实际发行在外普通股的加权平均数计算出的每股收益，其计算公式如下。

$$基本每股收益 ＝（净利润 - 优先股股利）÷$$
$$（期末股份总数 - 期末优先股股数）$$

稀释每股收益以基本每股收益为基础，假设企业所有发行在外的稀释性潜在普通股均已转换为普通股，从而分别调整归属于普通股股东的当期净利润以及发行在外普通股的加权平均数计算而得的每股收益。从字面理解，在基本每股收益的基础上，潜在普通股（如公司发行的可转债）转换为普通股后，会使普通股总数增加，重新计算每股收益，导致每股收益被稀释。

❷ 用每股收益评价企业盈利能力需注意哪些情况

每股收益能够反映企业的盈利水平，但是我们在使用这一个指标时需要注意以下几种情况。

第一，每股收益反映的是某一年每股的收益情况，并不具备延续性，因此不能够将它单独作为判断企业成长性的指标。

第二，每股收益的增加或减少，不一定是净利润的增加或减少，也可能是股本的变化所致。有很多上市公司经常有比较多的送配股，送配股之后，每股收益计算公式的分母就变大了，这样每股收益自然就下降了，我们就不能因此判断该上市公司的盈利能力下降。所以，在运用每股收益时，必须考虑到可比性的问题。

此外，有些上市公司兼并其他公司之后，会将被兼并公司的利润合并进来，这样上市公司的净利润自然就会大幅增长，这样每股收益也可能大增，但这时候的上市公司已经和兼并前不具有可比性了，这一点在利用此指标时需要注意。

第三，每股收益指标并不能完全反映上市公司的财务状况、经营成果，更不能反映上市公司的现金流量，仅仅依赖每股收益指标进行投资，片面、孤立地看待每股收益的变动，可能会对上市公司的盈利能力及成长性的判断产生偏差。

因此，我们在运用这一指标时，一定要结合其他财务信息、非财务信息等，比如企业的净利润增长率、净资产收益率、资产周转率等指标，以及企业所处的行业周期、行业地位、宏观环境变化等因素，综合考察和判断企业的财务状况。

第 2 节　债务风险：债务常常成为压垮企业的最后一根稻草

债务风险的管控是财务管理中一个非常重要的课题，但是我们通常对债务风险的分析和评估都存在较大的问题，主要表现在以下两点。一是对偿债能力的分析建立在对现有资产进行清算变卖的基础上，把企业的资产变现能力和流动性作为债务的重要保障，但是这并不符合企业的实际运行状况。企业要生存下去，就不可能将所有资产变现来偿还企业所有债务。企业偿债并非仅靠资产，企业经营、融资获得的现金都是偿债的资金来源。二是现有的债务能力分析是静态的，而不是动态的，只重视静态效果，而没有充分重视在企业生产经营运转过程中的偿债能力，只重视某一时点上的偿债能力，不重视达到这一时点之前积累的过程。

因此，我们在分析企业债务风险时，不仅要考虑资产负债表上的静态数据，而且要考虑企业的盈利能力，更要考虑企业的现金流量情况。

一、债务风险分析实战提示

如何理解债务风险，如何识别债务风险，如何控制债务风险，笔者从实战的角度出发，总结出这样几点提示。

第一，债务风险往往不单纯是债务问题，账面的债务（比如短期借款、应付账款等）只是结果，但导致债务高企的因素往往有很多。有的是企业过度扩张，自身实力不够、资金不够，只能大举借债，从而导致债务越积越多；有的是企业家战略判断错误，对市场走向、客户需求、行业发展趋势的判断出现严重错误，导致前期借债投入的巨资有去无回。

第二，评估债务风险关键看4点，如图7-4所示。一看资产负债率，资产负债率是反映企业债务负担的综合性指标，通俗地讲就是企业欠账是否太多。资产负债率究竟多高算高，并没有完全统一的标准，不同企业规模、不同的行业特征、不同的企业性质其资产负债率的水平都不相同，但通常情况下超过50%就是偏高了。二看资产质量，既要看流动资产的质量，也要看非流动资产的质量。看资产的质量不仅要看其当前变现能力和市场价值，还要看其当前可利用价值以及未来能为企业创造经济效益的能力。如果企业的资产负债率高，而且其资产的变现能力差，资产的利用价值小，那么这样的企业其债务风险自然就高。三看盈利能力，不盈利最终会导致企业的资金越来越少，最终会难以为继，导致资金链断裂。如果企业的资产盈利能力强，而且获得的利润能够较快地转化为现金，那么即使企业的资产负债率高一些，其债务风险也会被稀释不少，因为企业具有较强的创造现金的能力，能够很快获得偿付债务的资金。如果企业债务较多，资产负债率又高，企业的盈利能力又差，那么这样的企业其债务风险是比较高的。四看现金流，企业的债务最终是需要用现金来偿还的，因此企业的现金流是非常关键的。企业的现金流包括 3 个方面：经营现金流、投资现金流、筹资现金流。经营现金流是立身之本，企业偿债的资金主要来自企业的经营现金净流入。投资现金流有可能是锦上添花，也可能是资金"黑洞"。投资成功可以为企业带来额外的投资收益，但是投资风险也较高，如果没有专业的人员操作，投资失败也会给企业带来很大的损失。筹资现金流是在关键时刻可以为企业带来需要的现金，筹资能力与企业的实力、信用能力、抵押担保能力、是否属于上市公司等密切相关。筹资能力也是企业偿债能力强弱的一个标准。

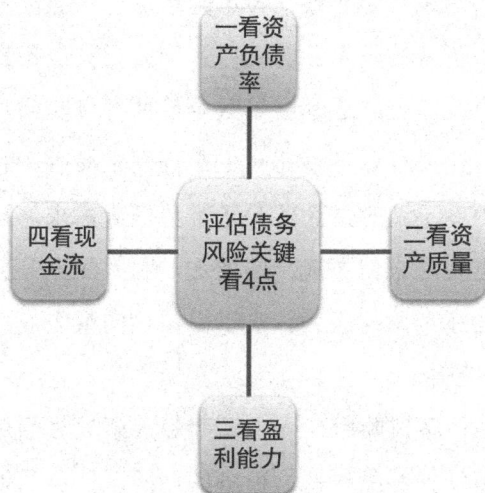

图 7-4 评估债务风险关键看 4 点

第三，控制债务风险绝非减少负债那么简单。控制债务风险是一项很庞大的系统工程，绝不是仅指减少债务、降低资产负债率那么简单。控制债务风险，首先，企业的最高决策层必须要有财务风险的理念和意识，不能仅凭自己的感觉做企业，必须对企业承担债务的能力有清晰的认识。其次，债务风险的控制需要一个良好的分析、评估机制，需要通过专业的财务分析人员定期评估企业的债务风险。再次，债务负担的总规模和资产负债率要有控制目标，也就是要画红线，严禁越过红线。最后，债务风险的控制要懂得分散风险，可以采取多种融资形式，必要时可以采取股权融资，这样能减少债务的增加。

二、债务风险不只在表内，也可能在表外

通过财务报表中的数据、企业账面的数据评估企业的债务风险当然是非常重要的，但是账面的债务风险并不是全部，有些账表之外的非财务因素也不容忽视。

企业债务风险的表外因素归结起来有这样两类。一类是企业内部的风险，比如企业战略决策失误导致债务风险增加，企业经营管理出现问题导致债务风险增加，还有的是企业的主要管理人员具有不良的嗜好，无端地以企业的名义为个人借债，这都会导致企业债务风险增加。另一类是外部环境带来的风险，比如行业环境恶化、市场需求减少、企业销售不畅、客户经营困难导致回款不及时，企业为了维持资金需求，只有不断借债。利率和汇率的波动也会带来债务风险的增加，利率的上升会增加有息债务的成本，增加企业偿还利息的压力。对于出口导向型企业，汇率的波动也会给企业的外汇债务带来风险。

因此，在评估债务风险时，一方面要深入研究账面债务信息，研究负债的规模，长、短期债务的结构，债务的期限，债务的偿付条件等，另一方面要跳出账面信息，全面研究外部非财务信息，尽可能全面、系统、准确地了解有关债务的所有情况，只有这样，才能做出更为准确、客观、完整的债务风险分析结论，从而为下一步控制债务风险打下坚实的基础。

三、短期、长期偿债能力的常规与非常规分析方法

分析偿债能力更多会用到资产负债表和利润表中的指标，但是运用这

一方法的局限性之前就已经介绍了，只有将常规分析方法与现金流相结合，得出的分析结果才更可靠。

下面介绍一种非常规的偿债能力分析方法，即预估法，也就是通过对未来现金收入的准确预估，看是否能够满足当前债务的方法。

❶ 常规偿债能力分析方法

通常的短期偿债能力分析和长期偿债能力分析都是通过这样一些指标来进行。例如，反映短期偿债能力的指标有营运资金、流动比率、速动比率、现金比率等。营运资金是流动资产减去流动负债，这个数值越大，表明企业偿还短期债务的能力越强；流动比率是流动资产与流动负债的比值；速动比率是流动资产扣除存货后与流动负债的比值，这个比率是在不考虑存货的情况下，反映企业有多少流动资产来偿还流动负债；现金比率是企业的货币资金与流动负债的比值，反映企业有多少马上能拿得出来的钱用来偿还短期债务。

反映企业长期偿债能力的指标有资产负债率、产权比率、已获利息倍数等。资产负债率是常用的指标，它是负债与总资产的比值，反映的是企业综合的负债程度，反映的是企业的负债占所有资产的比重；产权比率是负债与所有者权益的比值，它反映的是在企业资金来源中债务资本占权益资本的比重；已获利息倍数是企业的利息支出与息税前利润的比值，它反映的是企业获得的利润对利息支出的保障程度。

❷ 非常规偿债能力分析方法——预估法

所谓预估法，简单说就是根据对本企业的财务状况的深刻了解，通过预估企业未来将要获得的资金，看能否满足到期债务的偿还需求。具体操作方法如下。

第一步，首先列出企业的账面实有债务是多少，什么时候到期。比如通过账面信息，企业的应付账款、短期借款金额及应付款时间如表 7-5 所示。

表 7-5　应付账款、短期债务金额及应付款时间

项目	金额（万元）	应付款时间
短期借款：		
第一笔	1 000	2020 年 5 月 1 日
第二笔	2 000	2020 年 10 月 8 日
应付账款：		
A 供应商	200	2020 年 11 月 5 日
B 供应商	500	2020 年 12 月 18 日
C 供应商	800	2020 年 12 月 25 日

通过此表，可以对每一笔应付账款或短期借款都一清二楚，当然这个表也是需要不断更新的，有些类似于台账。

第二步，预估企业债务到期时的资金存量。简单说就是这些债务到期时企业有没有钱偿还。

怎样预估呢？其实很简单，就是看企业的营业收入到时有多少回款，或者投资收益到时是否有回款，或者交易性金融资产到时有多少资金变现等。

预估资金存量如表 7-6 所示。

表 7-6　预估资金存量

项目	金额（万元）	预计到账时间
销售回款预估：		
甲客户	1 500	2020 年 4 月 1 日
乙客户	1 200	2020 年 9 月 8 日
丙客户（银行承兑汇票）	1 000	2020 年 10 月 15 日
投资方面的资金收入：		
长期投资收益回款	500	2020 年 11 月 5 日
理财产品本金收回	300	2020 年 12 月 18 日
交易性金融资产收益回款	100	2020 年 12 月 25 日
政府补贴资金收入	250	2021 年 1 月 20 日
其他资金收入	100	2020 年 12 月 1 日

根据预估资金存量来看偿债能力。第一笔短期借款 1 000 万元在 2020年 5 月 1 日到期，在此之前，2020 年 4 月 1 日有一笔甲客户的回款 1 500万元，因此这一笔 1 000 万元短期借款无须担心到期不能按时偿还，偿还

之后还剩余 500 万元余款。再来看第二笔短期借款 2 000 万元，在 2020 年 10 月 8 日到期，在此之前，2020 年 9 月 8 日有乙客户销售回款 1 200 万元，但是还差 800 万元，即使加上甲客户的余款 500 万元，也还差 300 万元，那怎么办？可以看到，企业还有丙客户开出的 1 000 万元银行承兑汇票，但是 2020 年 10 月 15 日才到期，这时企业可以与银行协商延迟偿还借款 7 天，等银行承兑汇票到期再还钱给银行。假如协商不成，只能将银行承兑汇票提前贴现，贴现当然要损失一些贴现费用，但毕竟能够按时偿还贷款，这点费用支出也值得。1 000 万元的银行承兑汇票假设贴现 900 万元，其中 300 万元用来还第二笔短期借款，剩下的 600 万元可以用来偿还欠 A 供应商的 200 万元欠款、B 供应商的 500 万元欠款。虽然不够还欠 B 供应商的全部欠款，但 2020 年 11 月 5 日有一笔 500 万元的长期投资收益回款，就可以用来偿还欠 B 供应商的剩余款 100 万元。剩下的 400 万元加上 2020 年 12 月 18 日，理财产品本金收回 300 万元，再加上 2020 年 12 月 25 日的交易性金融资产收益回款 100 万元，总共 800 万元，再偿还欠 C 供应商的欠款。

通过这样的分析可以看出，该企业的预估资金收入是能够偿还相应的短期借款和应付账款的，企业的偿债没有缺口。

当然，这种方法首先建立在未来的资金回笼比较稳定的情况下，这种方法并非适合所有企业，它只适合中小型规模的企业、业务相对比较稳定的企业，并且能够准确预测资金收支的企业。

四、从现金流角度分析企业偿债能力

在很大程度上，企业的现金流比企业的资产变现能力对债务的保障更为可靠，因此，偿债能力分析一定离不开对现金流的分析。

❶ 期初现金余额加上本期现金结余是否满足偿还本期债务的需求

企业期初现金余额加上本期全部现金收支结余，是否能够满足企业本期需要偿还的债务，这是判断企业偿债能力直接、简单的方法。如果不能满足本期债务偿还金额，那么企业的偿债能力可能存在问题。当然，即使不能及时偿还，也不见得企业马上就会陷入困境，有些债务是可以延期的，比如欠供应商的钱。企业可以根据欠款需要偿付的紧急程度，优先支付一些紧急的债务，剩余的暂时没有资金支付的可以与债权人协商适当延期，也可以采取债务重组的方式抵偿债务。

判断本期现金是否满足债务需求的计算方法如图 7-5 所示。

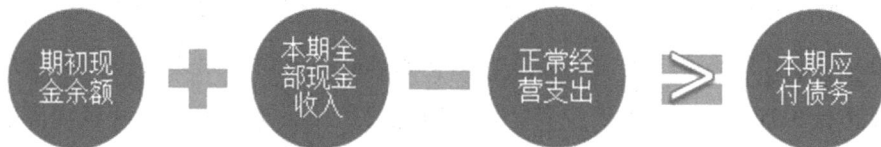

图 7-5　判断本期现金是否满足债务需求的计算方法

从现金流角度分析企业的偿债能力，主要是将本期取得的现金收入和本期所需要偿付的债务进行比较，从而确定企业的偿债能力。企业本期需偿还的债务，包括以前各期借入而在本期内到期偿还的债务和本期借入在本期偿还的债务。

在正常的生产经营情况下，企业当期取得的现金收入，首先应当满足生产经营活动的一些必需支出，比如购买商品、服务的支出，缴纳各种税费的支出，职工的基本工资及福利费支出等，因为这些支出是企业维持正常经营活动所必需的，然后才能满足偿还债务的现金支出，包括偿还债务的本息。

所以，通过现金流分析企业的偿债能力，应该看企业当期取得的现金收入在满足了经营活动的必需现金支出后，是否有足够的现金结余用于偿还到期债务的本息。当然，如果当期获得的现金收入不能满足偿还债务的需求，还需要看期初的现金余额是否足够。

❷ 经营活动产生的现金流净额是否满足偿还本期债务的需求

企业的现金流来源有 3 个：一是经营活动产生的现金流；二是投资活动产生的现金流；三是筹资活动产生的现金流。经营活动是企业的源动力，是企业获取现金流的重要来源，因此，我们从现金流角度分析偿债能力，要看经营活动产生的现金流是否能够满足债务偿还的需求。

前面讲了，如果企业期初现金余额加上本期现金结余不能满足本期债务的偿付需求，那么企业的偿债能力就可能存在问题，为什么不能就此断定企业的偿债能力差呢？这是因为如果企业的经营活动产生的现金流量非常充足，只是由于其他支出过多导致现金结余少，那么这样的企业，其偿债能力其实问题不大。只要企业的经营活动能够稳定、持续地创造现金流量，那么企业的偿债能力就不会有大的问题，但是假如企业的经营活动创造现金的能力下降，那么企业面临的问题就比较严峻了。所以，我们在看现金流量表时，必须首先重视企业的经营活动产生的净现金流量的大小，并且结合历史数据看其稳定性。这是判断企业是否有足够现金偿还债务的重要方法。

我们还可以通过一个指标来判断偿债能力，即现金流动负债比，这个指标经常用来评价企业的经营活动现金流是否能满足流动负债的偿付需求，其计算公式如下。

现金流动负债比 ＝ 年经营活动产生的现金净流量 ÷ 年末流动负债

如果现金流动负债比大于 1，那说明企业本期经营活动创造的现金净流量能够满足流动负债的偿付要求，企业的偿债能力较强；如果这一指标的数值小于 1，甚至为负值，那就表明企业经营活动创造的现金流量不能满足流动负债的偿债要求了，企业的债务风险就比较高了。

分析经营活动产生的现金流量时有以下几点需要注意。

（1）不仅要看经营活动产生的现金流量净额，也要看"销售商品、提供劳务收到的现金"情况。"销售商品、提供劳务收到的现金"其实就是企业通过营业收入获得的现金，要结合历史数据分析其总额及增减变化情况，据此推断企业通过经营活动创造现金能力的强弱。

当然，"销售商品、提供劳务收到的现金"是与企业的营业收入密切相关的，所以也要分析企业营业收入的金额大小及增长情况。

（2）经营活动产生的现金流量净额的大小与现金支出也是紧密相关的，

因此要对经营活动现金支出的几个项目进行分析，看购买商品、接受劳务支出、支付给职工的支出、支付的各项税费等是否增长过快，如果其增幅超过经营现金收入增长，那么企业的成本费用控制就可能存在问题。

（3）经营活动产生的现金流量中，有两个项目需要警惕：一个是"收到其他与经营活动有关的现金"，另一个是"支付其他与经营活动有关的现金"。这两项数字里面经常有"水分"，有一些关联公司资金往来款都包含在这两项中，而与关联公司的往来款严格来说和经营活动没有关系，因此在分析时，要将这些往来款剔除。

分析经营活动产生的现金流量，其实就是看企业靠经营活动创造现金流能力的强弱，这也是分析企业偿债能力强弱的方法。

❸ 企业的融资能力强弱也是判断企业偿债能力强弱的标志

现金流量表中有一项是筹资活动产生的现金流量，这一部分资金来源于股权融资或者债务融资。企业在需要扩大投入或者资金紧张的时候，必然需要融资。融资能力的强弱也在一定程度上反映着企业偿债能力的强弱，关键时候的融资能够帮助企业再上一层楼，或者是帮助企业渡过难关。

那么，从哪些方面判断企业的融资能力强弱呢？评价企业融资能力强弱看3点，如图7-6所示。

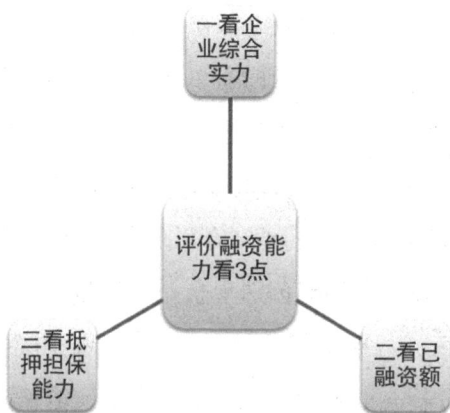

图7-6 评价企业融资能力强弱看3点

第一，企业的规模、实力、性质对企业融资能力的影响很大。大型企业，实力强大、信誉良好的知名企业，上市公司等的融资能力一般比较强。上市公司和非上市公司的融资能力差距是巨大的，上市公司不仅更容易从银行贷款，而且能够比较容易地发行利率更低的长短期债券、可转债，还可以通过股票增发、配股等股权形式融到大量资金，而非上市公司多数只能通过银行贷款融资。

第二，对非上市公司来说，其已经通过银行贷款的金额大小也会给企业再融资带来影响。如果企业已经通过银行贷了很多款，银行给企业的授信额度用得差不多了，那么企业再通过银行贷款难度就很大了。而如果企业账面上没有贷款，那么其贷款的难度就相对小一些。银行向企业贷款的金额可以通过资产负债表的短期借款等余额看到，也可以从现金流量表的"取得借款收到的现金"中查找，但还需结合报表附注来确认。

第三，企业融资能力还与企业是否具备资产抵押或担保能力有关。如果企业拥有不动产，比如土地、房屋、建筑物等，那么企业的融资能力就相对较强。另外，如果企业能够找到实力较强的其他企业担保，那么其融资能力自然也会增强。

总之，在分析企业账面偿债能力的同时，不要忘了考察企业账面难以表现出来的融资能力。

五、从无锡尚德被巨额债务压垮看债务风险管理

无锡尚德太阳能电力有限公司（以下简称"无锡尚德"）曾是中国知名企业，该公司成立于 2001 年 1 月，主要从事晶体硅太阳能电池、太阳能组件、光伏系统工程、光伏应用产品的研发、生产和销售业务。2005 年 12 月，无锡尚德在美国纽约证券交易所挂牌，成为在纽约证券交易所成功上市的第一家中国民营企业。无锡尚德用了短短 10 年的时间，就跃居中国光伏行业规模第一、全球第四的龙头企业。就是这么一家发展迅猛、光芒四

射的企业，却在 2013 年 3 月正式宣告破产重组，无锡尚德的股价跌至 0.59 美元，较 2008 年的 90 美元下跌了超过 99%，公司创始人、知名企业家施正荣交出首席执行官位置，光环退却，黯然退场。

无锡尚德的破产让人扼腕叹息，无锡尚德破产的原因有很多，下面我们试图从财务的角度，尤其是债务的角度来剖析其由盛转衰直至破产的原因，并以此为鉴，看企业经营如何做好债务风险管理。

❶ 负债如山，压垮无锡尚德

无锡尚德陷入危机的导火索是"GSF 反担保案"。无锡尚德、施正荣及 GSF 资本 3 方投资了一家名为环球太阳能基金的公司（简称"GSF 公司"），GSF 公司在运营一个 145 兆瓦的意大利电站项目。GSF 公司从国家开发银行借了约 3 亿欧元贷款用于电站项目运营，无锡尚德为此笔贷款提供担保。为了慎重起见，GSF 资本又向无锡尚德提供了 5.6 亿欧元的德国政府债券作为反担保。无锡尚德打算出售 GSF 公司股份回笼现金以减轻债务，但在退出的过程中，外聘顾问调查发现，GSF 资本为无锡尚德提供的反担保——5.6 亿欧元的德国政府债券可能不存在，无锡尚德有可能成为受害者。此事被媒体披露之后，无锡尚德债务高企、偿债能力差的问题被放大，国外投资银行将无锡尚德的目标股价下调至 0，加上美国两家公司以无锡尚德涉嫌虚假陈述为由发起集体诉讼。至此，无锡尚德的问题被媒体推到风口浪尖。

有人说，如果不是"GSF 反担保案"，如果不是媒体曝光其不良财务状况，无锡尚德可能不会落到破产这一步。其实，无锡尚德的问题还是出在自身，即使没有"GSF 反担保案"，即使没有媒体曝光，它的危机也会在未来某一个时点爆发，使其倒下。

无锡尚德的倒下，直接的原因是债务负担过重，使其不堪重负。我们来看破产之前其几年的负债规模及资产负债率数据。

2008 年无锡尚德的总负债为 19.81 亿美元，2010 年大幅增加至 33.494 亿美元，2011 年、2012 年一直维持在 35 亿美元以上的高位。根据相关资料，无锡尚德 2012 年第 1 季度流动负债已达 31 亿美元，而 2011 年其全年营业收入也才 31 亿美元，而净利润为亏损 10.18 亿美元。2008—2012 年 3 月 31 日无锡尚德负债情况如图 7-7 所示。

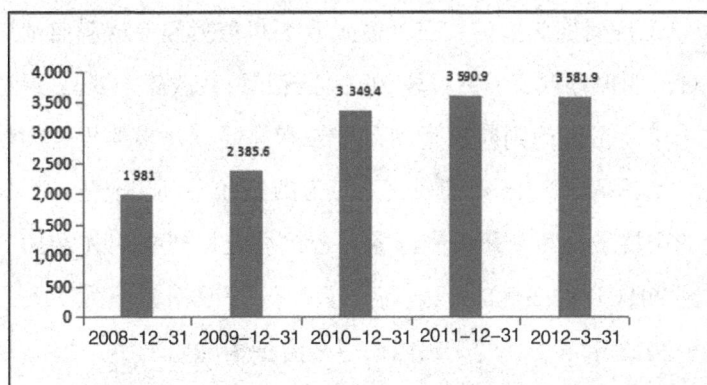

图 7-7　2008—2012 年 3 月 31 日无锡尚德负债情况（单位：百万美元）

资料来源：根据无锡尚德财务报告整理。

无锡尚德的资产负债率不断攀升，2009 年为 59.88%，2011 年升至 79.14%，到 2012 年 3 月 31 日再次上升到 81.8%。负债总额的不断增加，致使资产负债率大幅攀升至 81.8%，这些沉重的数字已经彰显了无锡尚德很高的债务风险。2008—2012 年 3 月 31 日无锡尚德资产负债率情况如图 7-8 所示。

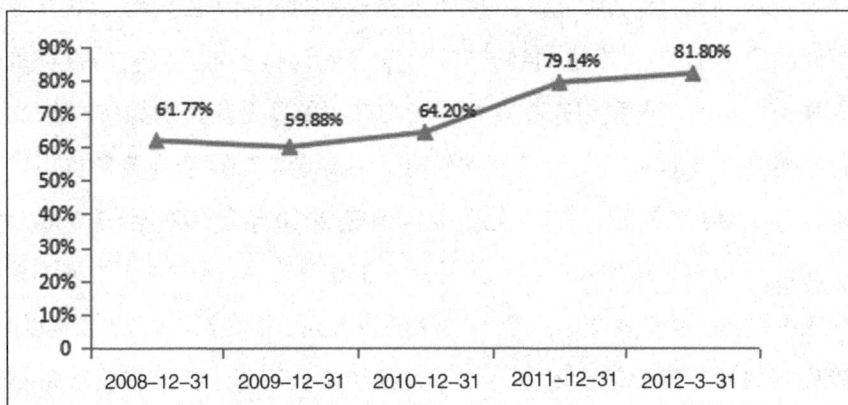

图 7-8　2008—2012 年 3 月 31 日无锡尚德资产负债率情况

资料来源：根据无锡尚德财务报告整理。

❷ 为什么累积那么多债务

无锡尚德债务总额如此之高，债务负担如此之重，绝非一日之功，其根本的原因是公司快速扩张，导致了资金需求大幅飙升。

2009 年无锡尚德通过借款在上海投入 3 亿美元建立薄膜电池工厂，但于当年 7 月就叫停该项目，并投资 26.8 亿美元将其改建为多晶硅电池工厂，该公司由于没有很好地判断项目的可行性和风险性，导致投资的项目并未产生收益。尤其是在 2011 年面对"双反"政策的不利情况下，无锡尚德仍利用收购的全资子公司荣德新能源为平台扩大硅片产能，由 2010 年的 500 兆瓦扩张到 2011 年的 1 600 兆瓦。

2008—2012 年第 1 季度无锡尚德现金流量情况如表 7-7 所示。

表 7-7　2008—2012 年第 1 季度无锡尚德现金流量情况　单位：百万美元

项目	2008 年	2009 年	2010 年	2011 年	2012 年 1 季度
经营活动现金净流量	171.3	292.9	-30	93.3	-12.5
投资活动现金净流量	-641.8	-441.9	-238.6	-567.5	
筹资活动现金流量净额	795.2	479.4	303	102.1	

资料来源：根据无锡尚德财务报告整理。

我们从无锡尚德的投资活动现金净流量可以看出其投资的规模。2008 年净投资额为 6.418 亿美元，2009 年净投资额为 4.419 亿美元，2010 年有所下降，但 2011 年再次增加到 5.675 亿美元。连续多年大规模的投资是需要大量的资金的，但我们来看其经营活动产生的现金流情况如何。在 2008 年、2009 年，无锡尚德的经营状况较好，其经营活动现金净流量也不错，分别达到 1.713 亿美元、2.929 亿美元，但是 2010 年迅速跌至 -3 000 万美元，2011 年虽然有所增长，但也仅达到 9 330 万美元，到 2012 年第 1 季度再次入不敷出，经营现金净流量为 -1 250 万美元。很显然，从 2010 年以来，无锡尚德的经营活动创造现金流的能力已经大幅下降了，在投资额每年高达 2 亿～6 亿美元的情况下，自身经营活动创造的现金净流量已经为负值。

在靠经营活动创造的现金流量严重不足的情况下，无锡尚德为了维持如此高额的投资额，只能选择外部融资。我们从筹资活动现金流量净额就可以看出，2008 年其筹资净额为 7.952 亿美元，2009 年为 4.794 亿美元，2010 年为 3.03 亿美元，2011 年虽然下降很多，但仍高达 1.021 亿美元。根据无锡尚德公开的财务报表显示，其对外融资绝大多数为债务融资，因为从 2010 年以来，该公司的股价持续下滑，通过股权融资已经越来越困难。

在自身经营远远无法满足自身投资资金需求的情况下，无锡尚德无奈踏上了疯狂借债的"不归路"。

❸ 盈利能力大幅下滑，企业经营陷入困境

为什么无锡尚德的经营活动产生的现金净流量持续下降，直至为负值？根本原因是该公司的盈利能力在持续下降，并陷入亏损的泥潭。

无锡尚德的毛利率由 2009 年的 21.38% 下降到了 2011 年的 12.29%，下降超过 10%。销售净利率更是由 2010 年的 8.2% 暴跌至 2011 年的 -31.9%，已经严重亏损。即使在经营情况较好的 2008 年和 2009 年，该公司的销售净利率也是很低的。无锡尚德销售净利率和毛利率走势如图 7-9 所示。

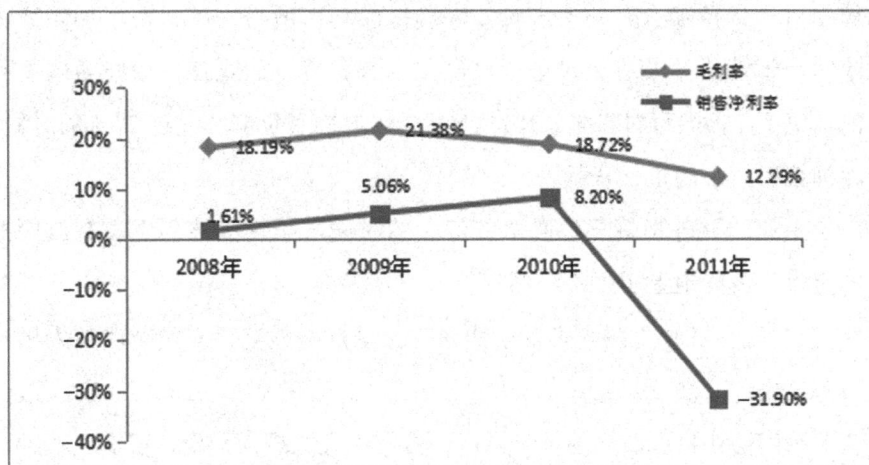

图 7-9　无锡尚德销售净利率和毛利率走势

在公司的盈利能力较差，并且相关指标值持续大幅下降的情况下，无锡尚德仍然冒着很大的风险大举借债，没有盈利，自然就难以创造盈余现

金流，这也是经营活动现金流不足的重要原因。公司的自有资金越来越少，只能不断依赖外部借债维持经营，最终造成债台高筑，不堪重负的后果。

❹ 无锡尚德案例为企业债务风险管理带来的警示

我们都知道过度扩张会带来风险，过度负债会压垮企业，但是仍然有很多企业明知故犯，以同样的方式跌倒。无锡尚德由一家光伏行业的标杆企业衰落到破产的地步，其失败的原因并不复杂：大肆扩张、狂飙突进、大举借债、资金链断裂、倒闭！

失败的案例能给我们以警示，从失败中吸取教训，能让我们在经营企业的道路上多一份警醒。此案例有以下两点值得关注。

（1）没有及时亮"红灯"：风险预警机制不健全。

无锡尚德的掌门人是施正荣，其不仅是太阳能专家，而且有冒险精神，喜欢剑走偏锋，正是在他的带领下，无锡尚德从成立到快速崛起，然后快速坠落，这都反映了他的经营理念和经营手法。正是由于这种经营理念和经营手法，无锡尚德缺乏一种关键时刻能亮"红灯"的预警机制。当无锡尚德面对一直持续上升的资产负债率和低流动率所带来的日益增加的债务风险时，管理层并没有及时进行风险识别和预警，而是在偿债能力严重不足的情况下，仍旧盲目扩张。2011 年当企业的资产负债率超过 70% 的时候，无锡尚德仍然在向银行贷款。

当企业的财务指标已经亮"红灯"的时候，无锡尚德仍然没有放慢扩张的步伐，最终走上了"不归路"。

（2）没有及时"踩刹车"：快速扩张型财务战略没有及时改变为稳健型财务战略。

无锡尚德在临近破产的几年内，一直在进行大规模投资，事实上其经营活动创造的现金流量已经严重不足。内部财务资源积累不足，只能通过大量外部筹资获取资金进行大规模的扩张活动，这是典型的快速扩张型财务战略。

从无锡尚德外部融资资金来源看，其外部融资多为短期融资，如向江苏银行、光大银行、国家开发银行、渣打银行等多家银行借入的有息贷款，这些大量的债务资金投入，并没有产生预期的收益和现金流，反而导致企业的资产负债率不断攀升，债务风险急剧增加。在这种情况下，企业的财务战略应该"踩刹车"，不应再继续坚持扩张型财务战略，而应该转为稳健型财务战略。遗憾的是，无锡尚德在遇到行业危机、现金流短缺及债务高企的情况下，无视债务风险，仍然采取大举扩张的经营策略，使扩张的规模和速度远远超过了其承受能力，最终不堪重负，债务成为压垮企业的最后一根稻草。

在一定程度上，经营企业如同驾驶汽车，如果仅知道加速，而在遇到沟沟坎坎或恶劣天气时不知道减速，不懂得踩刹车，那最终的结果可想而知。

第 3 节 营运能力：货如轮转方能财源广进

货如轮转，客似云来，形容的是企业生意兴隆、财源广，如果从财务角度来看，其实说的是企业的货物周转得很快，销售状况非常好，企业的营运能力强。

营运能力是企业经营管理的运作能力，是通过合理配置和组合运用企业的人力资源、生产资料资源、财务资源、技术资源等，使之能够发挥更高效率，创造更多价值的能力。营运能力的提升一定是企业综合管理能力的提升，它需要营销部、生产部、物流部、仓储部、售后服务部、财务部等所有部门相互配合、共同努力。

一、营运能力分析实战提示

在实际工作中，我们分析营运能力时需要注意以下几个问题。

❶ 营运能力强不仅是资产周转速度快、营运效率高，还必须要有效益

提到营运能力，我们很自然地想到"货如轮转"这个词，货如轮转就是货物周转速度飞快，但是我们必须强调的是，货如轮转必须以有效益为前提，如果货物在亏损，那么转得越快亏损得越严重。所以，我们在分析营运能力时，必须要考虑到货物资产的盈利能力，如果仅仅为了提高货物资产周转的速度，赔钱经营，那就失去了意义。

❷ 在保证有盈利的前提下，营运能力越强，盈利能力和偿债能力就会越强

营运能力对企业的盈利能力和偿债能力的影响是很大的。营运能力强，企业资产周转速度快，商品销售得快，货款回收得快，那么企业的盈利能力自然会增强，偿债能力也就随之增强。

❸ 不是所有的企业都需要很快的资产周转速度，要考虑行业特征

不同行业、不同类型的企业，其营运能力指标差别很大。比如酿酒业，贵州茅台公司的存货周转天数高达 2 000 多天，那么你不能就此判断该公司的营运能力很差，茅台酒的酿造需要很多年，但是茅台酒的毛利率在90%以上，极高的毛利率弥补了商品周转速度慢的缺点，所以该公司的净资产收益率在 30% 以上（2014 年度数据），业绩同样很优秀。

此外，像资本密集型企业、技术密集型企业，可能需要投入大量的长期资产，如设备、仪器、厂房等，这些企业的资产周转速度可能偏慢，而服务业、咨询业类企业，有可能资产就很少，其资产周转速度可能会很快。所以，在分析营运能力时一定要结合行业特征、经营周期、资产管理的水平等因素，不可妄下定论。

二、营运能力强不仅会提高效率而且能提高盈利能力

考察企业营运能力必须对营业周期有一个清晰的认识。一个营业周期就是企业的资金从投入到收回的一个完整过程，这个过程的长短决定了企业营运能力的强弱，而营业周期的长短又是与存货周转速度和应收账款周转速度相关的。企业的营运能力，对企业营业周期的分析是很重要的，当

然还需要辅助分析企业的流动资产周转速度、总资产周转速度等其他指标。

企业营运能力强，资产周转速度快，营业周期短，企业的盈利能力就会强。这个道理应该很容易理解，因为在同样的资源、能力条件下，越早实现销售，越早收回货款，就可以越早投入下一批生产和销售，这样就能赚得更多。

❶ 从营业周期角度看企业营运能力

企业经营的一个周期就是从资金投入，经过购买存货、生产加工、实现商品销售、收回货款的这样一个过程，这个过程就是一个完整的营业周期，如图 7-10 所示。营业周期越短，企业的营运能力就越强；反之，企业的营运能力就越弱。其实，提高企业营运能力最重要的就是尽可能地缩短营业周期，尽量减少营业流程中每一个环节的时间。

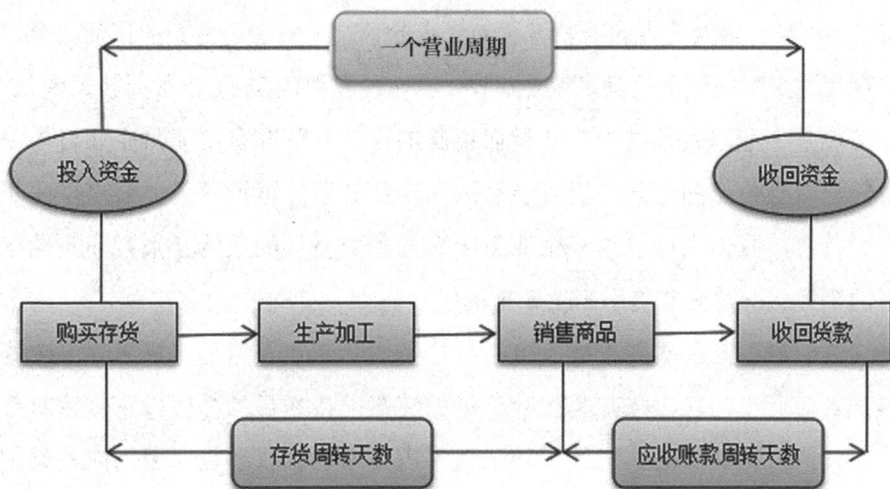

图 7-10　资金从投入到收回的一个营业周期

我们从图 7-10 中也可以看出，营业周期的长短取决于存货周转天数和应收账款周转天数，营业周期与这二者之间的关系是：

$$营业周期 = 存货周转天数 + 应收账款周转天数$$

$$存货周转率 = 营业成本 \div 平均存货$$

$$存货周转天数 = 360 \div 存货周转率$$

$$应收账款周转率 = 营业收入 \div 平均应收账款$$

$$应收账款周转天数 = 360 \div 应收账款周转率$$

关于存货周转天数这个指标，提示 3 点。第一，存货周转率越快，存货的占用成本越低，流动性越强，存货转化为现金或应收账款的速度就越快。多高的存货周转率是合适的？这个严格来说并没有固定的标准值，不同行业、不同性质的企业会有很大差别。为了让读者有一个大致的判断标准，一般认为生产制造业存货每年周转 2~3 次（换算成天数是周转一次需要 120~180 天），商品流通业存货每年周转 4~6 次（换算成天数是周转一次需要 60~90 天）。第二，存货周转天数并非越低越好，因为如果过低，也可能说明企业管理方面存在一些问题，如存货太少，甚至经常缺货，或者采购次数过于频繁、批量太小等。因此，合理的存货周转天数应视产业特征、市场行情及企业自身特点而定。企业存货过多会占用企业流动资金，但存货过少可能又不能满足企业生产、流转的需要。第三，存货周转天数低，有可能是企业因大幅减少采购量而引起的，这种情况有可能是企业对未来的销售缺乏信心的表现，也可能是因为企业经营、市场等某方面出现了不好的信息。我们也可以结合企业新增合同和原材料的采购量来判断企业未来的销售状况，提前鉴别企业未来的发展能力。

关于应收账款周转天数，也需要特别提示 3 点。一是计算应收账款周转天数时，平均应收账款是扣除计提的坏账准备之后的净额，不是应收账款原值。二是计算应收账款周转天数不需要考虑应收票据，因为应收票据是具有法律保障的应收款，而且其期限一般较短，所以在计算应收账款周转天数时不要把应收票据包含在内。三是应收账款周转天数多少算好。一般认为生产制造业应收账款每年周转 3~4 次（换算成天数是周转一次需要 90~120 天），商品流通业应收账款每年周转 6~8 次（换算成天数是周转一次需要 45~60 天），这个标准仅供参考。

存货周转天数实际上就是从购进存货，到经过生产加工这道程序之后，制造出产成品，产成品实现销售的这一段时间。因此，存货周转速度取决于存货采购的时间长短、生产加工成产成品时间的长短、产品生产出来之后实现销售这一段时间的长短，所以，提高存货周转的速度就要尽可能缩短存货采购的时间，缩短生产加工的时间，加快商品销售的速度。如果企业采购部门采购的速度慢、效率低，那么就会导致生产部门无法有足够的原材料来生产加工产品，产品生产的速度自然慢，而如果不能快速地生产出产品，销售部门就无法快速实现销售，因此这些流程都是环环相扣的，任何一个部门的营运效率低下都会导致最终的营业周期加长，营运效率下降。

应收账款周转天数是从生产的产品实现销售，到销售货款收回的这一段时间。应收账款能否及时收回，取决于企业的赊销政策、应收账款管理能力。如果赊销政策过于严格，可能会减少企业的销售收入；如果赊销政策过于宽松，虽然能促进销售的增长，但是应收账款就会增加，这是一对矛盾，需要企业结合市场行情、企业产品特征等因素平衡二者之间的关系。关于应收账款管理的内容，我们在分析资产负债表的有关章节时有详细的介绍，在此不再赘述。

当然，企业试图缩短营业周期、提高营运能力，绝非简单的购进来、生产出来、卖出去，还需要企业具有良好的品牌影响力、庞大的客户群及其他市场资源、先进的技术、正确的经营和营销策略、准确的市场定位、强大的执行力等，所以说，提高企业的营运能力是一个庞大的系统工程。

❷ **其他营运能力指标分析**

除了营业周期中涉及的存货周转天数（率）、应收账款周转天数（率）之外，还有其他反映营运能力的指标，比如流动资产周转率、固定资产周转率、总资产周转率、现金周转率等，这些指标都是从不同资产的角度来考察企业的营运能力的，这些指标都可以与存货周转率和应收账款周转率结合起来分析。

（1）流动资产周转率。

流动资产周转率是反映企业流动资产周转速度的指标。它是企业营业收入与平均流动资产之间的比率。其计算公式如下。

$$流动资产周转率 = 营业收入 \div 平均流动资产$$

$$流动资产周转天数 = 360 \div 流动资产周转率$$

在一定时期内，流动资产周转次数越多，表明以相同的流动资产完成的销售额越多，流动资产利用的效果越好。流动资产周转率用周转天数表示时，周转一次所需要的天数越少，表明流动资产在经历生产和销售各环节时占用的时间越短，周转越快。生产经营任何一个环节上的工作得到改善，都会反映到周转天数的缩短上来。按天数表示的流动资产周转率能更直接地反映生产经营状况的改善。

（2）固定资产周转率。

固定资产周转率是指企业营业收入与平均固定资产净值的比率。它反映企业固定资产的周转情况，是用以衡量固定资产利用效率的一项指标。其计算公式如下。

$$固定资产周转率 = 营业收入 \div 平均固定资产净值$$

$$固定资产周转天数 = 360 \div 固定资产周转率$$

固定资产周转率高，表明企业固定资产利用充分，同时也能表明企业固定资产投资得当，固定资产结构合理，能够充分发挥效率。反之，如果固定资产周转率不高，则表明固定资产使用效率不高，提供的生产成果不多，企业的营运能力不强。运用固定资产周转率时，需要考虑固定资产净值因计提折旧而逐年减少及因更新重置而突然增加的影响；在不同企业间进行分析比较时，还要考虑到采用不同折旧方法对净值的影响等。

（3）总资产周转率。

反映总资产周转情况的指标是总资产周转率，它是企业营业收入与平均总资产的比率。其计算公式如下。

$$总资产周转率 = 营业收入 \div 平均总资产$$

$$总资产周转天数 = 360 \div 总资产周转率$$

这一比率可用来分析企业全部资产的使用效率。如果这个比率较低，则说明企业利用全部资产进行经营的效率较差，最终会影响企业的获得能力。这样，企业就应该采取措施提高各项资产的利用程度，从而提高销售收入或处理多余资产。

（4）现金周转率。

现金周转率是指企业主营业务收入与现金平均余额的比率。其计算公式如下。

$$现金周转率 = 主营业务收入 \div 现金平均余额$$

$$现金周转天数 = 360 \div 现金周转率$$

其中，现金包括库存现金和可随时支取的银行存款。

较高的现金周转率表明企业对现金的利用效率较好，现金周转率在一定程度上也反映着企业偿债能力，这个指标可以与现金流量表结合起来分析。

❸ 货如轮转：宏碁集团施振荣卖鸭蛋的故事

经商、做实业的人没有人不懂得货如轮转的道理，在有些时候这也是商场制胜的法宝。单个毛利率低的商品，只要能够做到周转的速度快，往往会比那些毛利率高的商品盈利更多，这也是薄利多销的理论基础。

施振荣是宏碁集团的创始人，他童年饱尝生活艰辛，其 3 岁丧父，与母亲相依为命。施振荣在创业成功之后，经常讲一个"卖鸭蛋"的故事。

小时候，施振荣帮着妈妈在店里同时卖鸭蛋和文具。鸭蛋一斤 3 元，每斤只能赚 3 角，差不多是 10% 的利润，而且鸭蛋容易变质，没有及时卖出就会坏掉，造成经营上的损失。而卖文具的利润高，卖 10 元的文具至少可以赚 4 元，利润超过 40%，而且文具可以长时间存放，不会坏掉。看起来卖文具的生意比卖鸭蛋的生意好，但施振荣说，卖鸭蛋赚的要远比文具多。原因很简单，鸭蛋虽然利润低，但最多两天就周转一次，文具的利润高，但有时一年半载都卖不掉，存货积压，利润早被利息"吃掉"。鸭蛋利润低，但是销量好，周转快，所以最终获得的利润远大于周转慢的文具。施振荣后来将"卖鸭蛋"的经验运用到宏碁集团的经营上，促进了宏碁集团的快速发展。

施振荣所讲的鸭蛋和文具的故事，就反映了货物周转速度在促进盈利能力方面的作用。一件商品或者一项业务，单纯地看其利润的高低是不够的，还需要考虑到商品周转的速度。当周转的速度足够高的时候，就弥补了单品利润低的弱点。

三、从丰田汽车 TPS 看提高营运能力——突破性创新

提到营运能力，我们想到的更多是提高采购能力、生产加工能力、营销能力、回收现金的能力，但是这些思维都是固化的模式，下面我们从日本丰田汽车的丰田生产体系（Toyota Production System，TPS）来看其是如何突破常规，勇于创新，在世界管理史上留下浓墨重彩的一笔的。

丰田汽车创始人丰田喜一郎是最早提出准时生产（Just In Time，JIT）思想的，JIT 是 TPS 最早的雏形，有些类似于今天的"接单生产"，但真正让丰田汽车 TPS 名扬天下的是大野耐一。

1945 年丰田汽车复工，当时的大野耐一主管生产。他当时的第一个改变是把丰田汽车的月计划改为日计划。当时丰田汽车在前一个月的月底将下个月的月计划（当时是 500 辆卡车的产量）下达给车间，车间按计划将每个零件都生产足够 500 个之后，再传递到下道工序，这种"批量等待"的生产方式造成了前后工序的等待，有的工序在加班加点，而有的工序却无事可做，因为需要等待上一道工序完成之后才能开始做。

大野耐一看到这种月计划的弊端之后，就将其改成日计划，要求每一道工序做完 20 个零件就向下道工序转移。这样改变之后，生产的流动速度加快、周期缩短，库存积压减少。

大野耐一对生产流程的优化并没有立即带来公司效益的提升，反而在 3 年后，丰田汽车由于生产过剩、产品滞销、资金链断裂，被迫将生产和销售分拆经营。这让大野耐一体会到"局部优化"（只提高了生产效率，没

有考虑到销售能力）的不足，并且认识到站在全局的角度来实施改善活动的重要性，这坚定了大野耐一的"全局思维"理念。

为了实现"有需要才生产"的目标，大野耐一遇到的第一个难题就是客户无法忍受漫长的生产周期。

为了找到缩短生产周期的办法，大野耐一开始深入分析整个生产过程的时间浪费情况，他发现，大部分的时间都是在各种等待中浪费掉的，所以清除各个环节的等待时间便成为其最主要的攻关课题。大野耐一的分析如图 7-11 所示。

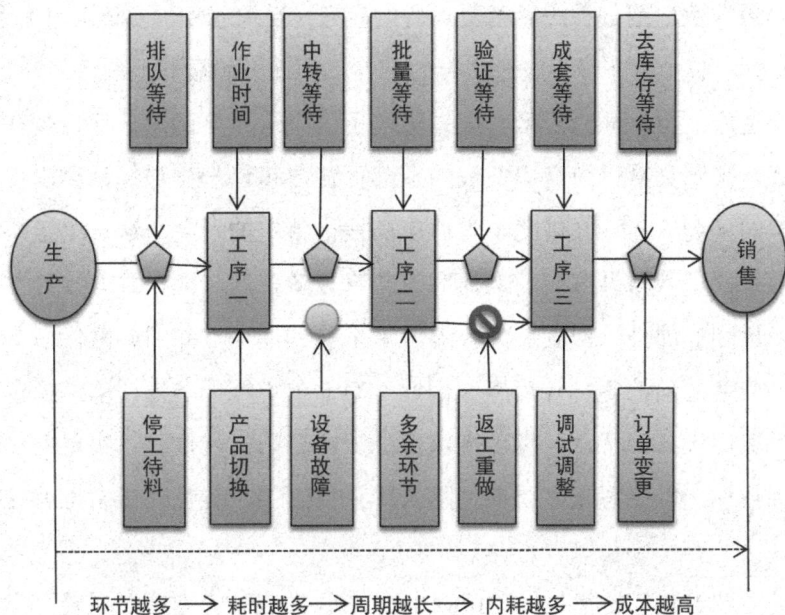

图 7-11　大野耐一从全局角度分析生产、销售周期长的原因

在这个缩短生产周期的改善过程中，大野耐一发现时间浪费最严重的地方就是流程的断裂点，所以大野耐一采取制造流程合并的策略来清除流程中的断裂。但是，如何让断开的制造流程能够更紧密地协作起来呢？直到 1953 年，大野耐一才在"超市概念"上获得启发，"以看板来拉动"（通过流动的看板来传递需求信息及物料搬运的指令）的机制让整条制造流程完全流动起来。

整个 JIT 的改善一直持续到 1958 年，大野耐一逐渐发现，只要生产周期缩短了，库存、重复搬运作业也会随之减少，就连以前因为生产周期太长必须冒险提前投产、制造超出需求数量的产品库存的风险也大大降低了。因此，他提炼出 JIT 未实现之前的四大浪费现象：等待、库存、搬运、过量生产。于是，等待是主因，库存、搬运、过量生产是并发症的概念也就逐渐形成了。由 JIT 归纳出来的这 4 个浪费，加上之前发现的不良的加工作业、多余加工作业和多余动作 3 个浪费，由此形成了大野耐一的"七大浪费"管理关键。

1959 年大野耐一在一轮密集拜访供应商（现地现物，实地考察）之后，发现了供应链中存在许多改进机会的事实，因此开始展开他的"供应链 JIT 改善"之旅。当年，大野耐一优先采取了一个运用自己的日平均生产计划的特征，来制订给供应商"每天的零部件需要量都一样"（只会出现小幅波动）的采购计划，并借此要求供应商拨出特定的设备。这一个策略非常巧妙地解决了"与供应商的其他客户共享设备资源，大家共同接受供应商的排产计划"的排队问题，大大缩短了采购的周期，并因此降低了丰田汽车与供应商之间的零部件库存。因此，TPS 中"以平准化订单，换取供应商提供专用设备的承诺，打破需求信息流的迂回流转过程，实现向供应商的直接拉动，以缩短采购周期、降低库存"的供应链管理概念也就这么形成了。

又经过十几年的优化，丰田汽车的 TPS 供应链管理逐渐完善，丰田汽车的成本和营运管理效率大幅提升，丰田汽车在 20 世纪七八十年代开始风靡世界，丰田汽车逐渐迈入世界汽车领域的顶尖行列。

丰田汽车从 20 世纪 40 年代提出 JIT 的理念，到经过大野耐一等丰田汽车管理层的不断探索，经过 30 多年的摸索，最终形成了领先世界的 TPS 供应链管理模式。丰田 JIT 以及最终形成的 TPS 都是对世界管理史上的巨大贡献，它突破了传统的提高生产效率的固化思路，创造性地打通了整个产业链，最终实现了"有需要才生产"的惊人营运效率。

四、从营运能力指标中找到企业经营效率不高的"罪魁祸首"

本书的开篇就讲了财务分析的"方法论"，进行财务分析，一个重要的方法就是要善于发现问题、分析问题、提出解决问题的思路和办法。能从财务指标中发现重要的问题，是管理中一个重要的能力。那么，看到企业的营运能力显著下降或存在重大问题时，从哪些方面去找到"罪魁祸首"呢？

分析、考察企业的营运能力可以先从总资产周转率着手，经营分析思路如图7-12所示。先看总资产周转率，总资产周转率反映了企业的综合营运能力。总资产周转率的高低与流动资产周转率和固定资产周转率相关，所以分析了总资产周转率之后，还需要再分析流动资产周转率和固定资产周转率。而流动资产周转率与存货周转率、应收账款周转率、现金周转率相关，所以，如果要更深入地了解企业的营运能力，还需要分析存货、应收账款、现金这3项流动资产的周转速度。而存货周转率、应收账款周转率、现金周转率这些指标的变动受企业经营流程中每一个环节的影响，所以就需要再分析企业的采购、生产加工、销售、回款这些流程中是否存在问题。

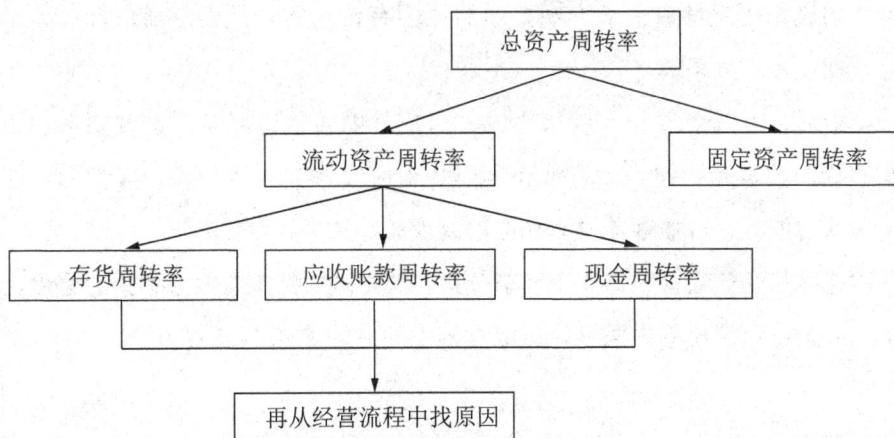

图7-12 经营分析思路

那么，怎样从企业经营的流程中找到营运能力低下的原因呢？

首先，从采购环节来看。采购部门的人员是否具有丰富的采购经验，企业的优秀的供应商是否足够多，同一类商品可选择的面是否广，质量、价格是否能够优化，现有采购量是否能够充分满足企业生产的需求，这些因素都是影响采购效率的重要因素。另外，采购部门的计划若要可行，需要生产部门和财务部门提供准确的生产计划和资金预算，如果没有一个相对准确的计划，那么采购部门的效率是不可能高的。

其次，就需要从生产加工环节着手分析。生产车间是否拥有大量的训练有素的车间工人，工人的生产积极性是否高，生产设备是否先进，生产产品的速度如何，次品率如何等，这些因素都是影响生产效率的重要因素。

再次，要看销售环节的问题。如果生产部门把产品生产出来之后，销售部门不能快速地将产品销售出去，那么这些产品就会积压在仓库，营业周期自然会拉长。所以，只有实现销售之后，企业的资金才有可能回流。产品能否快速实现销售，取决于销售人员的能力，也取决于生产的产品是否适销对路、质量是否过硬、品牌影响力是否大、竞争力是否强、是否满足消费者的需求等。销售能力的强弱还与企业的战略定位是否准确、市场推广力度是否足够有关。客观方面的原因有市场需求是否旺盛，行业处于上升期还是下降期等。

最后，就是要看企业销售完成之后货款能否快速回笼。这就要考察企业的赊销政策是否得当，有没有专门负责应收账款管理的人员或部门，应收账款的催收、讨债都需要有相应的制度来跟进。

这样从企业经营的每一个环节分析，就能够找到营运能力不强的原因。

从企业经营流程中探寻营运能力低下的原因如图 7-13 所示。

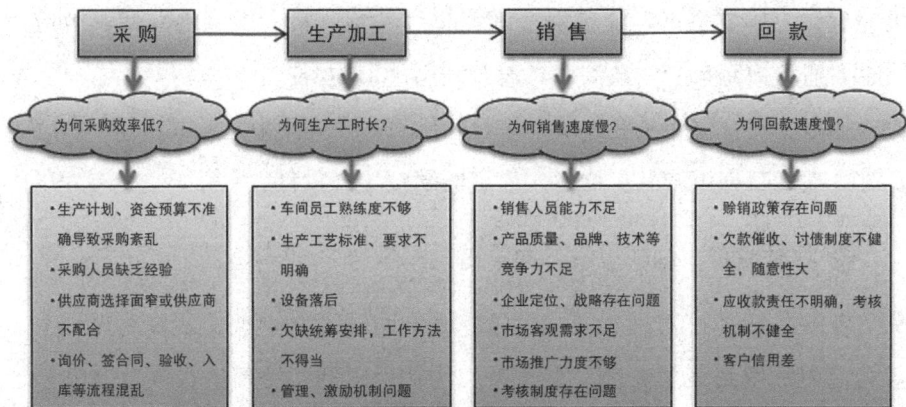

图 7-13　从企业经营流程中探寻营运能力低下的原因

五、提高企业营运能力的途径

提高营运能力的实质就是以尽可能少的资产占用、尽可能短的时间周转，生产尽可能多的产品，实现尽可能多的营运收入，创造尽可能多的现金收入。

❶ 提高营运能力，销售是关键

营运能力建立在实现销售的基础上，如果销售这一环节出了问题，那么企业其他环节做得再好，其营运能力也不可能强。提高销售能力就要开发适销对路的产品，强化销售工作，提高市场占有率，提高销售的速度。

当然，销售能力也是与企业的采购供应能力、生产加工能力以及企业的产品竞争力等诸多因素密不可分的，企业销售能力也是企业综合实力的体现。

❷ 加强资产管理，提高资产质量

资产的质量也会影响营运能力，如果资产的可利用能力很差，资产已经被淘汰，已经难以为企业带来效益，那么这样的资产是无法促进企业效率的提高、效益的增加的。加强企业资产管理，就是要使企业的资产结构更为优化，固定资产、流动资产都能物尽其用，最大限度地发挥其效应，同时要清理掉冗余的、被淘汰、没有利用价值的资产。

加强资产管理还需要加快销售货款结算，及时回收货款，定期清理仓库，及时处理库存积压产品和物资，尽可能缩短生产周期。

❸ 打破常规，创新思维，向丰田汽车学习

丰田汽车的JIT打破了常规思维，开阔了我们的视野。提高生产效率、营运能力，做到按需生产、零库存，这几乎做到了管理的极限。提高营运能力并非仅仅局限于采购环节、生产环节，如果能够打通上、下游产业链，根据客户的需求生产，加上与供应商无缝对接，以最短的生产周期提供消费者需要的产品，并且几乎做到零库存，那么这样的营运能力无疑是极其优秀的。

第4节　发展能力：持续经营靠什么

企业的发展能力是指企业的成长能力或者说增长能力。我们在考察企业的发展能力时，是不是资产、收益、权益等发展指标值越高越好呢？高当然是好事，但企业经营并不一定要追求增长的最大化，如果企业能够保持适度、稳定的增长，在不过度消耗企业的财务资源的情况下，能够保持企业成长的持续性、长期性是最合适的。

本节从3个方面来评价企业的发展能力：收入、利润增长的角度，总资产、所有者权益增长的角度，以及非财务的角度。

一、从收入、利润增长的角度看企业发展能力

收入和利润是企业经营成果的两个重要指标，这两个指标的增减变动是反映企业发展能力强弱的重要信号。

❶ 从收入增长看企业发展能力

一般情况下，企业的营业收入越多，其市场占有率就越高，企业生存和发展的空间自然就越大。企业的营业收入增长越快，说明企业创造业务、开拓市场的能力越强，企业生存的能力也就越强。下面我们通过企业营业收入增长率来评价企业在营业收入方面的发展能力。

营业收入增长率计算公式如下。

营业收入增长率 = 本期营业收入增加额 ÷ 上期营业收入金额 ×100%

营业收入增长率反映的是企业本期与上期营业收入增减变动的情况，是评价企业成长状况和营业收入发展能力的重要指标。营业收入增长率越高，说明企业产品收入在本期增长得越快，市场开拓和客户发展情况越好；反之则较差。

那么，从哪些方面来分析营业收入增长率呢？

第一，营业收入的增长是否依赖于企业资产投入的增加。如果企业的营业收入增长率低于总资产增长率，那么这可能表明企业的营业收入增长过多地依赖于资源的投入，这样的收入增长的效益性不强，同时也说明在营业收入方面的成长性不强，企业的持续发展能力存在问题。如果企业的营业收入增长率高于总资产增长率，则这样的表现说明企业的营业收入质量好，发展能力强。

第二，营业收入的趋势是增长还是下降。分析企业的营业收入的趋势不能依据一两年的指标，而应该结合历年来营业收入水平进行分析。趋势的判断不但要考虑本企业的经营状况，也要考虑同类企业、同行业的发展状况。

第三，分析营业收入要结合企业的产品或业务。企业的主营产品处于哪个阶段也会影响企业的销售情况。产品的生命周期可以分为 4 个阶段：投放期、成长期、成熟期和衰退期。处于投放期的产品，其销售收入增长率较小；处于成长期的产品，其销售收入增长率较高；而到了成熟期，产品销售收入增长率比较稳定，增长幅度一般偏小；处于衰退期的产品，销售收入增长率可能进入下降阶段。只有深入掌握了企业的各种产品所处的阶段及不同阶段的产品构成，才能对整体的营业收入增长情况有一个更准确的了解。

❷ 从利润增长角度看企业发展能力

企业利润的增长是企业发展的源泉，也是企业价值提升的关键。利润在财务上主要有营业利润、利润总额、净利润等指标。除了这 3 个利润指标之外，息税前利润这个指标也很重要，因此我们重点从这 4 个指标来看企业的利润增长情况。

（1）净利润增长率。

净利润增长率＝（本期净利润－上期净利润）÷上期净利润×100%

净利润是企业经营业绩的结果，是扣除所有支出和损失的最终利润，净利润增长率是企业发展能力的基本表现。

（2）营业利润增长率。

营业利润增长率＝（本期营业利润－上期营业利润）÷上期营业利润×100%

营业利润是不考虑营业外收支和所得税的利润，是企业发展能力的基本表现。

（3）息税前利润增长率。

息税前利润增长率＝（本期息税前利润－上期息税前利润）÷上期息税前利润×100%

息税前利润不考虑利息支出的情况，并且是在缴纳企业所得税前的利润。

（4）利润总额增长率。

利润总额增长率＝（本期利润总额－上期利润总额）÷上期利润总额×100%

利润总额就是我们通常说的税前利润，就是在缴纳企业所得税之前的利润。

分析利润增长率的基本思路：在分析净利润增长率、营业利润增长率、息税前利润增长率和利润总额增长率时，需要结合营业收入增长率来对比分析。如果企业的利润增长率高于营业收入增长率，则表明企业盈利质量较好，企业营业收入提升的质量较好，企业正处于快速成长阶段，具有良好的发展能力；相反，如果企业利润增长率低于营业收入增长率，则表明企业成本费用等支出的上升超过了营业收入的增长，反映出企业的发展能力有所不足。

还需要注意的是，分析增长率指标，应将企业连续数年的净利润增长率、营业利润增长率、息税前利润增长率和利润总额增长率指标进行对比分析，这样可以排除个别时期一些偶然性和特殊性因素的影响，从而能更全面地反映出企业是否具有持续、稳定的增长能力。

二、从总资产、所有者权益增长的角度看企业发展能力

从总资产和所有者权益的增减变动也可以看出企业的发展能力。正常情况下，随着企业发展能力的提高，企业的资产规模会不断增加。当然，反过来，资产规模的增加并不一定说明企业的发展能力提高。这个需要结合具体情况进行具体分析。

分析企业资产增长的情况时，需要考虑增长的质量是否良好。要评价企业的资产规模增长是否适当，必须与营业收入增长、利润增长等情况结合起来分析。只有在企业的营业收入增长、利润增长超过资产规模增长的情况下，这种资产规模的增长才属于效益型增长，才是适当的、正常的；相反，如果企业的营业收入增长、利润增长持续低于资产规模增长，则应对此予以警惕，这种情况下企业的总资产增长率高并不一定意味着企业的成长性好。

利用所有者权益增长率分析企业发展能力。在企业净资产收益率不变的情况下，企业所有者权益规模与收入之间存在正向变化关系。同时，所有者权益规模的增长反映着企业不断有新的资本加入，这种新增资本可能是所有者新投入的实收资本，也可能是企业经营利润的积累。

所有者权益的增长表明了企业实力的增强，同时对企业进行负债筹资

提供了更好的保障，提高了企业的筹资能力，有利于企业获得进一步发展所需的资金。

三、从非财务的角度看企业发展能力

影响企业发展能力的因素不仅有财务状况，还有非财务因素，比如行业环境、核心竞争力、企业制度、技术水平等。财务状况是过去的决策和行为产生的结果，而其他因素则是影响企业未来财务状况的动因，这些因素的改善都应最终表现为财务状况的改善。

我们重点分析企业的竞争能力，企业竞争能力的强弱决定了企业未来发展能力的强弱。

企业竞争能力综合表现为产品的市场占有情况，因此，通过分析企业产品市场占有情况，就可以对企业竞争能力做出评价。

❶ 市场占有率分析

市场占有率是反映企业市场占有情况的一个基本指标。它是指在一定时期、一定市场范围内，企业某种产品的销售量占市场上同种产品的销售量的比重。一般是将本企业的市场占有率与主要竞争对手的市场占有率进行对比分析。一方面，要通过对比分析看到本企业的差距或优势；另一方面，要进一步寻找其原因。影响市场占有率的因素有很多，主要有市场需求状况、竞争对手的实力和本企业产品的竞争能力、生产规模等。

❷ 产品竞争能力分析

（1）产品质量的竞争能力分析。

产品质量的优劣是产品有无竞争能力的首要条件。提高产品质量是提高企业竞争能力的主要手段。产品质量不好，不仅会损害消费者的利益，而且会直接影响企业的信誉、产品的销路、企业的市场竞争能力，进而影响企业的发展能力。

（2）产品品种的竞争能力分析。

企业要根据市场变化和新技术的发展，不断调整产品结构，积极改进老产品，主动开发新产品，只有这样，才能使企业的产品保持竞争能力。企业具有不断推出受市场欢迎的新产品的能力表明企业的竞争力强。

（3）产品成本和价格的竞争能力分析。

成本是价格的基础，成本决定着产品的价格竞争能力。成本越低，出售产品的价格升降余地越大，竞争能力也就越强。所以，要通过与主要竞争对手或同行业成本最低的企业进行成本水平的对比分析，从而对本企业的价格竞争能力做出正确评价，并指出成本水平差距及其原因，进而提出有效对策，以进一步降低成本，提高企业的价格竞争力。

第 5 节　现金流：时刻警惕莫陷"一分钱 难倒英雄汉"的困境

现金流是企业的生命线，现金流一旦中断，绝大多数企业就会陷入困境。基本上所有的企业倒闭、破产都是因为资金链断裂，不赚钱的企业也可以生存的原因是它仍有足够的现金流，而没有现金流的企业是无法生存的。

现金流的管理必须做到防患于未然，没有良好的资金计划，有时候会出现"一分钱难倒英雄汉"的情况。

一、企业经营就是现金流的循环

企业经营的过程就是一个现金流转的过程，企业最初利用股东投入的资本金或债务资金购买原材料、建厂房、买设备、招聘员工，然后经过生产加工之后生产出产品，产品销售之后收回货款，用赚的钱再去买原材料，再去扩大生产，或者去做投资，如此周而复始，就构成了企业的完整的资金链。企业经营现金流循环如图 7-14 所示。

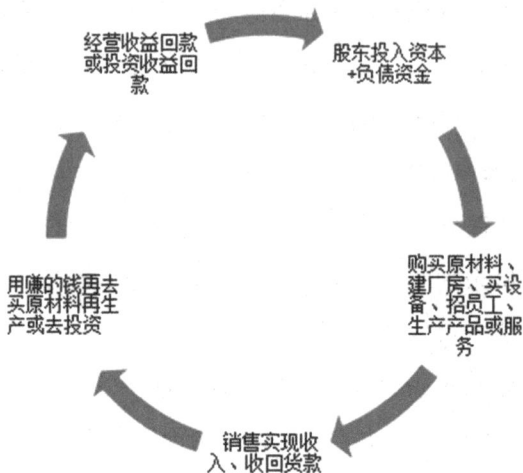

图 7-14 企业经营现金流循环

　　企业经营必须树立资金链的概念，企业经营的每一个环节能获得多少现金、支出多少现金、结余多少现金，必须有一个清晰的了解。如果企业的经营活动不能创造利润，那么经营现金净流量就会越来越少，最后就会导致资金链的某一个环节出现断裂。这个时候也不见得企业就会倒闭破产，如果企业能够通过其他投资渠道获得更多的投资收益，投资收益的现金如能弥补这个资金缺口，那么企业的资金链就仍能够正常运转。假如企业没有投资收益，但能从银行、股东或其他企业融资获得必要的资金，那么也能解决企业资金短缺的问题。

　　但是，我们应该明白，一旦企业经营活动创造的现金不足，就需要引起警惕，因为靠投资收益或外部融资并非长久之计，不具有持续性。一时的经营资金不足并不会带来很大问题，但是如果经营活动创造的现金经常性地不能满足资金需求，那么资金链断裂的风险就会增加。需要注意的是，经营活动的资金短缺的迹象最早是从销售收入或利润表现出来的，因为销售收入是根据权责发生制入账的，而资金都是在销售收入实现之后才收到的，所以一旦出现销售收入大幅减少或者企业亏损局面已经连续出现时就需要警惕企业的资金是不是出现问题了。

二、哪些因素容易导致资金周转不灵

现金对于企业经营就好比血液对于人，资金周转不灵好比人的血液流通受阻，那么企业可能会面临"猝死"的风险。因此，控制资金链风险，必须了解企业资金周转不灵经常由哪些因素导致。

❶ 销售出现重大问题，产品卖不出去，导致现金收入锐减

销售是企业成长的龙头，一旦销售出现重大问题，生产出来的产品卖不出去，那么销售回款资金也就无从谈起，企业的资金流入就会大幅减少。一旦销售环节资金流入少，一连串的问题就出来了，采购、员工工资、租金、日常经营资金支出等都会受到影响，企业的正常经营就会难以为继。

所以，任何经营企业的管理者都非常重视销售。当然，销售环节出现问题有时候并非都是销售部门的问题，也可能是产品的质量存在瑕疵、质量不过硬、竞争力不强等。

❷ 存货、应收账款大量占用流动资金

存货过多的原因有两个：一是销售方面的原因，即产品销售不出去导致积压；二是生产方面的原因，生产线员工的积极性不强，消极怠工，导致生产周期拉长，或者机器设备老化，机器产出效率低下，良品率低下等，这些原因也可能导致原材料、半成品等存货积压。

应收账款大量占用营运资金的原因多数是企业的赊销管理存在问题：要么是赊销政策过于宽松，导致客户的回款期不断拉长；要么是企业在商账管理方面缺乏经验，没有相应的收款政策和方法，或者是方法不得当，导致应收账款越积越多，最终积重难返，导致企业的资金大幅减少，最终带来资金链断裂的风险。

❸ 融资结构不合理或过度使用财务杠杆

很多企业融资结构不合理，主要表现为短贷长投，就是将短期贷款的资金投入长期投资的项目上。为什么短贷长投的风险很高？原因是长期投资的项目一般情况下投资期长（一般需要一年以上甚至更长），而且获得收益和现金流入的周期较长，而短期贷款需要在较短的时间内偿还，这样就会有一个时间差，在这个时间差中，企业可能会没有足够的资金偿还短期贷款，而银行贷款一般是刚性偿还，商量的余地很小，很多企业便因此被逼入绝境。

过度使用财务杠杆会使企业的负债过多，资产负债率过高，债务负担过重，远远超过企业自身的偿债能力。比如我们前面讲的无锡尚德，其最后资产负债率高达 80% 以上，一旦在某一个环节出现问题，企业就像多米诺骨牌一样产生连锁反应，最终被债务压垮。

❹ 资产价格泡沫破裂

假如企业持有很多泡沫性资产，比如投资性房地产或从二级市场买入的股票，一旦所持有的这些资产价格泡沫破裂，就会导致企业的资产价值大幅缩水，企业的财务状况可能迅速恶化，资产变现能力严重下降，导致企业到期不能偿还债务的风险大增，最终会使企业的资金链断裂。

❺ 无度担保：把别人的炸弹绑在自己身上

市场经济中担保行为时常发生，有限度的、可承受范围之内的担保也未尝不可，但是过度的担保或者不考虑自身实力的随意担保，其风险是很大的，就好比把别人的定时炸弹绑在了自己的身上。

担保的目的是为市场中的受信方提供信用支持，同时对受信方提供信用保证，从而使不可能的金融行为得以实现，这对交易各方都有好处。但是当这种行为超过担保人的担保能力以后，就为危机埋下了伏笔，一旦受信方无法履行其债务责任，担保人就会卷入债权债务关系，承担连带责任，使得企业承担额外的债务风险。

更有甚者，有些企业之间还形成了复杂的连环担保网络，埋下了风险隐患, 一旦其中的一家企业发生资金周转困难, 不但不能补偿和分散风险, 反而可能出现连锁反应, 对整个担保链上的所有企业构成巨大的威胁, 导致系统性、灾难性风险的发生, 从而降低担保的实际执行效力, 难以达到缓释风险的目的, 甚至可能会引发企业资金链的断裂。

❻ 外部环境的负面影响

企业经营恶化有时候也并非都是因为自身经营不善, 有时候外部环境恶化也可能置企业于困境。比如美国金融危机的爆发, 导致一些房地产企业、投资银行倒闭。也有的是因为宏观经济不景气, 行业需求大幅萎缩, 企业大面积亏损。比如当前的煤炭、钢铁、水泥、建材等行业, 由于房地产投资下滑, 这些下游行业纷纷陷入困境。

当然, 导致企业资金周转不灵、企业经营不善、陷入危机的原因绝不止上述这些, 但我们也经常看到很多企业的倒闭情况似曾相识。哲学家说"人不能两次踏进同一条河流", 但是人总是在同一个地方多次犯错。很多企业经营者"明知山有虎, 偏向虎山行", 无论多大的风险, 总有人愿意铤而走险。并不能完全否认冒险精神的价值, 经营企业是需要一定的冒险精神, 但冒险精神和风险防范的意识并不矛盾, 很多企业家只有冒险的精神, 没有防范风险的意识和能力, 这就比较危险了。

第 8 章

拧干水分：让财务数据真实反映经营状况

之前章节多次讲到有关财务数据失真的情况，但这里所讲的数据失真和财务造假导致的数字错误不是一个概念。这里的数字失真是指企业的财务会计在做账时，严格按照会计准则的要求来做，并未故意做假账或者错账，结果这样编制出来的报表仍然有很多信息是失真的，不能够真实、准确、完整地反映企业的财务状况和经营成果。那么，在这种情况下，我们怎么分析？这就需要我们对数据进行调整，调整的目的是还原真相，使财务数据更真实、准确、完整地反映出企业的情况。

本章内容就重点介绍财务报表中哪些数据需要调整，如何调整。

第 1 节　莫让浮云遮望眼：为什么会有人说财务数据无价值

你一定听到有人说财务数据没有什么用，说这种话的人分两种：一种是根本不懂财务的人，也确实不知道财务数据有什么价值；另一种并不否定财务数据有价值，但是不知道怎么用，所以在经营管理中也没感受到财务数据给他带来的帮助。

慧眼识珠的人能从沙里淘到金，缺乏头脑和眼光的人会把琴当柴烧掉，把鹤当鸡肉炖了，对不懂得欣赏的人来说，财务数据就是一堆垃圾。

而那些认识到财务数据价值，但不知道怎么用的人，很多时候都是因为不知道如何调整数据。经过调整、还原的数据才更有利用价值。

一、原料再好，蹩脚厨师也做不出一道好菜

财务分析与厨师做菜有相通之处。厨师做菜之前，需要把主菜、配菜、调料准备完毕，然后经过洗、切、煎、炸等准备程序之后，最后再倒进锅里面，放上油、盐、酱、醋、花椒、大料等调料，经过一阵翻炒，一道美味的菜就出来了。财务分析的过程同样要经过前期准备，才能去做分析。这个前期准备主要是核实数据的准确性，要对数据进行一定的加工、整理，对不符合企业经营实际的数据要合理调整，这样最后的分析结果才更有价值。

为什么说蹩脚的厨师给他再好的原料也做不出好菜？因为蹩脚的厨师不知道主菜、配菜如何搭配，不知道如何掌握火候，不知道放调料的先后顺序。一道好菜并不是胡乱瞎炒就能做出来的，是需要一定的方法和技巧的。财务数据的调整也是如此，数据加工、调整都需要遵循一定的原则。

❶ 必须遵循实质重于形式的原则

企业发生的交易或事项在多数情况下，其经济实质和法律形式是一致的。但在有些情况下会出现不一致，比如融资租入固定资产，虽然从法律形式来讲企业并不拥有其所有权，但是由于租赁合同中规定的租赁期相当长，接近于该资产的使用寿命，所以从实质上看，企业控制了该项资产的使用权及受益权。这种情况下，融资租入的固定资产实质上就是企业的资产。

我们在进行财务数据调整时，就是要按照经济实质来调，而不能仅看外在形式。

❷ 必须按照正确的会计准则调整

财务数据的调整仍然要按照基本的会计准则来调，比如调整资产负债表时，假如资产负债表中本期的应付账款虚增，那么就需要调减应付账款，同时调减利润表中的相关成本费用项目以及资产负债表中的未分配利润项目。

总之，必要时要按照一定的会计准则调整财务数据。

❸ 调整的目的就是使数据反映企业的真实情况

无论采用什么方法，最终的目的是让财务数据反映企业的真实情况，使财务数据更有分析和利用的价值。比如，企业资产有高估时，要把它适当调低，有低估时，要适当将其调高；利润表中的收入、成本、费用等有不符合实际的，就要把它调整为符合企业实际情况。

二、财务报表中的哪些"水分"需要拧一拧

只要企业会计在账务处理时严格按照会计准则和会计法的要求做，大多数情况下，这样做出来的财务报表可信度较高。但总有一些业务，即使按照相关规定处理，也常常会出现"水分"，我们结合工作实际，总结出容易出现"水分"的情况。

财务报表中易出现"水分"的项目如表 8-1 所示。

表 8-1　财务报表中易出现"水分"的项目

编号	项目名称	所属类别	容易出现什么"水分"
1	存货	流动资产	存货种类繁多，期末计价采用成本与可变现净值孰低法，可变现净值难以准确估算，期末数字很容易出现高估或低估
2	应收账款	流动资产	关联交易中如违背有关公允规则，不符合正常交易的应剔除；看坏账准备计提比例，若明显无法收回的应收账款应剔除
3	其他应收款	流动资产	如金额过大，看是否有关联公司之间的资金往来，如这些往来不存在任何购销关系，应剔除
4	预付账款	流动资产	如金额过大，与其他应收款类似，看是否有关联公司之间的资金往来，如有并无实际业务的合作，应剔除
5	长期股权投资	非流动资产	有些投资只是为了转移资金，要看投资的是不是关联公司，看投资的项目是否可靠，如不可靠，应剔除
6	固定资产	非流动资产	要看明细，如有房产，看房产市价是否与账面价值严重脱离，如严重不符，做分析前应调整
7	应付账款	流动负债	有些也是关联公司的合作，但有些根本不需要偿还，此类应剔除

续表

编号	项目名称	所属类别	容易出现什么"水分"
8	其他应付款	流动负债	如仅是与关联公司资金往来，应关注其实质，是否不需偿还，如根本无须偿还，应剔除
9	未分配利润	所有者权益	由于资产、负债或所有者权益的相关科目调整，导致未分配利润不准确，涉及损益调整的，都需要同时调整未分配利润
10	营业收入	损益类	有失公允的关联公司的营业收入应调减
11	营业成本和期间费用	损益类	成本费用中有不符合企业经营实际的也应调减或调增
12	收到其他与经营活动有关的现金	经营活动现金流量	有些关联公司的资金往来款与企业采购、生产、销售等真正的经营活动没有任何关系，这些资金应予以剔除
13	支付其他与经营活动有关的现金	经营活动现金流量	支付给关联公司的往来款实质上也不属于经营活动产生的现金流量，应该剔除

表 8-1 中所列的项目都是在实际工作中比较容易出现"水分"的项目，在做财务分析之前，需要对这些项目做出准确判断和辨识，对于不符合企业实际经济状况的，要做出调整。

需要说明的是，此处所说的调整这些项目，并非会计上的账务调整，只是财务分析人员的调整，不需要企业的会计把以前的账拿来调整，这个数据调整仅是为了让财务分析更准确，不属于会计账务处理上面的会计差错调整、会计政策调整。

第 2 节 拨开云雾见青天：调整数据、还原真相

数据调整是财务分析之前必需的准备工作，当然，有些财务报表已经非常准确了，那么这样调整的工作量就很小，甚至根本不用调整，拿来就可以分析了。

我们分别从资产负债表、利润表、现金流量表角度来看如何调整数据，

没有介绍所有者权益变动表的调整方法，是因为所有者权益变动表中的内容都在资产负债表和利润表中有体现。

一、资产负债表数据调整的方法

本章第 1 节中已经讲到资产负债表中哪些项目容易出现"水分"，下面就分别以这些容易出现"水分"的项目为例介绍调整方法。

资产负债表中易出现"水分"的项目调整方法如表 8-2 所示。

表 8-2　资产负债表中易出现"水分"的项目调整方法

编号	项目名称	所属类别	调整方法
1	存货	流动资产	如果发现存货期末价值严重高于市价（原因可能是会计做账时没有了解到市价的情况），那么就调减存货期末数，同时调减所有者权益中未分配利润数。如果严重低于市价，调增存货期末数和未分配利润数
2	应收账款	流动资产	如果有显失公允的关联交易收入形成的应收账款，应调减应收账款期末数，同时调减未分配利润期末数。如果有明显已无法收回但仍挂账的应收账款，应调减应收账款数，同时调减未分配利润数
3	其他应收款	流动资产	如有关联公司之间的往来款，应调减其他应收款期末数，同时调减未分配利润数
4	预付账款	流动资产	如有关联公司之间的资金往来，并且不属于真正的购销活动，这样的往来资金应调减预付账款数，同时调减未分配利润数
5	长期股权投资	非流动资产	如有投资于关联公司的资金，如果调查发现不是真正的投资，只是为转移资金，那么调减长期股权投资期末数，同时调减未分配利润数
6	固定资产	非流动资产	如发现固定资产中有市价远远高于账面价值的房产类固定资产，应调增固定资产数，同时调增未分配利润数
7	应付账款	流动负债	如属于关联公司交易形成的应付账款，可偿还可不偿还的，那么应调减应付账款期末数，同时调增未分配利润数
8	其他应付款	流动负债	如有关联公司的其他应付款，如确实不需偿还，就调减其他应付款的期末数，同时调增未分配利润数
9	未分配利润	所有者权益	与资产、负债类项目的调整同步进行

二、利润表数据调整的方法

利润表的调整项目主要涉及营业收入、营业成本、管理费用、销售费用。营业收入如有与关联公司的交易收入，如果不符合市场公平竞争，并且交易价格或交易条件显失公允，在这种条件下的关联交易形成的营业收入应该从报表中剔除。简单来说，这样的收入根本不是真正的收入。

营业成本、管理费用、销售费用如有因关联交易产生的，不符合真实的交易原则，也应该一并剔除。

在调整利润表的营业收入、营业成本和期间费用时，相应的净利润也会变动，所以也应该相应地调整资产负债表中未分配利润的数值。如果调减营业收入，那么净利润就会减少，相应的资产负债表中的未分配利润也应该调减。调增营业成本或期间费用，相应的净利润同样会减少，资产负债表中的未分配利润也同步调减。调增损益的同时调整资产负债表中的未分配利润，是因为利润表的净利润月末结转到本年利润，而本年利润在资产负债表中的未分配利润项目中列示，到年末时一并将本年利润转入未分配利润。

三、现金流量表数据调整的方法

现金流量表有可能失真的地方在两个方面：一个是"收到其他与经营活动有关的现金"，还有一个是"支付其他与经营活动有关的现金"。这两项全部都是经营活动的现金流内容，所以如果这两项的数据有问题，那么经营活动现金流的分析就不准确了。

那么这两项内容会出现什么问题呢？

重要的问题就是：如果是关联公司之间的资金转移，那么这个资金的流入和流出其实和经营活动没有一点关系，而如果金额较大，就会严重影响经营活动现金流量数据的质量，也会导致整个现金流量表数据失真。为什么这样说？

我们通过一个案例来说明这个问题。

A公司2019年的现金流量表中涉及经营活动流量的部分如表8-3所示。

表8-3 A公司2019年经营活动现金流量部分 单位：万元

项目	金额
一、经营活动产生的现金流量：	
销售商品、提供劳务收到的现金	1 000.00
收到的税费返还	
收到其他与经营活动有关的现金	2 100.00
经营活动现金流入小计	3 100.00
购买商品、接受劳务支付的现金	800.00
支付给职工以及为职工支付的现金	80.00
支付的各项税费	102.00
支付其他与经营活动有关的现金	830.00
经营活动现金流出小计	1 812.00
经营活动产生的现金流量净额	1 288.00

我们从A公司经营活动现金流量数据中可以看出，2019年其经营活动产生的现金流量净额高达1 288万元，而其"销售商品、提供劳务收到的现金"仅1 000万元，是不是很奇怪？我们再从该公司的报表附注就可以查到，该公司的"收到其他与经营活动有关的现金"中，有2 000万元是其母公司转过来的往来款，另外，在"支付其他与经营活动有关的现金"中，有500万元是还给母公司的往来款，但是A公司与母公司之间的资金往来与经营活动有关吗？没有关系，纯属资金拆借。如果不把这些因素剔除，可能会认为A公司的现金流非常好，但是把往来款剔除之后，再来看A公司的经营活动现金流量如何，调整之后如表8-4所示。

表 8-4 调整之后 A 公司 2019 年经营活动现金流量部分　　单位：万元

项目	金额	调整说明
一、经营活动产生的现金流量：		
出售商品、提供劳务收到的现金	1 000.00	
收到的税费返还		
收到其他与经营活动有关的现金	100.00	剔除收到母公司的 2 000 万元往来款
经营活动现金流入小计	1 100.00	
购买商品、接受劳务支付的现金	800.00	
支付给职工以及为职工支付的现金	80.00	
支付的各项税费	102.00	
支付其他与经营活动有关的现金	330.00	剔除付给母公司的往来款 500 万元
经营活动现金流出小计	1 312.00	
经营活动产生的现金流量净额	-212.00	

调整之后可以看出，A 公司的经营活动产生的现金流量净额为 -212 万元，经营活动创造的现金流量严重不足，这才是 A 公司真实的现金流状况，与调整之前形成强烈的反差。这就是需要调整报表的原因。

第 3 节　关于财务报表数据调整的几点说明

调整财务报表数据是个技术活，要求具备一定的财务会计知识，并且对账务处理有所了解。除了前两节介绍的调整方法外，还有以下几点需要特别说明。

一、所有者权益变动表怎么调整

本章没有单独介绍所有者权益变动表如何调整，是因为所有者权益变动表的内容变动与资产负债表中的所有者权益变动，以及利润表中的有关净利润、利润分配变动是一样的，在调整资产负债表的所有者权益项目、利润表中的相关项目之后，一定要同时调整所有者权益变动表的相应项目。

二、调整数据时，要充分考虑会影响哪些项目

资产负债表、利润表、现金流量表中有很多项目有很强的勾稽关系，如果调整了其中一个项目，可能会产生一连串的影响，"牵一发而动全身"就是这个意思。所以在调整每一个项目时，必须充分考虑到对其他项目金额的影响。

比如说，如果调整应付账款，有可能涉及营业成本、管理费用或销售费用项目，而成本费用的变动自然会影响到利润的变动，而利润的变动又会影响资产负债表中未分配利润的变动，所以涉及这些项目时，必须做同步调整。

三、对外部公司的信息了解不够怎么办

关于财务报表数据调整，如果这些财务报表都是自己公司的，我们当然能够很清楚地了解需要调整的内容。但是如果我们要分析的是外单位的报表，比如我们要投资别的单位，或者要为别的单位授信，或者要与别的单位合作，这时候仅从财务报表的数字中是看不出关联交易的，看不出虚增收入或低估成本的，那怎么办？遇到这种情况，可以从这样两个方面着手。

第一，看报表附注，从报表附注里面能够发现很多有价值的非财务信息。如果能看到审计报告，也能从审计报告中发现更多有价值的表外信息。

如果是上市公司的财务报告，披露的信息更为翔实，上市公司的季报、中报、年报中不仅有财务信息，还有大量非财务信息，都值得深入分析。

第二，假如没有报表附注，也不是上市公司，也看不到审计报告，仅有4张财务报表，这种情况下可以分3步走。

❶ 寻找异常，提出疑问

从报表数据中找重大异常信息，比如资产负债表中其他应收款、预付

账款异常高，利润表中毛利率波动非常大，现金流量表中"收到其他与经营活动有关的现金"或"支付其他与经营活动有关的现金"等金额异常大。这些都是值得怀疑的，很可能存在问题。

另外，也要多对比近几年的财务报表，对一些关键数据要反复推敲、对比、核实，然后结合行业的特点、企业规模大小等估算其合理性。

❷ 找到一家相同行业、相同规模的上市公司对比

如果能找到一家和该企业规模、性质、行业属性都相似的上市公司，就可以与之对比，核实、验证一些信息。

❸ 实地调查和访谈

如果能够实地调查企业，并与该企业的主要管理人员访谈，那么就能获得更多表外信息。实地考察和访谈可以结合报表分析的问题，有目的地了解该企业的情况。比如，该企业账面有巨额固定资产，就可以到企业实地调查到底有没有那么多的实物。

如果目标企业既不是上市公司，也没有报表附注，也看不到审计报告，也无法去实地调查，那么可以使用的办法就是对异常数据重点关注，并且要假设各种因素的变化对报表数据的影响，进行评价。同时，所有感觉有异常的指标都要予以剔除。

第 9 章

杠杆理论：财务决策中无处不在的"平衡术"

生活中对杠杆原理的应用随处可见，运用好杠杆可以起到四两拨千斤的作用，在经营管理、投资等方面也都可以运用杠杆。财务管理中有财务杠杆和经营杠杆。杠杆并非不可使用，但必须懂得"平衡术"。

第1节　财务杠杆：高杠杆能否撬动"地球"

财务杠杆的应用与企业的负债相关：负债越多，负债率越高，企业的财务杠杆效果就越大；反之，财务杠杆效果就越小。

企业经营过程中，财务杠杆究竟是高一些好，还是低一些好？可能在不同人眼里看法会有不同。但有一点是可以确定的，即财务杠杆越高，负债率越高，那么财务风险就越大。那么是不是负债率越低，负债越少，企业的财务杠杆越小，其财务风险就越低呢？答案是不一定。

图 9-1 体现了杠杆原理。

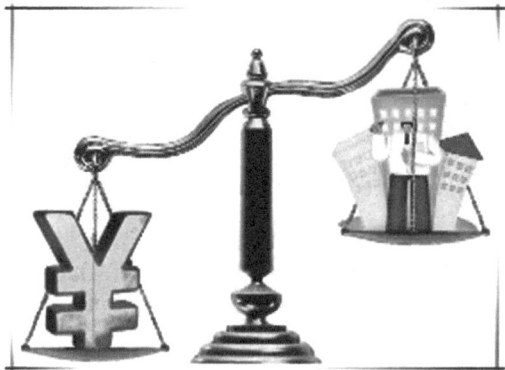

图 9-1　杠杆原理

一、负债的高低与企业经营理念有关

财务杠杆和负债是"孪生兄弟"，了解财务杠杆，就必须理解负债。

我们在前面分析资产负债表时讲到过负债，负债在一般人的眼里是偏负面的，似乎负债不是个好东西，但是对从事商业、投资实业的人来说，负债具有很大的魅力。

如果想迅速提高企业产能，快速占领市场，扩大市场占有率，提高品牌知名度和影响力，吸引优秀的人才团队和掌握上下游资源，那必须借助强大的外部资金，运用杠杆的力量，迅速"跑马圈地"，在某一领域建立强大的"护城河"，让后来者的机会变小。像电商领域的阿里巴巴、京东商城，搜索引擎领军企业百度，门户网站搜狐、新浪、网易，这些在各自领域的标杆企业，哪一个不是借着资本的力量起家的？当然，它们并非靠借贷，而是更多地靠股权融资获得资金。

对那些没有技术、品牌的实力不强、非上市公司的企业来说，外部融资基本只有一个渠道，即银行贷款。但是银行贷款缺点很明显，信用条件要求高，甚至要求提供担保，而且借款额度小，在企业偿债能力不够的情况下，银行就不会放贷。银行一旦不借钱，有些企业就会利用民间借贷，民间借贷的利息高，如果企业的经营收益无法偿还民间借贷的利息，往往过不了几年就会破产。

企业经营是一场马拉松，而不是百米赛，不要以为领先了 100 米就是成功者，只有那些追求稳健经营、持续发展、长盛不衰的企业才是真正成功的企业。

假如负债是一匹马，就必须给它拴一根缰绳；如果负债是一辆车，就不能只会踩油门，还要懂得踩刹车。

二、高财务杠杆 = 高负债 ≈ 高风险

什么是财务杠杆？我们可以这样理解财务杠杆。

无论企业的利润是多少，企业的有息债务的利息和优先股的股利通常都是固定不变的。当企业的息税前利润增加时，每1元盈利所负担的固定利息费用（包括利息支出、优先股股利等）就会相对减少，这就能给普通股的股东带来更多的收益。反过来，如果息税前利润减少，那么每1元盈利所负担的固定利息费用就会相对增加，这就会减少普通股的盈余。这种由于固定财务费用的存在，会放大每股收益随着息税前利润变动而变动的幅度的现象就是财务杠杆。

净资产收益率与借款利息率构成的两种杠杆情况分别如图9-2和图9-3所示。

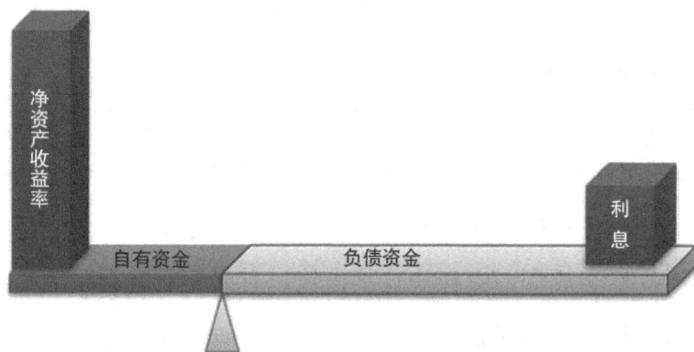

图 9-2   净资产收益率高于借款利息率的财务杠杆示意

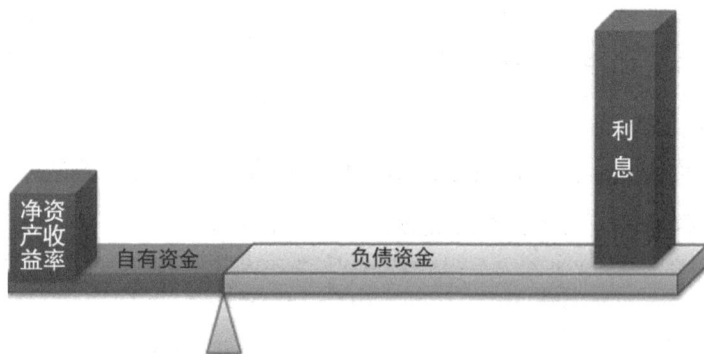

图 9-3   净资产收益率低于借款利息率的财务杠杆示意

财务杠杆的计算与分析

财务杠杆的大小是由财务杠杆系数（Degree of Financial Leverage，DFL）来表示的，财务杠杆系数的计算公式有 3 个。

（1）公式 1。

财务杠杆系数 = 普通股每股收益变动率 ÷ 息税前利润变动率

$$DFL=（\Delta EPS÷EPS）÷（\Delta EBIT÷EBIT）$$

式中：DFL 为财务杠杆系数，ΔEPS 为普通股每股收益变动额，EPS 为变动前的普通股每股收益，$\Delta EBIT$ 为息税前利润变动额，$EBIT$ 为变动前的息税前利润。

（2）公式 2。

财务杠杆系数 = 息税前利润 ÷ （息税前利润 - 利息支出）

$$DFL=EBIT÷（EBIT-I）$$

式中：I 为利息支出。

这个公式还可以继续推导：

财务杠杆系数 = 息税前利润 ÷ （息税前利润 - 利息支出）

        = （净利润 + 利息支出 + 所得税）÷ （净利润 + 利息支出 + 所得税 - 利息支出）

        = 1+ 利息支出 ÷ （净利润 + 所得税）

        = 1+ 利息支出 ÷ 税前利润

由此可以看出，财务杠杆系数会随着利息支出的增加而增加，会随着税前利润的增加而减少。也可以这样说，在资本结构不变的情况下，利息支出越大，有息债务越高，财务杠杆系数就越大，财务风险就越高；而税前利润越大，财务杠杆系数就会越小，财务风险就会越小。

（3）公式 3。

在有优先股的条件下，由于优先股股利通常也是固定的，但应以税后利润支付，所以此时公式应改写如下。

$$DFL=EBIT÷[EBIT-I-PD÷(1-T)]$$

式中：*PD* 为优先股股利，*T* 为所得税税率。

这3个公式都适合股份公司（上市公司）计算财务杠杆，而公式2适合非股份公司计算财务杠杆。

三、低杠杆未必就是低风险

为什么说财务杠杆低的企业其财务风险不一定低？这是因为财务杠杆只反映有息债务给企业带来的风险。我们从财务杠杆的计算公式中可以看出，公式中的利息指的是有息债务的利息支出，而如果企业没有利息支出，那么财务杠杆就是1，这样就没有杠杆的作用了。

虽然财务杠杆没有反映无息债务的影响，但是无息债务对企业债务风险的影响也是不可忽视的。如果企业的应付账款、应付票据很高，企业的债务风险仍然很高。应付账款虽然没有利息，也不像银行贷款、应付债券那样有固定的偿还期限，但是应付账款是建立在供应商的信任基础上的，企业的经营一旦出现问题，若供应商集中要求付款，这样也会导致企业陷入困境。

因此，我们在通过财务杠杆来评价企业的财务风险时，也不要忽略了无息债务对企业债务风险的影响。

四、经理人如何平衡财务杠杆，防范财务风险

经理人是企业的决策者、掌舵人，企业财务杠杆的高低很大程度上是由经理人决定的。那么经理人该如何在掌控财务杠杆、创造更多收益的同时防范财务风险呢？

经理人在利用财务杠杆进行筹资决策的时候，至少应该考虑到两点。一是企业目前的经营状况。如果企业当前正处于上升阶段，企业的盈利能力良好，市场发展前景看好，业务开展较为顺利，企业正面临着比较好的

市场发展机会,但是资金的短缺制约着企业进一步提升,在这种情况下,经理人如果仍然过于保守,不愿意通过借款取得更高的收益,那么我们就认为企业管理不善。当然,反过来说,如果企业的发展速度已经放缓,企业的盈利能力不断下滑,甚至已经低于资金成本,企业已经过了繁荣期,甚至出现衰退的迹象,那么这个时候如果仍然保持高的财务杠杆,就会使企业面临一系列的困难,一旦到期不能按时偿还借款,那么企业将陷入被动状态,甚至因此而破产。二是要考虑到外部环境。重点是国家经济是处于通货膨胀时期还是通货紧缩时期,如果是在通货膨胀时期,负债的真实资金成本是在下降,这个时候借款相对更为划算。

下面,我们具体介绍经理人如何充分利用财务杠杆的正效应创造更高收益,同时规避财务杠杆的负效应,防范财务风险。

❶ 利用财务杠杆的正效应,为企业创造更多收益

所谓财务杠杆的正效应,就是利用财务杠杆能为企业带来益处,具体来讲就是指在企业适度负债融资情况下,利息的抵税作用,使得企业普通股每股收益持续增加的情况。

企业债务资本的优势是借款的利息可以作为费用在税前扣除,起到抵税的作用。在企业债务税前成本与权益成本相同的情况下,冲减税费作用的存在,使得债务的实际成本会低于权益资本成本。这部分负债产生的利息费用会减少企业的支出,从而使企业的价值增加。也就是说企业的负债资本越大,利息费用所占的比例也就越大,可以在税前冲减的费用也就越多,企业价值也会随之增加,那么普通股每股收益的增长幅度也就越大。

我们通过一个案例,能够更清楚地看到财务杠杆产生的利息支出对净利润的增长率的影响。

G公司最近3年的财务数据如表9-1所示。假设每年的债务利息支出均为100万元,企业所得税税率为25%。

表 9-1　G 公司最近 3 年财务数据（息税前利润大于债务利息）

指标	2017 年	2018 年	2019 年
息税前利润（万元）	150	180	280
息税前利润增长率		20%	56%
债务利息（万元）	100	100	100
所得税税率	25%	25%	25%
企业所得税（万元）	12.5	20	45
净利润（万元）	37.5	60	135
净利润增长率		60%	125%

从表 9-1 中可以看出息税前利润增长率和净利润增长率的对比情况。息税前利润是没有扣除利息费用和企业所得税的盈利额，2018 年 G 公司的息税前利润增长率为 20%，2019 年为 56%。但是再来看净利润增长率，净利润增长率是考虑了利息费用和企业所得税之后的净收益，2018 年 G 公司的净利润增长率高达 60%，比同年息税前利润增长率高出 40%，2019 年净利润增长率为 125%，比同年的息税前利润增长率高出 69%。由此可见，正是由于债务利息抵税的作用产生了强大的正效应，使公司的净利润增长幅度大幅提升。

❷ 规避财务杠杆的负效应，防范财务风险

财务杠杆能够给企业带来正效应，但是也能带来负效应。财务杠杆给企业带来的负效应，除了前面讲到的如果企业的息税前利润低于债务资金产生的利息费用会导致企业的净利润以更快的速度下降，最终会导致普通股每股收益下降外，财务杠杆的提高还会导致企业对资金的控制削弱，使企业面临的风险增大。财务杠杆高，也会给股东的利润带来不稳定性，因为有财务杠杆的存在，息税前利润有少许的变动就可能对股东的收益产生巨大影响。债务本息总额稍微变动就有可能吞噬用来发放股利的所有利润。

另外，高财务杠杆所带来的另一个潜在风险是，债权人看到企业的财务杠杆高了，为了降低风险保护自身，就会对借款合同施加一定的限制条款，例如，要求企业提供担保，或者要求企业保持一定资金流动性等，这在一

定程度上会使企业对资金管理失去灵活性。

那么，对经理人来说，如何控制财务杠杆，防范财务风险呢？

对某一企业来说，筹资的渠道和方式很多，经理人需要合理掌控财务杠杆，在为企业增加利润的同时，也不能忽视风险的增加。

首先，使企业的债务风险与经济收益相统一。

风险和收益是成正比的，一般而言，高收益伴随着高风险。企业的投资者和经营者要权衡收益和风险的依存关系。在企业的风险较高，经营形势变差的情况下，要逐步降低财务杠杆，降低债务风险；而在企业的经营形势上升阶段，经济效率良好的情况下，可以适当提高财务杠杆，获得更多额外收益。

其次，要调配好长期债务和短期债务的结构。

企业在进行负债经营时应注意长期债务和短期债务的比例，要准确掌握企业的资产抵偿债务的能力。一般而言，长期资金需求应由长期债务来满足，短期资金需求应由短期债务来提供。如果用短期债务来满足长期资金的需求，那可能会给企业带来较大的风险。

最后，经理人应利用财务杠杆，合理安排融资渠道。

企业的融资渠道并非仅有债务融资，如果经理人发现企业的财务杠杆已经很高了，这个时候仍然需要更多的资金，那么可以考虑通过股权融资来筹集资金，也可以通过上市来筹集更多的资金。

总之，经理人只要充分利用好财务杠杆这个工具，就能够帮助企业提升经济效益，防范财务风险，做好二者之间的平衡。

第 2 节　经营杠杆：搞懂成本性态，创造
效益事半功倍

我们在做财务分析的时候，是不是会碰到这样的情况：有的企业经营业绩一直波澜不惊，突然有几年，尽管营业收入增速并不是很快，但是净

利润增长却突飞猛进；还有的企业经营业绩一直不错，但是一旦销售收入开始下降，其净利润直线下降。这两种看起来不可思议的现象，排除非经常性收益的波动影响以及造假账的因素，很多时候都是企业的经营杠杆在起作用。

一、成本性态分析

经营杠杆是与成本性态密切相关的。理解经营杠杆，必须先了解成本性态的概念。

成本性态，又称成本习性，是指成本的变动与业务量之间的依存关系。按照成本性态，通常可以把成本区分为固定成本、变动成本和混合成本 3 类。

需要特别指出的是，这里的成本是一个广泛的概念，它不仅包括会计上的营业成本，也有可能包括管理费用、销售费用、财务费用。比如，房屋租赁费，在会计上属于管理费用，但是在这里可能就是固定成本。

成本性态分类如图 9-4 所示。

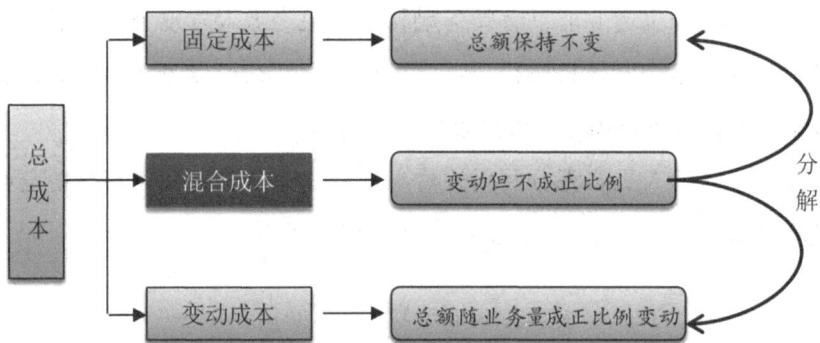

图 9-4　成本性态分类

❶ 固定成本

固定成本是指在一定范围内不随产品产量或销售量变动而变动的那部分成本。

在我国工业企业中，可以作为固定成本看待的项目包括：生产成本中列入制造费用且不随产量变动的办公费、差旅费、折旧费、劳动保护费、车间管理人员薪金和租赁费等；销售费用中不受销量影响的销售人员薪金、广告费和折旧费等；管理费用中不受产量或销量影响的企业管理人员薪酬、折旧费、租赁费、保险费等；财务费用中不受产量或销量影响，各期发生额稳定的利息支出等。

固定成本大部分是间接成本，在相关范围内，其总额不受产量增减变动的影响。

❷ 变动成本

变动成本是指在一定条件下，成本总额随着业务量的变动而成正比例变动的成本。

在我国工业企业中，变动成本包括生产成本中直接用于产品制造的、与产量成正比的原材料、燃料及动力、外部加工费、外购半成品、按产量法计提的折旧费和单纯计件工资形式下的生产工人工资，销售费用、管理费用和财务费用中与销售量成正比例的费用项目。

❸ 混合成本

混合成本介于固定成本和变动成本之间，是成本总额虽然受业务量变动的影响，但其变动幅度并不同业务量的变动保持严格比例的成本。

成本性态分析就是对成本与业务量之间的依存关系进行分析，从而在数量上具体掌握成本与业务量之间的规律性关系，以便为企业正确地进行最优管理决策和改善经营管理提供有价值的资料。

成本性态分析将所有成本通过一定方法划分为固定成本与变动成本两大类，在企业成本管理中具有重大的意义，得到了广泛的应用，但是在实际应用中也存在一些问题。比如，有些企业的成本资料难以全面获得，因此变动成本和固定成本的划分与分析也就存在很大困难；成本性态分析工作量大，数据分析复杂，很多数据都要求用计算机来处理，致使成本性态分析的应用范围受到限制；固定成本与变动成本的成本性态，只有在一段有限的期间和一个有限的产量范围内才是正确的，如果超过了一定时期或者一定的业务量范围，成本性态的特点就有可能发生变化，这使得成本性态分析及其结果的应用必须保持在一定的时期内；也正是因为相关范围的多变性，使得成本性态分析只能用于短期分析，而不能用于企业的长期分析。

二、轻松理解经营杠杆

什么是经营杠杆？简单来说，经营杠杆就是由于固定成本的存在导致息税前利润变动率大于销售业务量变动率的现象。

那么如何更轻松、更容易地理解经营杠杆呢？我们可以从以下角度来理解。既然是杠杆，那么就必须有3个要素：支点、作用力、撬动的重物。那么，很显然，固定成本是"支点"，是推动经营杠杆发挥效应的发动机；销售量变动是经营杠杆的"作用力"，是处于主动地位的变量；息税前利润是经营杠杆中的"重物"，是居于被动地位的变量，是经营发生效应的结果。

经营杠杆展示如图9-5所示。

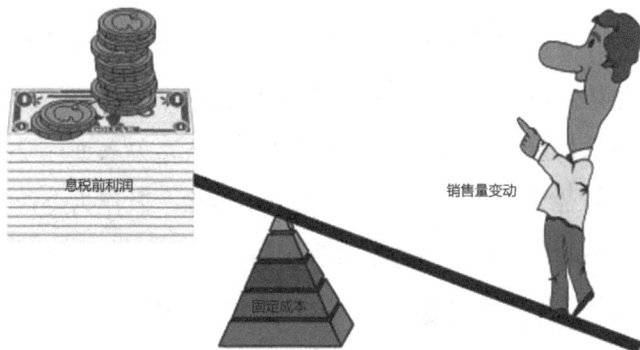

图9-5　支点、作用力、撬动的重物展示经营杠杆

从图9-5也可以看出，当销售量增长的力度变大时，通过固定成本的支点起到杠杆的作用，息税前利润就会增长得更快；而反过来，如果销售

量开始下降，在固定成本的作用下，息税前利润会以更快的速度下降。

为了对经营杠杆效应进行量化，企业财务管理中把息税前利润变动率相对于产销量（或销售收入）变动率的倍数称为"经营杠杆系数"（Degree of Operating Leverage，DOL），并用公式加以表示。

$$经营杠杆系数（DOL）= 息税前利润变动率（\Delta EBIT \div EBIT）\div$$
$$产销量变动率（\Delta S \div S）$$

式中：DOL 为经营杠杆系数；$EBIT$ 为息税前利润；$\Delta EBIT$ 为息税前利润变化量；S 为销售额；ΔS 为销售额变化量。

公式也可以表示为：

$$报告期经营杠杆系数 = 基期边际贡献 \div 基期息税前利润$$
$$边际贡献 = 销售收入总额 - 变动成本总额$$

我们通过一个案例来理解经营杠杆的含义。

甲公司基期实现销售收入 200 万元，变动成本总额为 110 万元，固定成本为 60 万元，试计算该公司的经营杠杆系数。

$$经营杠杆系数 =（200-110）\div（200-110-60）=90 \div 30 = 3$$

该公司的经营杠杆系数为 3，这个 3 的含义是，如果企业的销售收入每增加 1 元，那么在经营杠杆的作用下，该公司的息税前利润变动就是销售收入的 3 倍。

企业经营风险的大小常使用经营杠杆来衡量，经营杠杆的大小一般用经营杠杆系数表示。

对于经营杠杆与经营风险的关系的理解，我们需要把握以下几点内容。

第一，经营杠杆本身并不是经营风险的根源，但它放大了市场和生产状况不确定性因素作用下企业盈利水平的变动幅度。

经营杠杆系数越大，经营杠杆作用也就越大，经营杠杆能够撬动的物体的重量也就越大，销售额的变动导致息税前利润的波动幅度相应也就越大，因此，经营风险也就越大。

第二，如果固定成本不变，销售额越大，经营杠杆系数自然越小，经营风险越小；反之，则相反。当然，这里的固定成本不变是在一定的销售范围之内的，如果超过一定的范围，固定成本也会变化。

第三，当销售额达到盈亏临界点时，经营杠杆系数趋近于无穷大。只要销售额略增长，就会引起经营利润较大的增长；相反，只要销售额略有降低，则全部经营利润就会被抵消掉。

第四，在其他条件不变时，产品售价越高，经营杠杆系数越小，经营风险越小；反之，则相反。

第五，在其他条件不变时，产品单位变动成本越低，经营杠杆系数越小，经营风险越小；反之，则相反。

第六，降低经营杠杆的方法，就是降低固定成本比重，增加销售额，降低产品单位变动成本。

三、经营杠杆在企业决策中的应用

只要存在固定成本，经营杠杆就会悄然发生作用。如果能在企业经营决策、投资决策中平衡好经营杠杆，就能够帮助企业更好地控制风险、创造效益。

我们可以在预测企业的经营业绩、评估企业的经营风险、评价企业的投资方案时利用经营杠杆的知识。

❶ 预测企业的经营业绩

产品销售是企业的利润之源，而企业产品的销售数量受市场供求关系的影响而产生波动，从而影响着企业的利润水平。那么，企业的管理者必须及时、准确地预测市场行情的变化对企业利润的影响程度，采取有效措施，把不利影响降到最低或控制在可接受范围之内。经营杠杆系数正是这样一个描述市场供求波动对企业经营利润影响程度，反映企业抵抗市场风险能力的重要财务指标。

根据经营杠杆系数的公式, 可以推导出目标期息税前利润的计算公式如下。

目标期息税前利润 = 基期息税前利润 × (1+ 经营杠杆系数

× 预计销售额变动率)

假设乙公司基期息税前利润为 100 万元, 经营杠杆系数为 2。当预计销售额变动率为 20% 时, 目标期息税前利润将以销售额变动率 2 倍的幅度增加, 达到 140 万元; 反之, 当预计销售额变动率为 -20% 时, 目标期息税前利润将以销售额变动率 2 倍的幅度减少, 降为 60 万元。

❷ 评估企业的经营风险

经营杠杆系数既可以用来衡量经营杠杆的大小, 也可以用来反映、评价企业经营风险的强弱, 经营杠杆的大小与经营风险的强弱存在着对应关系, 可以用经营杠杆来反映企业的经营风险。

经营风险的根源在于企业生产经营中存在的诸多不确定性因素, 比如战略选择、产品定价、销售策略等, 这些不确定因素会导致销量的变化, 进而造成生产经营成果的变动。经营杠杆发挥作用的支点——固定成本, 是不随销量的变化而变化的, 不在"不确定因素"之列, 因此经营杠杆不是经营风险的根源。但是, 当销量发生变动时, 固定成本就会参与影响生产经营成果的过程, 它的作用是使生产经营成果发生更大程度的变动, 使企业的经营风险变大。经营杠杆可以加剧企业的经营风险。

所以说, 经营杠杆反映经营风险的大小, 能够加剧经营风险。因此, 企业可以通过控制经营杠杆的大小来控制经营风险。

那么企业怎样通过控制经营杠杆来控制经营风险呢?

第一, 调节固定成本的比重。如果企业的经营处于衰退期, 此时较高的经营杠杆会导致企业的盈利波动巨大, 经营风险相应地也会很大, 为了降低经营风险, 企业可以通过减少固定成本的比重来削弱经营杠杆的作用, 增强企业盈利的稳定性, 进而提高企业在市场中的竞争能力。

第二，提高销售额。在企业生产能力许可，而且不至于过度使用企业资源的情况下，努力提高销售收入，提高市场占有率，并通过合理的定价策略降低企业的经营杠杆，增强企业的自身实力，减少外部因素对企业盈利稳定性的影响，可以增强企业的抗风险能力。

第三，建立风险防范体系。企业的风险防范是一个综合的系统工程，企业的经营风险可能来自很多方面，企业需要在生产、销售、财务等各方面建立风险预警机制。当然，也可以把经营杠杆系数作为风险预警的一个重要指标。

❸ 评价企业的投资方案

当企业存在闲置资金的时候，会将多余的资金用来投资，而企业投资可分为长期投资和短期投资。由于长期投资的影响时间长，投入金额大，不确定性因素多，风险大，所以，长期投资成功与否关系到企业的兴衰。

投资一旦形成，往往会给企业的后续经营带来巨额的固定成本，经营杠杆效应也就随之产生。由投资转化而来的固定成本越大，在经营杠杆的作用下，息税前利润随销售额的变动幅度越大，表明企业的经营风险越大。因此，投资人在投资前就应该充分地考虑到经营杠杆作用，计算经营杠杆系数，判断经营风险，并和企业的承受能力及对待风险的态度结合起来，判定能否承受风险，决定是否进行投资。

案例解读　利用经营杠杆进行固定资产投资决策

丙公司只生产一种产品，年固定成本总额为 80 万元，单位产品变动成本为 30 元，单位售价为 50 元，2019 年销售了 8 万件。丙公司拟在第 2 年购置新设备，假设采用新技术，将会使固定成本总额增至 140 万元，单位变动成本下降至 20 元，以下将通过编制设备购置前后相关数据对比表进行说明。丙公司设备购置前后相关数据对比如表 9-2 所示。

表 9-2　丙公司设备购置前后相关数据对比

情况	不购置新设备			购置新设备		
	经营杠杆系数	息税前利润（万元）	利润增长率	经营杠杆系数	息税前利润（万元）	利润增长率
销量不变	2	80		2.4	100	
销量增长10%	1.83	96	20%	2.13	124	24%
销量下降10%	2.25	64	-33%	2.84	76	-38.7

由表 9-2 可以看出，丙公司购进设备之后，固定成本增加，经营杠杆系数提高，在销量增减变动 10% 的情况下，息税前利润的变动幅度变大。购置新设备之后，丙公司如果销量下降 10%，那么息税前利润就会下降38.7%，高于不购置新设备情况下的下降幅度 33%。

因此，假如丙公司的产品正处于成长期，在公司销量持续增长的情况下，可以购置新设备，这样可以充分利用经营杠杆的乘数作用，使公司获得更多的经营利润。但是，如果公司的销量处于下降期，那么由于经营杠杆的影响，会导致利润下降的幅度更大，企业的经营风险更大，这时候不宜增加长期投资。

第 10 章

精细化管理：用利润表指导经营决策的诀窍

老子曰："天下大事，必作于细。"老子的意思是，天下的大事都是从很细小的地方一步步做起来的。企业经营管理自然属于"天下大事"，当然也需要从细小的地方做起，因此，现代企业管理提出了精细化管理的理论。我们无须在这里讨论精细化管理，本章只是介绍如何从精细化的角度，运用利润表来为我们的经营决策提供支持。

第 1 节　设计适合自己的利润表体系

在 4 张财务报表中，利润表最"虚"，为什么"虚"？因为利润表最容易被操纵，最容易作假，最容易包含"水分"。上市公司为了给投资者一个"亮丽"的业绩数字，往往向利润表中"注水"，通过虚增收入或少计成本费用，造成利润的"虚胖"，而非上市公司为了少缴企业所得税，往往千方百计地隐匿收入或减少收入，或者虚增成本费用，造成利润的"人工瘦身"或"假亏"。

假如排除人为造假的因素，那么真实的利润表能否为经营决策助一臂之力呢？答案是肯定的，但是必须对利润表进行"量身定制"，进行"精细化"改造，结合企业自身实际，设计适合自己的利润表。

一、全国通用的利润表不一定适合你

全国通用的标准利润表格式线条比较粗糙，因为它要满足绝大多数企业的需要，不可能面面俱到。通过全国统一标准的利润表我们只能了解一个总体的经营成果，如果我们想更深入、更细致地掌握企业的经营情况，那这个表就无能为力了。

全国通用利润表格式如表 10-1 所示。

表 10-1　全国通用利润表格式

项　目	深入了解的内容
一、营业收入	不同产品的收入、不同项目的收入
减：营业成本	不同产品、不同项目的营业成本
税金及附加	
销售费用	具体费用类型的金额及增减情况
管理费用	具体费用类型的金额及增减情况
财务费用	利息收入、利息支出、银行手续费、汇兑损益情况
资产减值损失	
加：公允价值变动收益	各个金融产品的变动损益
投资收益	各个投资项目的收益
二、营业利润	
加：营业外收入	是什么
减：营业外支出	是什么
三、利润总额	
减：所得税费用	
四、净利润	

从表 10-1 可以看出，如果你想通过全国通用的标准利润表来了解更深入的内容，那是不可能的，你必须自行设计个性化的利润表。

二、如何"私人订制"你的个性化利润表

冯小刚执导的《私人订制》，是一部令人捧腹的喜剧电影。影片中的"私人订制"公司，以"替他人圆梦"为主营业务，无论客户提出多么奇葩、多么严格的圆梦要求，他们均能为客户量身订制个性化的"圆梦方案"。

电影里的"私人订制"公司虽然荒诞、滑稽、不可思议，但是客户的个性化需求却是真实存在的。全国通用的利润表不能满足每一个企业的需

求，就是因为表中所涵盖的内容不能满足每一个企业的个性化需求。所以，为了更有效地利用利润表为企业的管理、经营服务，必须对这个表的格式、内容做一些个性化的改造。更加细化、实用的利润表格式如表 10-2 所示。

表 10-2　更加细化、实用的利润表格式

项目	本期金额	占营业收入比重	上期金额	占营业收入比重	同比增减额	同比增长率	占比变动
一、营业收入							
商品销售收入							
技术服务收入							
租赁收入							
……							
减：营业成本							
直接材料							
直接人工							
制造费用							
……							
税金及附加							
销售费用							
销售人员工资							
差旅费							
广告费							
……							
管理费用							
管理人员工资							
交通费							
办公费							
通信费							
……							
财务费用							
利息收入							
利息支出							
银行手续费							
资产减值损失							
加：公允价值变动收益							

续表

项目	本期金额	占营业收入比重	上期金额	占营业收入比重	同比增减额	同比增长率	占比变动
A 股票产品							
B 债券产品							
……							
投资收益							
A 投资项目							
B 投资项目							
……							
二、营业利润							
加：营业外收入							
非流动资产处置利得							
非货币性资产交换利得							
债务重组利得							
资产盘盈利得							
捐赠收入							
政府补贴							
罚没收入							
减：营业外支出							
非流动资产处置损失							
非货币性资产交换损失							
债务重组损失							
资产盘亏损失							
公益性捐赠支出							
罚款支出							
三、利润总额							
减：所得税费用							
四、净利润							

表 10-2 就是另行设计的更细化、更实用的利润表，这个表看起来很简单，但是这张表传递出来的信息要比全国统一格式的利润表丰富得多，从这张表中，可以看到营业收入的构成、营业成本的构成、期间费用的各明细类型的构成，也可以看到每一个金融产品的公允价值变动收益、每一个投资项目为企业所带来的投资收益构成，也可以很清楚地看到营业外收入、

营业外支出都来自哪里。总之，通过这张表，能够更深入、更全面地了解企业的收入、成本、利润情况。

设计个性化的利润表，还需要做以下几点补充。

第一，尽可能细化，但也要坚持重要性原则。尽可能细化就是说把利润表中的每一项内容尽可能地往下分解，比如"营业收入"这一项，应该往下细分为商品销售收入、技术服务收入、租赁收入等。所谓坚持重要性原则，就是对于企业很少发生的、很不重要的内容，不必列示，比如管理费用的费用类型中，如果有一些金额特别小、发生频率很低、不重要的费用类型，就不必再列示出来。

第二，要重视各项收入、成本费用占营业收入的比重指标。在上述各表中可以看到，每张表都设计了占营业收入比重这个指标。从各项收入占营业收入的比重可以知道，企业的各类业务收入所贡献的收入大小，由此也可以判断哪些业务是企业营业收入的主要来源，也可以由此判断各类业务的重要程度。从各项成本费用占营业收入的比重可以看出，每 100 元收入中，需要消耗多少成本费用，通过这个比重的大小，可以知道哪些成本费用是需要重点控制的，哪些成本费用并不是很重要，而且可以通过成本费用占营业收入的比重变动了解到，企业在哪方面的投入增加得更多。在多数情况下，成本费用占营业收入的比重指标比同比增减指标更为可靠，因为同比增减指标如果基期数较小，就会导致同比增减的幅度很大，其实这并不能说明太多问题，而如果成本费用占营业收入的比重变动较大，那就是非常值得关注的信号了。

第三，上面设计的利润表是以工业企业为例做的，对服务、金融保险、房地产、建筑等其他行业来说，设计的思路其实是一样的，只需要把相应的项目按照本企业的实际情况做出替换即可。

第四，利润表一定要结合各种台账使用。报表无论怎么细化，有些重要的信息也是不能全部呈现出来的，比如说企业的各个主导产品的收入、成本、毛利等信息，或者是企业的每个项目的收入、成本、项目毛利，各部门的收入、费用等内容很难全部通过利润表呈现出来，这就需要制作各种台账。利润表与各台账结合起来看，就能够起到相互补充、相得益彰的效果，有利于全方位、多角度地掌握整个企业的收入、成本、费用、利润等情况。

三、按主导产品、项目设计利润表

前面讲到，利润表必须结合台账来看，尤其是主导产品、项目的台账，这些台账的设计方法仍然采用利润表的格式。

主导产品或项目利润表台账如表 10-3 所示。

表 10-3　主导产品或项目利润表台账

项目	主导产品（或项目）						
	本期金额	占收入比重	上期金额	占收入比重	同比增减	同比增长率	比重变动
营业收入							
商品销售收入							
技术服务收入							
租赁收入							
……							
营业成本							
直接材料							
直接人工							
制造费用							
……							
产品或项目毛利							
毛利率							

通过主导产品和各个项目的利润表台账，我们就可以很清楚地掌握企业每一个主导产品和每一个项目的收入、成本、毛利情况。当然，项目的利润表可以再增加各种费用类型，但是主导产品就没法核算费用了。

除了主导产品和项目的台账，部门的台账也很重要，部门台账设计可参看项目的利润表格式，对于创造收入的部门（比如销售部），也可以列出部门收入、成本、费用、利润，而对于不创造收入的职能部门（比如财务部、行政部等），只需列出各种费用的发生额即可。

第 2 节　削减成本费用

利润表管理的最终目标是增加企业的利润，而增加利润有两个途径：一是提高收入，二是控制成本费用。提高企业的营业收入是一个非常艰巨而宏大的任务，并非财务人员的专长，但是控制成本费用应该属于财务管理的重要职责之一。因此，下面就重点来介绍如何削减成本费用，创造更多收益。

一、削减 10% 的成本费用相当于增加其数倍的收入

从创造利润的角度来看，削减成本费用要比创造营业收入来得更快，增加 100 元的营业收入，也仅创造了 10 元的净利润（假设净利润率为 10%），而削减 10% 的成本费用，在一定条件下，相当于增加了其同等金额数倍的收入。

我们通过一个小案例来说明这个问题。

Y 公司利润表如表 10-4 所示。

表 10-4　Y 公司利润表

项目	金额（万元）	金额（万元；假设营业成本和期间费用降低 10%）
一、营业收入	100	100
减：营业成本	70	63
税金及附加		
销售费用	10	9
管理费用	5	4.5
财务费用		
投资收益		
二、营业利润	15	23.5

续表

项目	金额（万元）	金额（万元；假设营业成本和期间费用降低 10%）
加：营业外收入		
减：营业外支出		
三、利润总额	15	23.5
减：所得税费用（按 25% 税率）	3.75	5.88
四、净利润	11.25	17.62

正常经营情况下，Y 公司的净利润为 11.25 万元，假设其他条件不变，营业成本和期间费用降低 10%，即（70+10+5）×10%=8.5 万元，那么经过计算可以看到，Y 公司的净利润增加到 17.62 万元，增长幅度为 56.7%，远远高于 10%。

接下来可以看到，由于成本费用下降 10%，从而使净利润增加 6.37 万元，而为了获得这 6.37 万元的净利润，需要新增多少营业收入呢？

先计算出 Y 公司的销售净利润率：

销售净利润率 =11.25÷100×100%=11.25%

那么由此可以计算出新增营业收入：

新增营业收入 =6.37÷11.25%=56.62（万元）

也就是说，如果 Y 公司要新增 6.37 万元的净利润，需要新增加 56.62 万元的营业收入，而成本费用仅需要节约 8.5 万元。需要新增的营业收入是节约成本费用的 6.66 倍。

需要注意的是，假如 Y 公司的销售净利率越高，需要新增的营业收入就越小；假如销售净利率越低，则需要新增的营业收入就越大。换句话说，企业的销售净利率越高，节约成本费用的功效越小；销售净利率越低，节约成本费用的功效越大。

二、成本费用控制的 3 个方法：流程控制、标准控制、总量控制

成本费用控制的话题是老生常谈，所有的经营管理者都知道，成本费

用控制很重要，但是很多人觉得控制成本有种无从下手的感觉，不知道该怎么做。有些企业为了控制成本费用，就眉毛胡子一把抓，拼命地压低各种成本支出，变着法地降低员工的薪酬及福利待遇，甚至有的单位把对员工的各种罚款当作一个"创收"的手段，这样的成本控制是不是让人贻笑大方？！控制成本费用是讲究方法和策略的，并非减少支出就是成本控制，不该减少的支出减少了，有可能带来不良后果。

我们认为成本费用控制的方法有 3 个：流程控制、标准控制、总量控制，如图 10-1 所示。成本控制必须树立 3 个基本理念：机会成本的理念、沉没成本的理念、资金时间成本的理念。

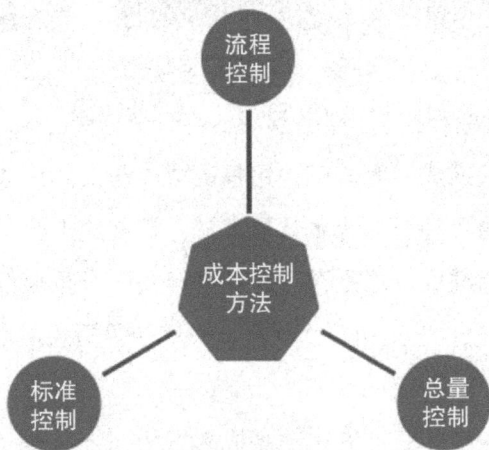

图 10-1　成本费用控制的 3 个方法

第一种方法是流程控制。企业经营过程中有很多流程，费用报销流程、采购付款流程、生产加工流程、商品销售流程等，这些流程如果设计不合理，或者流程改变非常随意，那么很多成本费用有可能就在其中悄无声息地被浪费、被挪用等。流程设计必须坚持高效率、必要的岗位职责分离等原则，必须符合内部控制的要求。

通过流程控制可以降低企业成本费用，是因为每一个流程的审批人员掌握的信息不同，通过流程中的每一个环节的审核，可以起到监督、制约的作用。比如财务报销流程中，部门负责人审核这一环节，部门负责人是报销人的直接上级，他清楚报销人报销的事项的真实性，如果存在虚构、夸大报销事项的事情，这个环节就已经卡下了。分管领导审核这一环节可以从企业的预算指标、经营管理的更高角度来审核报销事项。财务审核这一环节重点是从发票的合规性、合法性、合理性等角度审核报销事项。总经理审核这一环节是财务报销的"一支笔"，只有这一关没有问题，出纳才能付款。通过财务报销这一简易流程，我们可以了解到，通过不同审批环节处理人的审核，可以有效减少虚报、谎报费用支出，也可以减少铺张浪费等现象，从而起到控制成本费用的效果。财务报销简易流程如图10-2所示。

图10-2　财务报销简易流程

第二种方法是标准控制。财务管理上有一个重要的概念叫标准成本法，即以预先制定的标准成本为基础，用标准成本与实际成本进行比较，核算和分析成本差异的一种产品成本计算方法。标准成本法是加强成本控制的一个重要方法。标准成本法是西方财务会计的一个重要概念，最早是由美国通用汽车公司在20世纪初首次使用，一度使美国通用汽车公司占据世界汽车行业领先地位。

本章的标准控制，既可以在产品成本方面制定标准，也可以对日常费用支出制定一定的标准，比如差旅住宿标准、交通补助标准、招待费标准、通信费标准、不同岗位的基本工资标准、车辆费标准等。标准成本、标准费用能够使企业的支出有一个清楚的预期，可以使企业的成本费用的控制放在日常管理中，避免企业的开支无度，避免企业的开支超过企业可承受的范围，造成企业资金的紧张。

第三种方法是总量控制。总量控制就是每年为企业的成本费用总额设定一个预算额度，每年发生的成本费用支出严格控制在这个额度之内，不得超支。成本费用总额度的设定可以与营业收入结合起来，比如占营业收入的比重不得超过多少。

三、3 个看不见的成本：资金成本、机会成本、沉没成本

对财务管理来说，不能仅盯着看得见的成本费用支出，还有一些成本是摸不着、看不见的，但是它们也是客观存在的，比如资金成本、机会成本、沉没成本。

❶ 资金成本

资金成本，也叫资金时间价值，通俗地讲就是资金是有成本的。20 年前 50 万元能够在北京四环附近买一套 80 平方米的房子，而目前 50 万元只能在北京六环附近买一个 20 平方米的卫生间。由于通货膨胀的存在，资金每天都在贬值。

假如有这样一个选择，你看该如何决策？我们委托一家 IT 服务商为我们开发一个软件，开发周期 3 年，总开发费 2 000 万元，供应商提出两种付款方式让我们选择：一种方式是一次性付清，只需付 1 900 万元，优惠 100 万元；另一种方式是分期付款，合同签订之日首付 10%，即 200 万元，剩下的 1 800 万元每年年末付 600 万元。这两种方式哪种对我们有利呢？

采用第一种付款方式我们可以节省 100 万元；第二种付款方式我们如果假定每年的资金成本为 10%，3 年的年金终值系数为 3.31，那么可以计算出 3 年下来我们最终的付款总额是 200+600×3.31=2 186（万元）。

由此可知，第二种付款方式使我们节约了 186 万元（2 186-2 000=186），所以说第二种付款方式实际上比第一种付款方式更节约资金，虽然表面上第一种付款方式只需付 1 900 万元，第二种付款方式要全额付 2 000 万元，但是因为资金时间成本的存在，第二种付款方式其实反而节约了 186 万元。

❷ 机会成本

我们要树立机会成本的理念。机会成本是一个经济学概念，它本意是指得到某种东西而放弃另一些东西的最大价值。对企业来说，把资金投入这一个项目，而放弃其他项目的最大收益，就是机会成本。比如一个餐厅

老板，一直觉得做餐饮不赚钱，每年扣除所有开支净收益仅为 10 万元，经过测算，他认为如果把餐厅改成洗浴中心，一年净收益最少能达到 20 万元，那么如果他把餐厅真的改造成洗浴中心，餐厅一年 10 万元的收益就构成了他的机会成本。

机会成本并不构成企业一般意义上的成本，不需要在会计账务中核算，但它是决策者进行正确决策所必须考虑的现实因素。忽视了机会成本，往往有可能使投资决策分析发生失误。比如上例中餐厅老板在决定是否把餐厅改为洗浴中心时，必须反复比较两种方案的收益大小，他的最优方案一定是预计收益大于机会成本，否则所选的方案就不是最优方案。

❸ 沉没成本

沉没成本是过去已经发生的，不可收回、不可改变的成本。沉没成本是一种历史成本，也是不可控成本，不应该影响当前行为或未来决策，因此在投资决策时应排除沉没成本的干扰。比如企业为员工花费的培训费，如果员工接受培训之后离职，这些培训费就成了沉没成本。企业花费的大量广告费没有起到相应的广告效果，那么这些广告费也就成了沉没成本。

获得诺贝尔经济学奖的美国经济学家斯蒂格利茨教授说："如果一项开支已经付出并且不管做出何种选择都不能收回，一个理性的人就会忽略它。这类支出称为沉没成本。"一个理性的人在决策时不应该考虑沉没成本的存在，那么是不是沉没成本就没有任何积极意义了呢？不尽然，我们可以从以下几个方面来看待沉没成本对我们管理、投资决策方面提供的积极思路。

（1）资本性支出更应谨慎，因为其失败产生的沉没成本大。

企业的经营性支出分为生产性支出和资本性支出。生产性支出相对风险小，因为生产性支出是为企业正常生产经营服务的，在投资的同时，会或多或少促进生产经营效率的提高。但是资本性支出一般周期长、投资大、回报期长，一旦失败，可能数年的投资都变成了沉没成本，企业损失就比较大。所以，企业发生资本性支出时应谨慎。

（2）有些支出投入得越少，沉没成本反而越大。

企业的广告宣传、品牌营销方面的投入，如果仅因为了少花钱，请实力弱的营销机构来运营，在影响力较小的媒体上宣传，而这样省钱的广告宣传一旦不能起到应有的效果，那么这些投入都可能成为沉没成本。相反，如果花更多的钱，请实力更强的营销机构来做宣传，虽然花的钱多，但效果显著，这样的沉没成本反而小。所以，企业在做投资、运营决策时，不能仅考虑支出额的大小，更要考虑钱花出去的效果。

（3）投资、经营要善于"止损"，避免产生更多的沉没成本。

一旦发现投资项目前景不明，会面临重大的失败风险，就要果断终止投入，及时"止损"。虽然终止项目投资会导致前期的投入都变成沉没成本，但是如果不"止损"，则会导致更多的沉没成本。

美国英特尔公司2000年10月决定终止整个Timna芯片生产线。Timna芯片是英特尔公司专为低端PC设计的整合型芯片，投资这个芯片的初衷是通过高度集成的设计来减少成本，而且英特尔公司已经为此投入了大量人力、物力，但是英特尔公司后来发现，Timna芯片内置的Direct RDRAM内存控制器并没有得到普及，价格依然昂贵，无法在低价计算机中使用，计算机厂商使用Timna芯片的必要性大大降低。而且，英特尔公司原有的Celeron芯片已经能够满足低价计算机的要求，因此Timna芯片已经没有继续上市的必要，因此英特尔公司果断终止项目，从而避免了更大的损失。

四、降本增效：有预算才不穷

企业为了实现自身的经营目标，必须对企业有限的资金、资源进行合理分配，哪些业务需要重点投入，哪些方面要减少投入，必须通过资源优化配置，最终起到"好钢用在刀刃上"的效果。而这个结合企业经营目标，进行资源分配、资金分配的过程就是预算制定的过程，预算制定完成之后，还需要在预算执行过程中对各种经营活动进行全程监控、分析、考核，最终实现企业的经营目标。

企业预算管理示意如图 10-3 所示。

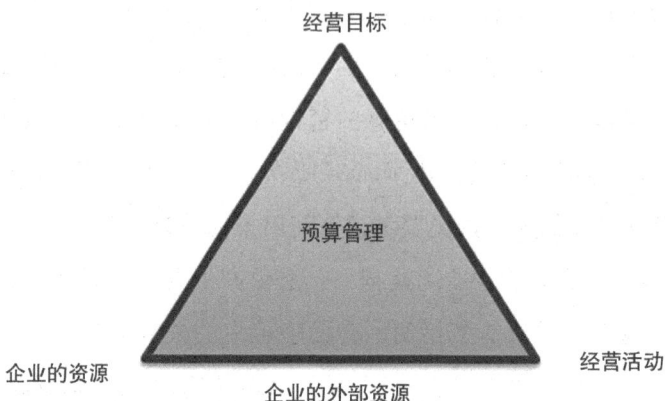

图 10-3　企业预算管理示意

预算管理当然能够起到降本增效的作用，为了实现企业的目标利润，实现企业资金收支平衡并有所盈余，在预算编制、预算执行的过程中，必须对有关的成本费用做出总额度的限定。严格而有效的预算管理能够大大避免企业的无效投入和浪费，能够尽可能地用有限的资源来完成更重要的目标。所以，预算管理是降低成本、创造利润的重要手段。

五、管理不善会悄无声息地吞噬利润

我们先来看一个真实的故事。

在巴西的海顺远洋运输公司的门前，树立着一块高 5 米、宽 2 米的石头，上面密密麻麻地刻满葡萄牙语文字，这些文字的意思如下。

当巴西海顺远洋运输公司派出的救援船到达出事地点时，"环大西洋"号海轮消失了，21 名船员不见了，海面上只有一个救生电台有节奏地发着求救的莫尔斯电码。救援人员发现在电台下面绑着一个密封的瓶子，他们打开瓶子，发现里面有一张纸条，纸条上有 21 个人的笔迹，每个人记录着海轮遇难前他们所遇到的问题。

纸条上写着如下内容。

一水理查德：3 月 21 日，我在奥克兰港私自买了一个台灯，想给妻子写信时照明用。

二副瑟曼：我看见理查德拿着台灯回船，说了句这个台灯底座轻，船晃时别让它倒下来，但没有干涉。

三副帕蒂：3 月 21 日下午船离港，我发现救生筏释放器有问题，就将救生筏绑在架子上。

二水戴维斯：离港检查时，发现水手区的闭门器损坏，用铁丝将门绑牢。

二管轮安特耳：我检查消防设施时，发现水手区的消防栓锈蚀，心想还有几天就到码头了，到时候再换。

船长麦凯姆：起航时，工作繁忙，没有看甲板部和轮机部的安全检查报告。

机匠丹尼尔：3 月 23 日上午理查德和苏勒的房间消防探头连续报警。我和瓦尔特进去后，未发现火苗，判定探头误报警，拆掉交给惠特曼，要求换新的。

机匠瓦尔特：我就是瓦尔特。

大管轮惠特曼：我说正忙着，等一会儿拿给你们。

服务生斯科尼：3 月 23 日 13 点到理查德房间找他，他不在，坐了一会儿，随手开了他的台灯。

大副克姆普：3 月 23 日 13 点半，带苏勒和罗伯特进行安全巡视，没有进理查德和苏勒的房间，说了句"你们的房间自己进去看看"。

一水苏勒：我笑了笑，也没有进房间，跟在克姆普后面。

二水罗伯特：我也没有进房间，跟在苏勒后面。

机电长科恩：3 月 23 日 14 点我发现跳闸了，因为这是以前也出现过的现象，没多想，就将阀合上，没有查明原因。

三管轮马辛：感到空气不好，先打电话到厨房，证明没有问题后，又让机舱打开通风阀。

大厨史若：我接马辛电话时，开玩笑说我们在这里有什么问题，你还不来帮我们做饭？然后问乌苏拉我们这里都安全吧？

二厨乌苏拉：我回答，我也感觉空气不好，但觉得我们这里很安全，就继续做饭。

机匠努波：我接到马辛电话后，打开通风阀。

管事戴思蒙：14点半，我召集所有不在岗位的人到厨房帮忙做饭，晚上会餐。

医生莫里斯：我没有巡诊。

电工荷尔因：晚上我值班时跑进了餐厅。

最后是船长麦凯姆写的话：19点半发现火灾时，理查德和苏勒房间已经烧穿，一切糟糕透了，我们没有办法控制火情，而且火越来越大，直到整条船上都是火。我们每个人都犯了一点错误，但酿成了船毁人亡的大错。

看完这张绝笔纸条，救援人员谁也没说话，海面上一片寂静，大家仿佛清晰地看到了整个事故的过程。

这个故事经常被人拿来作为管理的反面教材来解读。正是由于21个人对于自己工作的麻痹大意，这些看起来仅做错了一点点的事情，结果导致所有人被大火吞并，葬身海底。巴西"环大西洋"号海轮失火沉船的惨痛案例告诉我们：管理不仅需要严格的制度，而且需要每一个岗位人员忠实、严格地履行自己的职责，这样才能避免灾难的发生。

一个车间的工人为了报复老板，长期故意生产质量不合格的产品；一个企业的出纳长期监守自盗，侵占、挪用企业的现金；一个投资银行的交易员违规操作导致巨大的投资损失；等等。类似的例子经常发生在现实生活中，这些案例的背后，都是管理出了问题。管理不善也许不会一下子让企业陷入困境，但它会慢慢地、悄无声息地吞噬企业的利润。很多管理的问题，日积月累，最终导致积重难返，陷入困境。而有效的管理可以激发员工的工作积极性，提高企业运营的效率，降低企业的成本，提高企业的经济效益。所以，向管理要效益，并非一句空话。

　　美国管理大师彼得·德鲁克说："管理，从根本意义上讲，意味着用智慧代替鲁莽，用知识代替习惯和传统，用合作代替强制。"他认为，有效的管理者要从以下 5 个方面着手加强管理。

　　（1）管理者不是从接受任务开始工作，而是从研究如何利用时间着手，知道自己的时间花在什么地方最有价值，管理者应努力提高时间的利用效率。

　　（2）重视工作的效果，不是为工作而工作，而是为成果而工作。

　　（3）善于发现自身、他人和客观环境的潜在优势，充分释放"能量"，发挥优势。

　　（4）要能够集中力量，抓住重点，突破重要领域，然后带动其他方面的工作，多出成果。

　　（5）不凭经验办事，而是靠科学的决策，靠团体的智慧来解决面临的或未来将面临的各种难题。

　　彼得·德鲁克的研究结论表明，管理者如果能够提高时间的使用效率，重视工作的成果，发挥团队的优势，依靠科学的决策，就能够大大提高工作的效率和效果，从而降低运营成本，提高企业的经济效益。

第 **4** 篇

财报淘金：如何从上市公司中发掘具有投资价值的股票

　　巴菲特认为分析企业财务报表是进行价值评估的基本功，他曾经说过："你必须了解财务会计，并且要懂得其微妙之处。它是企业与外界交流的语言，一种完美无瑕的语言。你愿意花时间去学习它——学习如何分析财务报表，你才能够独立地选择投资目标。"

　　投资股票如果不懂得分析上市公司的财务报表，无异于"盲人骑瞎马"，失败的风险极高。本篇内容重点介绍如何通过分析上市公司的财务报表，发掘出投资价值高的股票。

第 11 章

上市公司与非上市公司财务报表的差别

　　上市公司属于公众公司，信息披露较为全面，财务报告一般必须要对外披露。非上市公司的信息披露一般较少，财务报表属于公司机密信息，一般不对外公布。当然也有极少数公司虽然并未上市，但也愿意主动公布财务报告，比如华为。

　　由于适用的会计准则不同，国内上市公司与国外上市公司会计核算的口径可能会有所区别；另外，上市公司与非上市公司财务报表在其他方面也有很大差别。简单说，上市公司善于"露富"，非上市公司善于"藏富"，此外，上市公司和非上市公司的财务监管机构也不同。

第1节　上市公司善于"露富"，非上市公司善于"藏富"

　　所谓"露富"，是指上市公司总是倾向于把业绩做得好一些，财务报表更"好看"一些；所谓"藏富"，是指非上市公司总是倾向于把业绩做得差一些，利润尽可能低一些。之所以出现这种现象，主要是二者的动机不同：上市公司"露富"是为了给投资者更多的信心，借此提升市值；非上市公司"藏富"是为了避税，为了缴纳更少的税费，如图11-1所示。

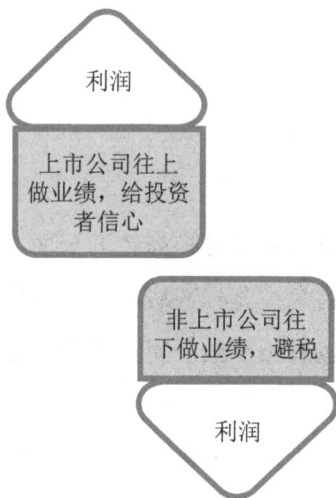

图 11-1 上市公司与非上市公司对于利润的追求不同

一、上市公司的财报"露富"在何处

上市公司"露富"的手段有很多。在利润表方面，通过利用各种手法，更多地确认营业收入，更多地增加非经常性正损益，更少地确认成本和费用，从而达到利润更高、盈利能力更强的目的。

在资产负债表方面，主要表现为增加货币资金，增加应收账款、应收票据、其他应收款、长期股权投资、无形资产等，如利用会计准则对研发支出资本化与费用化的可选择空间，更多地资本化，更少地费用化，从而达到增加无形资产、减少费用，进而不断粉饰资产负债表、使利润表更"好看"。

在现金流量表方面，通过调节经营活动、筹资活动、投资活动等归类，更多地增加经营活动的现金流量。

上市公司美化财务报表的手段有很多，有些属于对会计准则的合理利用，有些则是完全违背会计准则、违背会计法的造假行为。总之，美化报表的目的就是维持一种经营状况良好的形象，便于提高估值，进而有利于融资或者进行其他资本运营活动。

二、非上市公司的财报"藏富"在何处

非上市公司的"藏富"与上市公司的"露富"恰好相反。为了避税，非上市公司会想尽办法减少收入的确认，而增加成本费用的支出数据，从而降低利润，降低企业所得税。

在隐匿收入方面，有的非上市公司采取不开发票不入账的方式，从而不确认收入、不计提增值税销项税额，不仅偷逃了增值税，而且偷逃了企业所得税。还有企业在虚增成本方面绞尽脑汁，通过购买发票，或者与其他企业联手编造虚假交易，从而获得虚假的进项发票，达到虚增成本费用、降低税负的目的。

总之，无论是上市公司的"露富"还是非上市公司的"藏富"，往往内部都隐藏着不正常的操作，大多数情况都属于违规甚至违法的行为。所以，我们在阅读这两类公司的财务报表时，应该清楚其倾向和目的。

第 2 节　上市公司财报层层监管，非上市公司只怕税务稽查

上市公司与非上市公司面临的监管体系完全不同。上市公司面临着层层监管，上市公司的财报披露要求非常严格；而对非上市公司来说，主要是面对税务部门的税务稽查监管。

一、上市公司面临的监管较为严格

从监管法规体系看，上市公司主要受《中华人民共和国公司法》《中华人民共和国证券法》等的约束，当然对于在国外上市的公司来说，同样要遵守当地的法律法规；从监管机构看，上市公司主要受中国证券监督管

理委员会（简称"中国证监会"）、交易所监管。

上市公司监管体系中，会计师事务所监督也是非常重要的一环，主要是由注册会计师根据独立审计准则的要求，对上市公司的财务报告的真实性、公允性和一贯性发表审计意见。注册会计师审查的重点是上市公司是否按《企业会计准则》的要求编制财务报告，以及是否按要求恰当披露其相关信息等。

虽然学术界认为上市公司的监管体系仍然存在很多不完善的地方，比如社会公众监督的缺位等，但是相比非上市公司来说，上市公司面临的监管环境要严格得多。

二、非上市公司更在意税务稽查

对于非上市公司来说，其受监管的环境要宽松得多。从监管法规体系来讲，非上市公司也要受《中华人民共和国公司法》《中华人民共和国会计法》《企业会计准则》及各种税法的约束，但是在实务中，真正对非上市公司能够直接监管的主要就是税务部门。

税务部门对于非上市公司的检查，其实对于财务报表的真假并不是最关注，主要是看企业是否偷逃税款。而是否偷逃税款主要是根据税法的要求来衡量，而税法在有些方面与会计准则并不一致，所以就会出现即使非上市公司并未偷逃税款，但其编制的财务报表却不都符合企业会计准则的现象。

综合对比来看，上市公司由于受到的监管更为严格，所以财务报表相对更为规范、更为可靠一些。尽管新闻媒体不断爆出一些上市公司财务造假被处罚、被曝光等，但相对于数量更为庞大的非上市公司来说，其财务造假的概率要低得多。

第 12 章

投资者选择上市公司股票的
几个理念误区

每个投资者的投资理念可能都不尽相同。有人坚持趋势交易的原则，就是根据股票上涨或下降的趋势来买卖股票；有人坚持短线交易的原则，根据股票走势的K线图来进行短期、多频次的股票买卖；也有人坚持价值投资的理念，就是精选一只或多只优质股票，长期持有，以期获得更大的收益。

本章内容并不对所谓"技术派""价值派"进行优劣对比，只是对在选股时的一些基本理念进行解读，对一些片面的认识进行澄清，以期帮助读者树立正确的投资理念。

第 1 节　被误读的"价值投资"

价值投资越来越受到更多投资者的认同，虽然在我国A股市场上，投机比较盛行，即使是一些大的券商、基金公司，大多数也是打着价值投资的旗号，走的仍然是"追涨杀跌"的投机之道。

有人认为价值投资就是买入一只股票长期持有，也有人认为价值投资就是买入业绩优秀的企业的股票，这些都是对价值投资的误读。

本杰明·格雷厄姆是价值投资理论的开山鼻祖，但真正让价值投资理念被全世界众多投资者奉为圭臬的人，不是他，而是他的学生沃伦·巴菲特。随着国内资本市场的发展，国内信奉巴菲特价值投资的人越来越多，但实际上很多声称坚持价值投资的人，要么是挂羊头卖狗肉，要么是叶公好龙，多数都是伪价值投资者。

价值投资的理念实施起来并不容易。

巴菲特说："当我考虑买入一只股票的时候，我会考虑整个公司的状况来决定是否买入。就像沿着街边逛商场，看遍整个商场的产品之后才会决定要不要买。没有研究过基础的投资，就像闭着眼睛开车，如果仅仅是看公司的价格就去买一只股票，很容易出现亏损。"

巴菲特的意思非常明确，当他决定买股票的时候，都会采取非常审慎的态度，都要深入研究这家公司的各种问题：这家公司的财务状况怎么样？未来是否能获得稳定的、强劲的现金收入？公司的业务和经营业绩增长的潜力怎么样？预期能够获得多大的投资回报率？目前的交易价格是否低于未来价值？等等。

对于一只股票的投资，必须要从整个公司的发展状况来研究，通过基本面研究来确认是否为好的投资机会。正如巴菲特所说："一个投资者必须既具备良好的公司分析能力，同时又必须把他的思想和行为与市场中肆虐的极易传染的情绪隔绝开来，才有可能取得成功。"

内在价值和安全边际是价值投资的两大基石，如图 12-1 所示。

◆内在价值与安全边际是价值投资两大基石
◆在内在价值范围内，选择合适的时机，以更高安全边际的价格买入，长期持有

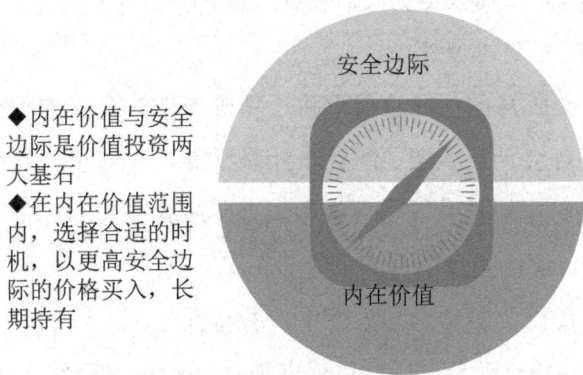

图 12-1　价值投资两大基石：内在价值与安全边际

内在价值因素与投机因素的交互作用使股票市场价格围绕股票的内在价值不停地波动，内在价值因素只能部分地影响股票的市场价格。内在价值因素是由公司经营的客观因素决定的，并不能直接被市场或交易者发现，这需要通过大量的分析才能在一定程度上近似地确定，通过投资者的感觉

和决定，间接地影响市场价格。由于价值规律的作用，市场价格经常偏离其内在价值。

价值投资者认为，在一个健康的股市中，股价围绕价值波动的幅度都不大。股票的价格会随着企业的发展而变化，所以这是一个动态的平衡。尽管市场短期波动中经常使价格偏离价值，但从长期来说偏离价值的股票市场价格具有向价值回归的趋势。

安全边际是对投资者自身能力的有限性、股票市场波动的巨大不确定性以及公司发展的不确定性的一种预防和扣除。有了较大的安全边际，即使投资者对公司价值的评估有一定的误差，市场价格在较长的时期内也会仍低于价值，公司发展就算是暂时受到挫折，也不会妨碍投资者的投资资本的安全性，并能保证投资者取得最低限度的投资报酬率。巴菲特始终坚持安全边际的原则，这是巴菲特投资成功的秘诀，也是成功投资的基石。

价值投资的理念似乎并不难理解，就是正确评估公司的内在价值，也就是这家目标公司值多少钱，然后以更大的安全边际的价格买入，然后以更高的价格卖出，从而获得更大的投资回报。但是对于普通的投资者来说，能够做到这两方面绝非易事。

首先，对于公司的内在价值评估，精确地估计公司的价值难度极高，这里面涉及财务会计、金融、统计、计量学等各种知识，还需要对公司所在行业有深刻的理解，对市场现状和未来发展有准确的评估和判断，即使这样，也未必能够准确评估一家公司的真实价值。

其次，价值投资的理念与人性中一些特性是不一致的。人性中恐惧、贪婪的一面会在操作股票过程中体现出来，喜欢高抛低吸，追求一夜暴富，这些人性中的惯性思维是无法进行价值投资的。就像巴菲特所指出的那样："在我进入投资领域30多年的亲身经历中，还没有发现运用价值投资原则的趋势。看来，人性中总是有某种不良成分，它喜欢将简单的事情复杂化。"

第 2 节　长期持有未必是价值投资

巴菲特说过这样一句话："如果你不愿意持有一只股票 10 年，那么你连 10 分钟都不要持有。"由此可见，巴菲特的投资哲学就是长线投资。从巴菲特 50 多年的投资历史看，他持有可口可乐、美国富国银行、美国运通等公司股票的时间均在 30 年左右，他持有华盛顿邮报股票 40 年，这些公司也为巴菲特带来了不菲的回报。一般来说，巴菲特持有股票的时间均超过 10 年。

长期持有是价值投资的一个重要特征，但长期持有并非就是价值投资，这是因为还得看持有的股票是否有"内在价值"，如果持有的是垃圾股，那么持有的时间越长，损失也就越大。价值投资的长期持有是为了等待被市场低估的价格回归价值，是为了等待公司价值成长，从而带动股票价格上涨，最终实现投资的高回报。长期持有被低估的优质股票才是价值投资。

第 3 节　持有业绩优秀的股票未必是价值投资

价值投资当然是要购买内在价值高的公司股票，但是内在价值高并不能与业绩优秀完全画等号（见图 12-2），原因有以下几点。

业绩优秀　≠　内在价值高

图 12-2　业绩优秀的公司内在价值未必高

第一，业绩优秀的公司，可能仅仅反映当前及历史的业绩好，未来的业绩未必一定好，尤其是对于一些处于行业衰退期的公司，当前的业绩有可能是偶然的因素获得，持续盈利能力并不一定强。投资股市重要的是看未来的预期。

第二，当期业绩很高的公司可能其成长的空间已经不大，业绩继续上升的空间可能不大。价值投资讲究内在价值高，还要考虑到成长性，只有具备较高成长空间的股票，其投资价值才会更高。

第三，业绩不是特别优秀的公司，其内在价值未必低。有一些具备发展潜力的优质公司，其业绩表现并不一定特别优秀，但是其具有特殊的优势，又面临着巨大的市场潜力，因此其成长空间也很大。因此说成长性也是价值投资必须要考虑的因素。

案例解读　中国石油与中际旭创投资对比：盛名之下，其实难副

《后汉书》里有一句话叫"盛名之下，其实难副"，意思是说名望很大的人，实际的才德往往很难与名声相符，也就是名不副实的意思。

有些经验不是很足的投资者，在选股时偏向于选择那些声名在外的公司，实际上，很多闻名遐迩的上市公司，并不是理想的投资标的。而很多没有任何名气，规模也不是很大的公司，也可能是非常值得投资的。

我们对比中国石油与中际旭创的投资价值，来说明在选股时需要注意的理念。

中国石油（证券代码：601857）和中际旭创（证券代码：300308）都是在A股上市的两家公司，一家是国内无人不知无人不晓的大型央企，一家是默默无闻的通信设备制造公司。从两家公司在上市当年的财务业绩看，如果不考虑行业差别、不考虑非财务因素，单纯从财务指标来看，中际旭创远不及中国石油的业绩好，如表12-1所示。

表12-1　中国石油与中际旭创上市当年财务指标

上市公司	营业收入（亿元）	净利润（亿元）	每股收益（元）	净资产收益率（％）	销售毛利率（％）
中国石油	8 363.53	1 458.67	0.75	22.8	41.67
中际旭创	1.17	0.29	0.46	6.59	24.67

资料来源：根据中国石油与中际旭创公司年报整理。

首先，从规模上看。中国石油于 2007 年在上海证券交易所上市，2007 年的营业收入达到 8 363.53 亿元，净利润 1 458.67 亿元；中际旭创于 2012 年在深圳证券交易所创业板上市，上市当年的营业收入仅为 1.17 亿元，净利润 0.29 亿元。中国石油在上市之初头顶亚洲最赚钱公司的光环，强势登陆 A 股。

其次，从上市当年的财务业绩来看，二者的差距也很明显。中际旭创每股收益 0.46 元，而中国石油高达 0.75 元；中际旭创的净资产收益率为 6.59%，只能说一般，而中国石油高达 22.8%；从销售毛利率看，中际旭创仅为 24.67%，而中国石油高达 41.67%。从这几个常见盈利能力指标对比的结果看，中国石油的综合盈利能力要远强于中际旭创。

总体上，如果从规模、品牌影响力、综合实力、盈利能力等各个方面来看，中际旭创都大为逊色，二者完全不是一个等量级。但是从投资者的角度看，也就说从二者上市当年的投资价值角度看，结果却截然不同。

2007 年 11 月 5 日中国石油在一片欢呼中在 A 股亮相，发行价 16.7 元，当天开盘价 48.6 元，然而让人大跌眼镜的是，开盘当天的最高价即是历史最高价（最高价是 48.62 元），从此踏上了漫长的下跌之路。中国石油最高市值达到约 78 700 亿元，截至 2020 年 5 月中旬，其市值已经下降到约 8 100 亿元，暴跌了 89.7%，几乎跌去了九成，7 万多亿元的市值在约 12 年的时间里灰飞烟灭。

我们再看中际旭创这家名不见经传的小公司的表现。中际旭创 2012 年 4 月 10 日在深圳证券交易所创业板上市，发行价 20 元，开盘价 20.51 元，当日收盘价 21.8 元，总股本 6 667 万股，由此计算出上市首日收盘总市值约为 14.5 亿元。截至 2020 年 5 月中旬，中际旭创的总市值已经达到约 460 亿元，比上市首日增加了 3 072%，也就是说，假如在中际旭创上市首日买入其股票，持有到现在，那么所持股份已经增长了超过 30 倍。

将中国石油与中际旭创进行对比，看似有一些不合理，而且二者的可比性也并不是很强，但是我们仍然试图通过这样一个投资案例分析，告诉大家以下几点道理。

第一，那些名声在外、光芒四射的公司未必是投资者的投资首选。盛名之下这类公司本身的价值已经被高高抬起，简单说就是估值通常情况下都会很高，买入的成本自然水涨船高，投资的风险也会更大。而那些看似默默无闻，规模不大，业绩扎实的小公司，未必不是投资的首选。

第二，价值投资不能仅看报表的数据，更要关注成长性。中国石油在上市时的财务指标要强于中际旭创，但中国石油作为国内巨型央企，其成长的空间已经不大，而中际旭创作为通信行业细分领域的龙头企业，尽管规模小，但是技术优势明显，而且通信市场的成长空间巨大，加上自身的业绩扎实，因此经过十几年的发展，业绩稳步提升，给投资者带来了丰厚的回报。所以，正如本节所讲的，持有业绩优秀的股票未必是价值投资。

第三，股票投资决策不能仅凭财务数据，一定要深刻了解上市公司的产品属性、行业特征、市场空间。懂得分析财务报表，能够洞察财务报表数据的含义当然极为重要，但是如果过于依赖财务数据进行投资，往往会造成"一叶障目，不见泰山"。财务数据即使是严格遵循会计准则获得的，没有进行任何数据粉饰或造假，这样的财务数据仍然不可能100%反映企业的财务状况，这是由数据本身的局限性决定的，因为有大量对投资决策更有价值的信息可能是在财务信息之外。比如中国石油与中际旭创上市当年的财务数据，仅看业绩指标那当然是中国石油更佳，但如果考虑到中国石油上市的估值情况、行业情况、成长空间，以及当时的股票市场背景，中国石油的投资价值由于被高估，风险大，投资价值自然相对不高。而中际旭创虽然市值很低，业绩看似也不是很好，但是拥有技术优势，产品市场空间大，经营稳健，业绩稳定增长，所以对比之下，中际旭创的投资价值反而高于中国石油。

　　尽管目前来评价中国石油和中际旭创的投资价值，有事后诸葛的意思，但我们仍然想通过这两个看似反差较大的公司，来告诉大家一些不一样的思想。投资应避免盲从，克服偏见，经过独立思考，方能找到具有较高投资价值的公司，从而获得更高的投资回报。

第 13 章

从财务指标角度识别高投资价值上市公司特征

对于投资者来说，选股的方法有很多，有人善于从 K 线图技术面进行分析，有人善于从上市公司基本面进行选择，从基本面分析是大多数投资者都应该具备的能力。所谓基本面分析是指上市公司所处的行业发展状况分析，上市公司的经营情况分析，财务状况分析等。本章所提到的财务指标就是上市公司基本面的一部分。

第 1 节　业绩出奇好的上市公司反而应保持警惕

假如一家上市公司的业绩很好，当然是好事，但对于一个经验丰富的投资者来说，如果发现这家公司的业绩好得有些"出奇"，反而未必是好事。

既然"出奇"，那肯定是因为与众不同、异常。比如零售百货行业的销售净利率通常不超过 5%，而你关注的这家公司的销售净利率却高达20%，你可以求证以下 3 个问题。

（1）是否有独特性、稀缺性？

（2）是否有非经常性损益对业绩构成重大影响？

（3）是否一直这么好，还是仅此一年？

总之，对于业绩异常好的企业，必须搞清楚好的真实原因是什么，业绩出奇好的逻辑是否行得通。

通常的经验表明，那些神神秘秘的公司，那些业绩奇好或让人琢磨不定的公司，那些让人感觉不太正常的公司，应保留多一份警惕。

第2节　从业绩亏损的上市公司中寻找投资"黑马"

业绩亏损的上市公司是否值得投资？

这本身并不是一个多么高深的问题，但是不同的投资者对此的看法完全不同。有人投资股市完全不看上市公司的业绩，要么是看不懂财务报表，要么是不相信财务报表；也有人只选择业绩好的白马股，亏损的企业一概不考虑。

业绩亏损的企业当然值得投资，逻辑很简单，绝大多数企业的盈利都是先从亏损开始的，那些创业伊始就能实现盈利的少之又少。

京东 2014 年在纳斯达克上市时，尽管处于亏损状态，但首次公开募股（Initial Public Offering，IPO）估值仍高达 260 亿美元，是仅次于腾讯、百度的第三大互联网企业。之所以投资者愿意给予亏损的京东如此高的估值，就是看好企业的巨大的成长空间和对电商市场的长期看好。

那么如何从业绩亏损的上市公司中寻找投资的"黑马"呢？

一、重点考察企业的成长性

成长性包含两个方面：一是企业自身的核心竞争力，也就是说企业具备未来长期增长的能力和潜力；二是行业的增长空间，如果行业的市场需求规模小，市场空间增长有限，那就会限制该行业中企业增长的空间。当然，对于企业成长性的评价可以从多方面进行，比如从技术领先水平、品牌影响力、企业的经营管理能力、市场开拓能力等各方面。

如果具体到财务指标，可以从销售额增长率、利润额增长率、净资产收益率、销售净利率这几个财务指标来考查。通常情况下，如果某企业的销售额、利润额能够保持持续较高增长速度，净资产收益率、销售净利率能够持续提升，而且该企业具备独特的竞争优势，预计未来几年的增长空间仍然很大，基于这些特征，就可以基本判断这家企业的成长性较好。

二、企业亏损的原因是暂时的、偶然的还是长期的

造成企业亏损的原因有很多，有些亏损是企业主动选择的结果，比如京东在长时间内亏损，主要目的是通过低价扩张，快速占领国内电商市场的空间，并且在自建物流、仓储方面投资巨大，这些都是自主选择的战略性亏损，目的是获取长远的投资收益。也有一些亏损是偶然一次投资损失，导致企业账面利润亏损，但只要企业的内生性增长、盈利的基本面没有改变，那么仍然可以认为该企业具备投资价值。

三、从业绩亏损的企业中更容易找到"黑马"

对于一些业绩本身就非常好的上市公司来说，一般情况下早就被投资者发现，市值一般都很高，所以，从业绩好的上市公司中找到"黑马"的难度很大。

而如果能够从亏损的企业中找到被低估的股票，那么往往能够发现"黑马"，这样的企业往往能带来超出预期的收益率。

但是，需要提醒读者的是，从亏损的上市公司中寻找"黑马"的难度是很高的，不仅需要具备很强的财务报表分析能力，而且对于行业、市场都要具备深刻的理解。所以，在亏损企业中寻找投资机会，期望不要太高。

第3节　"扣非"与"不扣非"的净损益大不同

加了滤镜的照片和没加滤镜的照片有很大区别，甚至会出现截然不同的效果。上市公司的业绩也是如此，有些上市公司的业绩看似很好，但如果仔细分析就会发现，净利润更多是来自非经常性损益。如果将非经常性损益扣除之后，企业的业绩瞬间大变。

非经常性损益是指企业正常经营损益之外的一次性或偶发性损益，指企业发生的与生产经营无直接关系，以及虽与生产经营相关，但由于其性质、金额或发生频率，影响了真实、公允地评价企业当期经营成果和获利能力的各项收入、支出，这些都归入非经常性损益之列。

根据证监会公告〔2008〕43 号，非经常性损益主要有 21 种，主要包括税收优惠政策的减免与返还、政府财政补贴、非货币性资产交换损益、债务重组损益、交易性金融资产损益、营业外收支净额等。

非经常性损益不具有持续性、稳定性，金额较大的话会对上市公司的业绩产生重大影响，所以我们在阅读财务报表时，一定要把非经常性损益扣除之后再看企业的业绩指标，只有这样才能更准确、更清楚地掌握企业的真实业绩情况。

目前，A 股上市公司财务报告中，无论是季报还是年报，其中在"主要会计数据和财务指标"中，都有一栏数据是"归属于上市公司股东的扣除非经常性损益的净利润"，这一栏就是"扣非"之后的净利润，投资者对此数据应给予更多关注，如图 13-1 所示。

一、主要会计数据和财务指标

公司是否需追溯调整或重述以前年度会计数据

□ 是 √ 否

	本报告期末	上年度末	本报告期末比上年度末增减
总资产（元）	1,835,498,116.98	1,768,384,632.42	3.80%
归属于上市公司股东的净资产（元）	1,154,692,349.40	1,123,283,317.56	2.80%

	本报告期	本报告期比上年同期增减	年初至报告期末	年初至报告期末比上年同期增减
营业收入（元）	379,564,059.22	3.50%	1,032,296,190.16	3.67%
归属于上市公司股东的净利润（元）	22,320,440.12	-20.14%	48,467,749.04	-23.08%
归属于上市公司股东的扣除非经常性损益的净利润（元）	20,048,452.52	-20.43%	39,561,396.15	-29.89%

图 13-1 上市公司年报中"扣非"净利润一栏截图

第4节　如何辩证看待每股收益、市盈率、净资产收益率等常用指标

我们在阅读上市公司财务报表以及财务指标时，经常看到这些指标：每股收益、市盈率、市净率、净资产收益率等，这些指标代表什么？如何理解这些指标？是否可根据这些指标买卖股票？本节我们就逐一对这些指标进行详细解读。

一、每股收益：直观易懂的盈利指标

对于每股收益，每一个投资者都不会陌生，每股收益也称为每股盈利、每股税后利润、每股盈余，它是企业税后净利润与股本总数的比率。

投资者之所以都很关注每股收益，是因为这是把公司净利润量化到每股股票上面的指标，投资者根据此指标就能知道持有 1 股股份账面上能赚多少钱，这个指标比其他盈利能力指标更直观、更容易理解。但投资者不能只根据每股收益买卖股票，如图 13-2 所示。

图 13-2　投资者是否可以只根据每股收益买卖股票

每股收益通常被用来反映企业的经营成果，衡量普通股的获利水平及投资风险，是投资者据以评价企业盈利能力、预测企业成长潜力，进而做出相关经济决策的重要财务指标之一。利润表中一般列示"基本每股收益"和"稀释每股收益"项目。

稀释每股收益是以基本每股收益为基础，假设企业所有发行在外的稀

释性潜在普通股均已转换为普通股，从而分别调整归属于普通股股东的当期净利润以及发行在外普通股的加权平均数计算而得到的每股收益。

潜在普通股是指赋予其持有者在报告期或以后期间享有取得普通股权利的一种金融工具或其他合同。我国企业发行的潜在普通股主要有可转换债券、认股权证、股份期权等。每股收益有 4 个基本含义，如图 13-3 所示。

图 13-3　每股收益含义的 4 个解读

那么，从投资者的角度如何理解每股收益？

（1）每股收益是反映企业盈利能力的重要指标，每股收益越大，表明企业的每一股股份赚的钱越多，至少从账面利润上可以这样解读，但实际二级市场上的价格通常会远高于账面价值。

（2）每股收益可以作为买入股票分析的指标之一，但不可单独作为买卖股票的依据。每股收益通俗讲就是每一股股份所能赚的钱的多少，假如一家上市公司每股收益是一元，那么就表明企业的股东每持有一股股份，就能够赚一元，当然这一元只是账面盈利，如果要变现，还需要看二级市场的股价。通常情况下，每股收益越高的股票，股价也会越高。每股收益可以作为买卖股票的财务指标之一，每股收益越高的股票，其企业业绩越好，盈利情况越好。通常情况下，仅靠每股收益的高低来决定是否买卖股票是不靠谱的，当一家上市公司的每股收益比较高时，我们也许会赞叹这家公司的每股盈利真多，但仅此而已。

（3）不可迷信每股收益的高低。由于每股收益是根据净利润计算的，由于一些上市公司的净利润"注水"比较严重，其盈利数值可信度较低，所以分析每股收益还要关注报表粉饰情况。

二、市盈率：衡量股价高低的首选指标

市盈率的计算方法是用每股市价除以每股收益。市盈率是衡量股价高低的重要指标，也是股票估值的重要指标。当我们说一只股票的股价是高了还是低了，首先要看它的市盈率是高还是低。

对于投资者，理解市盈率要从以下 3 个方面着手。

❶ 市盈率究竟为投资者传达了什么含义

可以这样说，所有从事股票投资的投资者，都会关注市盈率这个指标。无论国内还是国外的投资者，无论是专业从业者还是成千上万散户，没人不了解市盈率，当然每个人的理解可能都不相同，但无一例外都会赞同市盈率是一个分析股票最简单、最有效的指标之一。利用市盈率可以快速、直观地判断一只股票的估值轮廓，从而能够帮助我们迅速做出是否投资的粗略的决定。尽管市盈率同样存在诸多缺陷，但它仍然是我们对企业进行估值的通俗易懂的方法。

下面，我们通过一个简单易懂的小例子来解读市盈率指标的含义。

市盈率的计算公式如下。

$$市盈率 = 每股市价 \div 每股收益$$

每股市价就是股票的当前价格，每股收益就是前面所讲的每股收益，二者的比率就是市盈率。

M 公司是一家酿酒上市公司，发行在外的股票有 1 000 万股，当前的股价是每股 10 元。2019 年 M 公司的净利润为 1 000 万元。据此，我们就可以计算出 M 公司的市盈率。

$$每股市价 = 10 元$$

$$每股收益 = 2019 年净利润 \div 总股数 = 1\,000\,万 \div 1\,000\,万 = 1（元／股）$$

$$2019 年的市盈率 = 每股市价 \div 每股收益 = 10 \div 1 = 10（倍）$$

由此就计算出 M 公司 2019 年的市盈率为 10 倍，那么这个 10 倍的市盈率究竟有什么含义？M 公司的股价是 10 元，我用 10 元购买这家公司的股票，每年可以赚一元，那么 10 年后我就可以赚回我的投资成本 10 元。

由此我们就可以得出结论：市盈率就是投资者可以回本的年数，也就是说，市盈率是多少倍，投资者就可以用多少年收回投资本钱，这就是对市盈率最原始、最通俗的理解。当然，这一结论是在不考虑资金的时间价值，不考虑分红等其他收益的基础之上的，尽管这一结论并不是十分严谨，但仍是理解市盈率有效的方式。

❷ 3 种不同市盈率的计算方法哪个更可靠

上面所讲的市盈率是静态市盈率，就是根据上年的年度净利润计算出来的结果，但是静态市盈率的缺点非常明显，就是去年的净利润比较滞后，假如到了第二年的下半年，仍然用去年的净利润计算市盈率，那与当年的实际情况相比可能变化很大，所以在这种情况下，采用动态市盈率就能克服静态市盈率的缺点。

所谓动态市盈率是指根据下一年度的预测利润值计算出来的市盈率。其计算公式如下。

$$动态市盈率 = 股票现价 \div 未来每股收益的预测值$$

预测未来每股收益的方法也很简单。如果已知第 1 季度的每股收益，那么折算成全年每股收益预测值就乘以 4，折算成半年每股收益预测值就乘以 2，折算成前三季度每股收益预测值就除以 3 再乘以 4。

动态市盈率是以下一年度尚未实现的利润的预测值为基础计算的，虽然相比静态市盈率，解决了数值滞后的问题，但是由于利润值是预测出来的，所以准确性难以保障。

除了静态市盈率和动态市盈率之外，还有一种计算市盈率的方法，那就是滚动市盈率，又称市盈率 TTM（Trailing Twelve Months），是指在一定的考察期内（一般是连续 12 个月、4 个财务季度）的市盈率。上市公司以季度为单位披露财务报表，市盈率 TTM 在每个季度都会不同。虽然它的起始点会发生变化，但却始终包括 4 个不同的财务季度，虽然这 4 个财务季度有可能属于两个不同的财务年度，但直接弥补了企业季节性的客观差异所造成的影响。

滚动市盈率使用的也是企业的历史净利润数据，但并不一定是年报数据，可能是半年报或者季报数据。比如企业一季度的财务报表出来之后，就用从去年 3 月到今年 3 月的净利润数据来计算市盈率；同理，如果有当年半年的净利润数据，那么就用去年 6 月到今年 6 月的净利润来计算市盈率；如果有本年前三季度净利润，那就用去年 9 月到今年 9 月的净利润来计算市盈率。

滚动市盈率的优势很明显，与静态市盈率相比，避免了盈利数据滞后的问题；与动态市盈率相比，避免了预测值的不准确问题。

所以说，在 3 种市盈率中，滚动市盈率更可靠。

❸ 采用市盈率进行投资决策时不得不了解的几点经验

市盈率是投资者必须掌握的财务分析指标，在采用市盈率进行选股、买卖股票等投资决策时，有以下几点经验分享。

第一，不同行业市盈率指标高低含义差别大。

市盈率只是企业估值的一种方法，这种方法并非对所有行业都完全适用。比如银行业，银行业的经营特点与传统的制造业完全不同，所以对于银行业的企业估值，仅凭市盈率是不行的，银行业通常用市净率估值更为可靠一些，这是因为银行的盈利并没有充分反映坏账风险。再比如房地产行业，房地产企业的估值采用净资产价值比市盈率更为可靠，因为房地产企业的估值因素中，土地储备量是非常重要的指标，而净资产价值就是考虑了房地产企业当前储备项目的现金流折现价值因素的指标。

一般情况下，市盈率对于传统制造业类上市公司的估值相对更为可靠。

第二，使用市盈率要重点考虑成长性因素。

通常情况下，成长性比较好的企业，其市盈率会高一些，而成长性一般的企业的市盈率会低一些。比如成长性较好的互联网企业，其发展速度快，上升空间大，这样的企业一般投资者愿意给予更高的市盈率。在创业板上市的企业，多数是创新性或高科技企业，市场认可这类企业未来的高成长性，所以给出了一个相对较高的市盈率。

第三，市盈率的高低反映了投资者对上市公司未来的信心。决定市盈率高低的因素主要有两点：一是企业的未来盈利前景，二是与企业盈利相关的不确定性风险。股票的价格及对应的市盈率会随着企业盈利前景的改善而不断上升，反之，也会随着盈利风险的增加而下降。当然，假如企业的盈利并不理想，甚至业绩在下降，但是投资者如果相信这只是暂时现象，那么很可能其股价仍然较为坚挺，市盈率也不会下降。由此可见，市盈率的高低在大多数情况下能够反映股东对企业未来前景的信心。

第四，市盈率与每股收益一样，都要利用净利润来计算，所以企业的净利润的真实性就非常重要。假如企业业绩不真实，那么就会导致市盈率数据失真。所以，在利用市盈率决策时，仍要保留一份谨慎。

三、市净率：是市盈率估值方式的补充

市盈率是十分常用的估值指标，但是对一些周期性行业来说，每股收益会随着行业景气度的变化而大幅波动。市盈率在行业景气年度可能达到几十倍或上百倍，但是到了行业不景气的年份，市盈率可能仅有几倍，一旦企业出现亏损，更无法通过市盈率来分析股票。那么，这种情况下，市净率的价值就体现出来了。市净率是根据每股净资产计算的，每股净资产一般不会发生大幅波动。正是因为净资产具有这种稳定性，所以对于周期

性行业，拥有大量固定资产且账面价值相对稳定的行业，以及银行、保险等流动资产较多的金融行业等，采用市净率指标进行估值分析更为可靠，所以说，市净率也是市盈率估值方式的一种补充。

❶ 市净率的含义及传递的信息

市净率指的是每股市价与每股净资产的比率。当然，还有一种计算市净率的方法是用公司总市值除以股东权益。

市净率给我们传递出这样一些信息。

（1）市净率的经济含义是反映上市公司每一块钱的股东权益在资本市场上值多少钱，比如市净率是 10 倍，那就代表了公司每一块钱的股东权益，投资者愿意掏 10 倍的价格购买。

（2）每股净资产是股票的本身价值，它是用成本计量的，而每股市价是这些资产的市场价格，它是证券市场上交易的结果。通常情况下可以这么理解：当市净率大于 1 时，表明股票市价高于每股净资产，表明投资者认为上市公司的资产质量较好，愿意掏高出公司每股净资产的价格购买该公司的股东权益；反之，则表明资产质量差，发展前景不被看好。换句话说，就是上市公司的市净率越高，表明公司越受投资者欢迎；越低，表明投资者越不看好该公司股票。

当然这只是理论上的理解，实际上，在证券市场的巨大波动性、投资者的非理性等各种因素的作用下，也经常出现优质公司的市净率反而较低，而一些劣质公司的市净率反而很高。

❷ 并非市净率越低的公司就越值得投资

如果从投资风险的角度理解，一家上市公司的市净率越低，投资风险越低，市净率越高，则投资风险越高。从长期历史表现看，低市净率的投资组合的表现大幅优于高市净率的投资组合。但是在实战中，我们认为并非市净率越低的公司就越值得投资。

投资策略中，买入的时机也非常重要。如果证券市场处于持续下跌的环境中，你认为的市净率低的公司，不见得其股价就会上涨，股价有可能继续下跌，市净率也会继续下降，这种情况下，如果盲目买入，仍可能亏钱。

市净率低不一定表明公司的股价被低估，还要看计算市净率的分母股东权益是否货真价实。股东权益包括股本、资本公积、盈余公积、未分配利润、其他综合收益等。我们要看公司的股本是不是货币资金出资，要看资本公积是不是由于兼并重组带来的资本溢价，还要看公司的未分配利润的真实性。未分配利润是公司自成立以来累计获得的利润积累（扣除了股东分红），但是由于很多公司的净利润并不一定真实，也就导致股东权益的数据失真，这样的低市净率并不能代表公司的投资风险小。

如何判断一家公司的市净率是高还是低。这就需要进行同行业的横向对比，可以寻找与目标公司经营业务相似的公司，通过与同类公司对比，可以看出目标公司的市净率的高低。还可以纵向对比，就是与以前期间的市净率历史趋势进行对比，看目标公司市净率是在上升还是在下降，从而判断当前的市净率是处于何种阶段。

总之，市净率只是一种股票估值的方法，要与市盈率结合起来分析，不同行业、不同经营模式、不同的市场环境下，市净率的判断标准是有差异的。所以我们在利用市净率做投资决策时，一定要综合各种因素判断，切不可仅凭市净率的高低就做出买卖股票的决定。

四、净资产收益率：股东每投入一元有多大收益

毫不夸张地说，所有资深投资者常用的上市公司业绩评价指标就是净资产收益率，之所以净资产收益率如此受重视，是因为它是衡量企业股东所投入的资本的使用效率，反映权益资本的盈利状况，简单说就是股东每投入一元究竟能获取多少收益。

巴菲特在回答投资者的提问时曾经说过，如果非要他用一个财务指标

进行选股，他会选择净资产收益率，那些净资产收益率能常年持续稳定在 20% 以上的企业都是好企业，投资者应当考虑买入。

实际上，巴菲特的朋友查理·芒格也曾说过，股票投资回报率长期来看接近企业的净资产收益率，如果一家企业 40 年来的净资产收益率是 6%，那么长期持有该企业股票 40 年，年均收益率不会和 6% 有什么区别；如果该企业在 20～30 年间的净资产收益率是 18%，即使当初买价略贵，回报依然会让人满意。

❶ 净资产收益率基本含义

净资产收益率又称股东权益报酬率，是净利润与平均股东权益的百分比，是企业税后利润除以净资产得到的比率。

净资产收益率反映企业股东权益的获利能力，用以衡量企业运用自有资本的效率。该指标值越高，说明投资带来的收益越高。企业资本包括两部分：一部分是股东的投资，即权益资本；另一部分是企业借入和暂时占用的资金，即债务资本。企业适当地运用财务杠杆可以提高资金的使用效率，借入的债务资本过多会增大企业的财务风险，但一般可以提高盈利，借入的资金过少会降低资金的使用效率。净资产收益率是衡量股东资金使用效率的重要财务指标。

从理论上来看，净资产收益率越高，意味着企业的盈利能力越强；长期来看，净资产收益率越稳定，意味着企业经营越稳定。

❷ 影响净资产收益率的 3 个决定因素

我们可以把净资产收益率的计算公式分解为 3 个部分。

净资产收益率 = 净利润 ÷ 股东权益 =（净利润 ÷ 总收入）×
（总收入 ÷ 总资产）×（总资产 ÷ 股东权益）

后面的 3 项实际就是销售净利率、总资产周转率、权益乘数，所以净资产收益率的计算公式可列示如下。

净资产收益率 ＝ 销售净利率 × 总资产周转率 × 权益乘数

从公式中可以看出，影响净资产收益率指标的 3 个决定因素就是销售净利率、总资产周转率、权益乘数。我们可以分别用一句话来描述它们。

销售净利率就是表示每一元的销售收入所能赚取的利润，集中反映利润表的业绩。

总资产周转率就是每一元的资产所能带来的销售收入，集中反映资产负债表中资产的管理效率。

权益乘数是股东投入的每一元资本所能运用的资产是多少，集中反映企业对资产负债表中负债与所有者权益的管理效率。

我们分别对这 3 个影响净资产收益率的因素做一个简单的解读。

（1）销售净利率。

销售净利率反映企业一定期间的经营业务的盈利能力，它反映了企业的定价策略以及控制经营成本的能力。定价策略决定了毛利率的高低，对期间费用、非经常性损益、各项税费的控制能力也能对销售净利率产生重大影响。

我们要注意，根据高销售净利率计算的净资产收益率，并不一定比根据低销售净利率计算的净资产收益率高，这是因为净资产收益率的影响因素不只是销售净利率，还包括总资产周转率、权益乘数等因素。但不可否认的是，销售净利率会对净资产收益率的高低产生很大的影响。长期处于低销售净利率的企业，其净资产收益率也一定不会高。

（2）总资产周转率。

总资产周转率是衡量每一元资产所带来的销售收入。假如一家企业的总资产周转率为 1，即表明该企业每一元总资产投入产生一元的销售收入。这个比率在一定程度上可以衡量企业的资本密集程度：如果总资产周转率低，表明该企业属于高资本密集型企业；如果总资产周转率高，那表明该企业属于低资本密集型企业。

不同的行业属性、产品属性决定了该行业的总资产周转率的高低，比如属于重工业的钢铁行业的总资产周转率一定会低于批发零售业。当然，企业的经营管理水平、技术能力等因素也会影响企业的资产周转速度。企业的财务状况也就会随着资产周转率的提高而变好。

（3）权益乘数。

权益乘数可以反映企业对财务杠杆的使用情况。

$$权益乘数 = 总资产 \div 股东权益 = 总资产 \div （总资产 - 总负债）= 1 \div （1 - 资产负债率）$$

由上述公式推导可以看出，权益乘数是与资产负债率同方向变化的，资产负债率越高，权益乘数越大，反之亦然。也就是说权益乘数越大，那么企业的资产负债率越高，财务杠杆越大。

一家企业的行业特征和资产特征会影响到财务杠杆的使用。通常经营现金流量比较稳定、有较高的可预见性的企业，相比市场高度不稳定的企业，更能放心地运用更高的财务杠杆。

从净资产收益率的计算公式可以看出，权益乘数越大，在其他条件不变的情况下，净资产收益率就会越高。换句话说，如果一家上市公司的净资产收益率很高，是由于权益乘数较大带来的，那么我们要关注由于权益乘数大带来的高杠杆风险就会较大，一旦企业经营不善，有可能会因债务负担过重而破产。所以，投资者在利用净资产收益率指标进行投资决策时，应该关注企业的财务杠杆的高低，关注企业债务风险情况。

第 5 节　具有投资价值上市公司的 5 个财务特征

如何发掘具有投资价值的上市公司，实际上是一门全世界投资者都在深入研究的课题。在这里也无须一一介绍各种理论，笔者结合自身投资经验，参考国内外研究的一些成果，提出从财务角度评估具有投资价值的上市公司的 5 个常见财务特征，供读者参考。

一、"扣非"盈利能力中等偏上，并且具有持续提升的潜力

选择值得投资的上市公司并非按照盈利能力排名，并非盈利能力最强的上市公司就最值得投资。往往有一些某一两年内业绩奇高的上市公司，反而需要引起警惕，因为这些公司的财务指标中的"水分"很多。还有一些盈利能力较强的上市公司，但成长的空间已经很小，很可能开始走下坡路，业绩开始进入下行的趋势，这样的公司投资价值也要打折扣。

所以我们提出，真正值得投资的上市公司，盈利能力只需要中等偏上即可，也就说，盈利能力不能太差，也无须非常好，但重要的是要具备持续提升的潜力。也就是说，这家公司的业务提升的空间仍然比较大，盈利能力增强的空间仍然很大，整体上公司还处于持续上升的阶段。那么什么样的公司才称得上盈利能力中等偏上呢？不同行业各项盈利能力指标差别很大，一般认为净资产收益率达到10%，销售净利率达到15%，就可以表明该公司的盈利能力达到中等级别了。

在多数情况下，投资者预期会持续成长的公司其股价往往增长的潜力也大。

另外，我们之所以提出"扣非"盈利能力，是因为非经常性损益不具有持续性，所以在计算任何盈利能力指标时，都要扣除非经常性损益，这样的盈利能力指标才更能反映企业的真实盈利能力。

二、收入、利润的增长带动了现金流的增长

收入增长率、利润增长率都反映出一家企业的成长性。成长性好的企业首先就表现在收入的稳定快速增长，利润的快速增长。

通常情况下，营业收入年增长率达到30%以上，净利润年增长率达到20%以上，就表明这家公司的业务成长性比较强了。但是要明确一点，这种业务的增长应排除兼并重组的因素，也就是说，如果一家公司的收入、

利润大幅增长只是由于兼并了一些公司，由于外延的因素导致的收入和利润的大幅增长，这就要另当别论。外延性增长远没有依赖自身经营的增长更有说服力。

我们提出收入、利润的增长必须带动现金流的增长，实际上是要通过现金流的增长来验证收入增长、利润增长的质量如何。假如收入、利润的增长并没有带动现金流的增长，那么这样的增长是无效的或者说低效的，在某种程度上是伪增长。所以，我们在分析上市公司的营业收入增长和利润增长指标时，要同时考察现金流增长的情况，主要考查"销售商品、提供劳务收到的现金"增长率和"经营活动产生的现金流量净额"增长率的变化。

假如一家公司的营业收入增长率达到30%，而"销售商品、提供劳务收到的现金"增长率不到10%，而且多年的情况均如此，那么我们有理由质疑其收入增长的质量。

三、健康的现金流

健康的现金流主要表现在以下几个方面。

第一，营业收入增长速度与"销售商品、提供劳务收到的现金"增长速度保持大致的同步增长，这一部分的内容在第5章现金流量表分析中已经做过深入介绍。

第二，经营活动产生的现金流量净额常年保持正值，而且保持增长态势。经营活动创造的收入应该大于经营支出，因为企业的经营活动现金收入是企业立身之本，如果经营活动创造的收入不能满足经营现金支出，企业的现金流靠融资活动或者投资活动维持都是不可持续的，也是比较危险的。

第三，企业的全部现金流量净额绝大多数年份都是正值，换句话说，就是企业常年处于收大于支的正常状态，企业创造的现金收入能够满足现金支出的需求，这样的现金流才是健康的。

由此，我们在选取值得投资的上市公司时，应尽量选取那些经营活动创造的现金流量净额和全部现金流量净额（即现金流量表"现金及现金等价物净增加额"那一项）常年为正值，并且保持稳定的增长态势的公司。

四、避开短期市盈率暴涨过的上市公司

根据上市公司市盈率的高低，可以初步判断一家上市公司股价是否估值过高。我们特别指出，在选择投资目标时，要尽量避开短期内市盈率大幅增长过的上市公司。短期市盈率大幅上涨，表明短期内股价暴涨，比如有的股票短短一个月内上涨了100%甚至更多，那就表明该公司股价可能受某种利好的刺激，有游资、私募或其他大资金疯狂拉升，导致股价飞涨。对于这样的上市公司应尽量避开，因为这种纯粹由资金推动的股价，风险很大，一旦大资金撤离，股价往往从哪里来跌回到哪里去。

因此，对于稳健型投资者来说，应对那些市盈率由30倍快速提高到60倍、80倍的上市公司敬而远之。

五、没有过高的债务杠杆

过度的负债能够压垮一家企业。不懂得利用负债这个财务杠杆的企业不是好企业，但过度负债的企业往往蕴含着很大的财务风险。高杠杆的财务结构在企业经营状况良好的情况下显现不出风险，甚至能够给上市公司带来额外的杠杆收益，但是凡事都有度，过犹不及。如果一直维持高杠杆（比如资产负债率达到70%以上），一旦企业经营遇到较大的困难，或受到意外的打击，那么负债带来的偿债风险就会瞬间击垮企业。像当年的无锡尚德、乐视网的负债率都高达80%以上，最终陷入破产倒闭的深渊。高负债也许并不是企业倒下的根本原因，但是高负债在企业经营不善的情况下，会加

速企业的垮掉。

因此，投资者在选择值得投资的上市公司时，对于那些长期维持很高的财务杠杆的企业，应保持更多的警惕。当然不同的行业，资产负债率的参考标准是有差别的，这一点需要投资者结合具体的行业、具体的企业具体分析。

以上 5 点只是笔者的心得体会，仅供读者参考。当然，选值得投资的上市公司的财务指标有很多，不同投资者的偏好不同、理解不同，选择思路自然千差万别。重要的是我们在实战中不断总结经验，不断调整自己的分析思路，树立正确的价值投资理念，选择有潜力的优质上市公司，长期持有，从而获得丰厚的投资回报。

案例解读 从财务指标看 3 家上市公司的成长性

笔者一直认为，选择一只具有投资价值的股票，一条最重要的标准就是看其是否具有成长性。通俗理解就是这家公司规模扩大的空间是否足够大，综合实力上升的空间是否足够大。一家公司在不断成长壮大的过程中，其市值自然会不断攀升。

我们通过 3 家经营数据中心业务的上市公司的财务指标，来对比哪一家的成长性更好。

我们选取的 3 家公司分别为光环新网、奥飞数据、数据港。

光环新网是国内数据中心及云计算服务提供商，主营业务为互联网数据中心服务及其增值服务、云计算服务、互联网宽带接入服务等互联网综合服务。奥飞数据的主营业务是提供互联网数据中心服务及互联网综合服务。数据港的主营业务是数据中心服务器托管服务及网络带宽服务。这 3 家公司的主营业务有相同或相似之处，因此从行业属性、业务属性方面具有较强的可比性。

我们从 5 个财务指标进行对比，这 5 个指标分别为营业收入增长率、扣非净利润增长率、每股收益、净资产收益率、市盈率。

（1）营业收入增长率及净利润增长率对比分析。

如图 13-4 所示，从最近 3 年的营业收入增长率的变化看，奥飞数据的增长幅度更大，其次是光环新网，数据港大幅下降。不过从 2020 年一季度的数据看，光环新网的营业收入增长率大幅提高，高达 48.21%；奥飞数据增幅下降到 37.3%；数据港的下降幅度明显收窄。

整体看，光环新网的营业收入增长相对稳定一些；奥飞数据波动比较大，原因是 2019 年奥飞数据兼并收购了一些公司，合并收入比往年大幅增加；数据港的营业收入增长不容乐观。

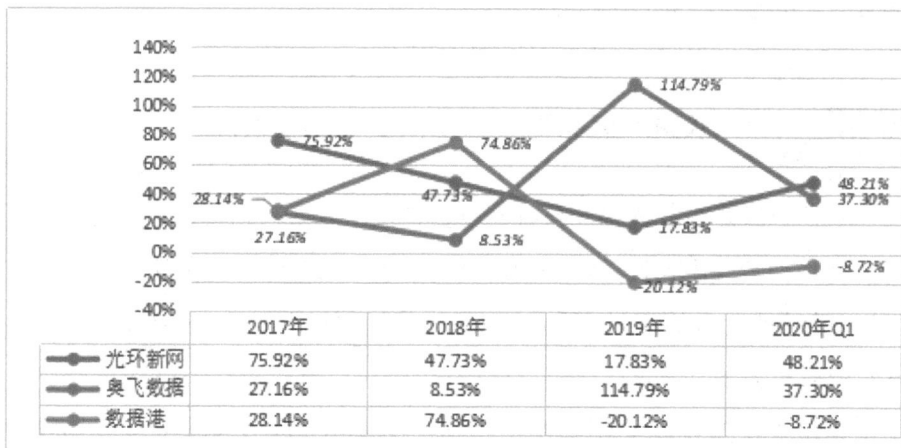

	2017年	2018年	2019年	2020年Q1
光环新网	75.92%	47.73%	17.83%	48.21%
奥飞数据	27.16%	8.53%	114.79%	37.30%
数据港	28.14%	74.86%	-20.12%	-8.72%

图 13-4 光环新网、奥飞数据、数据港营业收入增长率

资料来源：根据公司年报整理。

我们再来看 3 家公司的扣非净利润增长情况。如图 13-5 所示，奥飞数据的扣非净利润增长情况明显好于另外两家公司，尽管奥飞数据 2020 年第 1 季度的增长率相比 2019 年的增长率大幅下降，但是 64.88% 的增长率仍属很高，而且高于 2017 年、2018 年的增幅；光环新网的扣非净利润增长率持续下滑；数据港的扣非净利润近 3 年来多处于负增长，2020 年第 1 季度为 -19.47%，下降幅度很大。

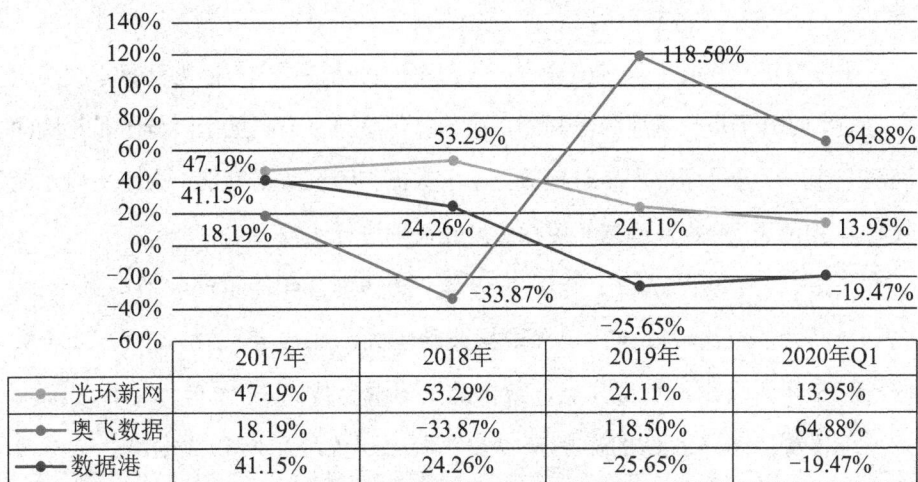

	2017年	2018年	2019年	2020年Q1
光环新网	47.19%	53.29%	24.11%	13.95%
奥飞数据	18.19%	−33.87%	118.50%	64.88%
数据港	41.15%	24.26%	−25.65%	−19.47%

图 13-5　光环新网、奥飞数据、数据港扣非净利润增长率

资料来源：根据公司年报整理。

（2）每股收益对比分析。

如图 13-6 所示，奥飞数据 2019 年的每股收益是 0.88 元，高于数据港的 0.68 元，也高于光环新网的 0.54 元。2020 年一季度奥飞数据的每股收益下降到 0.55 元，但仍比另两家公司高很多。这表明奥飞数据的每股盈利情况强于光环新网和数据港。

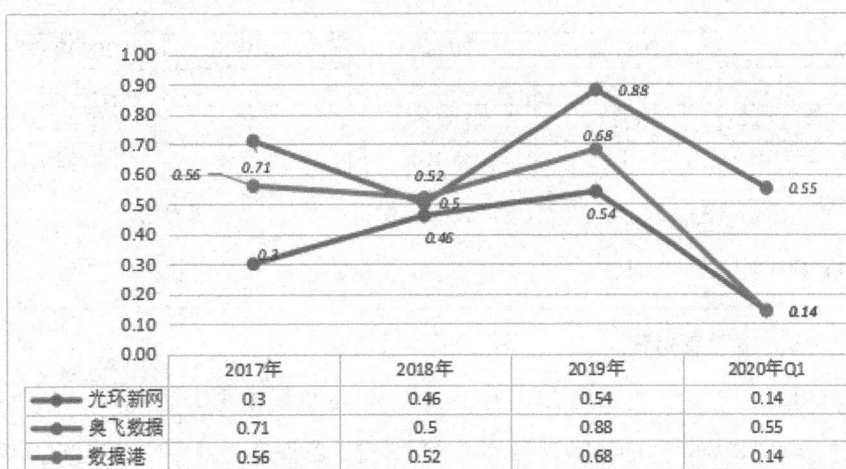

	2017年	2018年	2019年	2020年Q1
光环新网	0.3	0.46	0.54	0.14
奥飞数据	0.71	0.5	0.88	0.55
数据港	0.56	0.52	0.68	0.14

图 13-6　光环新网、奥飞数据、数据港每股收益对比

资料来源：根据公司年报整理。

（3）净资产收益率对比。

季度净资产收益率与年度净资产收益率的可比性不大，因为计算季度净资产收益率时分子是一季度的净利润，而计算年度净资产收益率时分子是年度净利润合计，而分母净资产是时点数，季度数据与年度数据差别不大，所以不能轻易拿季度净资产收益率与年度净资产收益率进行比较。

如图 13-7 所示，从 2017 年、2018 年、2019 年 3 年净资产收益率对比看，光环新网近 3 年比较稳定；奥飞数据波动较大，2019 年为 16.62%，高于数据港和光环新网约 6 个百分点；数据港呈下滑趋势。

总体看，奥飞数据的净资产收益率要强于光环新网和数据港，数据港净资产收益率下降趋势明显。

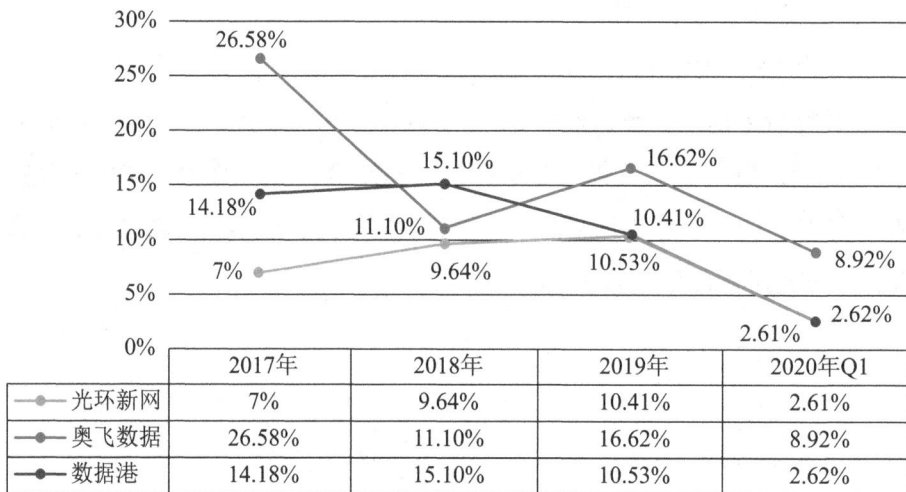

	2017年	2018年	2019年	2020年Q1
光环新网	7%	9.64%	10.41%	2.61%
奥飞数据	26.58%	11.10%	16.62%	8.92%
数据港	14.18%	15.10%	10.53%	2.62%

图 13-7　光环新网、奥飞数据、数据港净资产收益率对比

资料来源：根据公司年报整理。

（4）市盈率对比。

如图 13-8 所示，2020 年 5 月 13 日，奥飞数据市盈率达到 66.4 倍，高于前 3 年的指标，光环新网市盈率为 50.73 倍，数据港市盈率高达 134.29 倍。从当前的市盈率数值来看，3 家公司的估值都比较高，基本都处于近 3 年来

的较高水平，风险偏高。

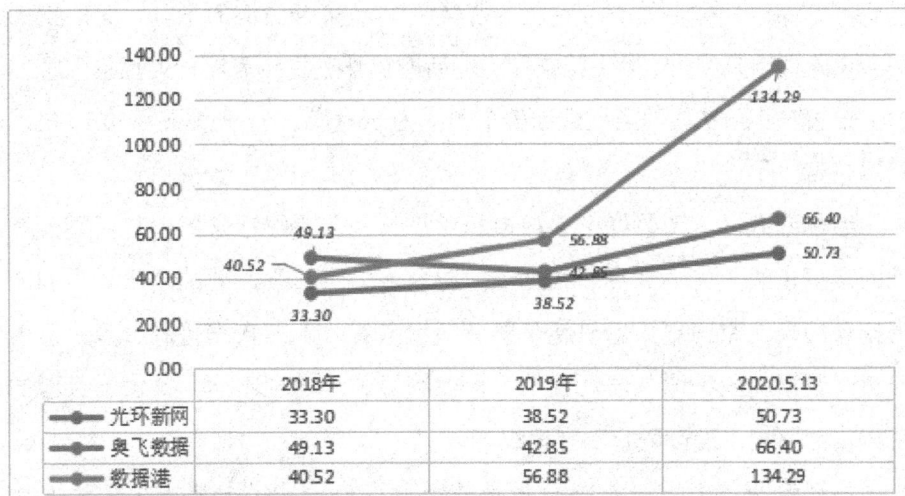

图 13-8　光环新网、奥飞数据、数据港市盈率对比

资料来源：根据公司年报整理。

　　通过简单梳理、对比 3 家公司的营业收入增长率、扣非净利润增长率、每股收益、净资产收益率、市盈率指标，我们可以粗略地得出以下几点结论。

　　第一，从收入及利润增长情况看，奥飞数据相对更好，光环新网次之，数据港处于负增长阶段。但从稳定性来看，光环新网的稳定性更好，奥飞数据规模小于光环新网，也小于数据港，因此奥飞数据的增长的稳定性差一些，波动风险大。单纯从营业收入、净利润的规模增长空间看，奥飞数据的空间更大。但光环新网的规模大，核心客户稳定，公司经营战略稳健，抗风险能力强。数据港是阿里云的核心第三方互联网数据中心服务供应商，与阿里巴巴深度绑定，业务发展更多依赖于阿里巴巴的扩张，既有优势也有风险。

　　第二，从盈利能力看，无论是每股收益还是净资产收益率，都是奥飞数据更好，奥飞数据在 2019 年并购北京云基时代、廊坊讯云等公司之后，业绩变好很多，公司的盈利能力明显增强。

　　第三，从市盈率估值情况来看，进入 2020 年 5 月以来，随着股价的上涨，

3 家公司的估值均有所上升。数据港的涨幅最大，市盈率已经由 2019 年 12 月底的 56.88 倍攀升至 134.29 倍，涨幅巨大，随着估值的攀升，其股票的买入风险也越来越大。奥飞数据和光环新网虽然股价也有不同程度的上涨，但涨幅相对小一些，但奥飞数据的市盈率为 66.4 倍，光环新网为 50.73 倍，仍然较高。

综合考虑，奥飞数据由于规模相对小一些，业绩增长的趋势明显，增长的速度也快于光环新网和数据港，盈利能力也较强，业绩增长、盈利能力持续提升的空间更大，单纯从财务指标来看，奥飞数据更胜一筹。但由于奥飞数据的业绩增长波动性较大，业绩增长稳定性不强，又加上目前的估值仍然偏高，投资风险不容忽视。

特别声明：上述分析结论只是基于上市公司财务分析得出的片面结论，不构成任何要约、承诺或任何投资建议，也不对你在此基础上做出的任何行为承担责任。此声明适用于本书涉及的所有公司的财务分析结论。